KB266125

돌봄의 공간들

돌봄의 얼굴들

돌봄을 둘러싼 사회적 감각과 몇 개의 공간 읽기

생태적지혜연구소협동조합 기획

권범철 김성훈 김자경 김현미 박서현
손수경 송재홍 이준용 조아현 한경애 지음

도서출판 모시는사람들

관계망 속에서 재구성되는 돌봄의 공간

'돌봄'이라는 말은 더 이상 가정이나 병원 같은 공간에만 머물지 않는다. 코로나19 이후 사회는 돌봄을 일상의 문제로 다시 마주하게 되었고, 그 범위는 교육·공동체·행정기관 등 다양한 영역으로 확장되었다. 헌신과 희생이라는 익숙한 도식을 넘어, 나와 타자가 함께 돌봄의 관계를 만들어 가는 방식이 필요해졌다. 이 책은 바로 그 새로운 상상력의 가능성을 찾아간다. 저자들은 각기 다른 공간에서 돌봄을 실천해 온 사람들과 그 현장을 탐색하면서, 돌봄이 어떻게 구체적인 삶의 문제로 작동하고 있는지를 다시 묻는다. 서로 다른 공간들에서 펼쳐지는 돌봄의 실천은, 돌봄을 특정한 누군가를 위한 서비스가 아니라 관계를 복원하고 삶을 재구성하는 행위로 재조명하게 한다.

지금까지 돌봄은 주로 복지 제도나 국가정책·의료윤리·가족 담론의 틀 안에서 논의되는 경향이 있었고, 대체로 제3자의 시선으로 관찰되거나 해결해야 할 과제로서 다루어졌다. 이러한 문제 해결의 프레임을 넘어서 최근에는 현재를 살아가는 당사자의 정동이나 서로를 마주하는 관계적 행위로 돌봄을 이해하려는 시도들이 이어지고 있다. 이 책은 그러한 새 흐름을 바탕으로 서로 다른 생활 현장과 학문적 지층에서 포착된 돌봄의 감각과 형식을 하나의 흐름으로 엮고자 한다. 각 공간에서 돌봄이 어떻게 실천되고 있고 이들 사이의 연결이 어떤 새로운 돌봄의 지형을 열어 갈 수 있는지를 함께 상상해 본다.

이 책에서 살펴볼 돌봄의 공간들은 다음과 같다.

제1부는 '정동의 노동, 돌봄을 시작하다 : 감정, 관계, 공간 속에서 태어나는 커먼즈'라는 주제로 묶었다. 제1장에서 박서현은 들뢰즈-스피노자의 정동 개념을 이론적 토대로 삼아, 오늘날 노동의 일반적 성격이 어떻게 정동적으로 전환되었는지를 설명한나. 그는 지식·정보·관계성이라는 비물질적 커먼즈를 생산하는 정동노동자가 타인과의 상호작용을 통해 자신의 신체 활력을 증가시키지만, 그 활력이 공통적인 '우리'의 힘으로 이어지지 못하고, 오히려 자기계발의 강박으로 병적 피로를 초래하는 현실을 진단한다. 이는 비물질 커먼즈의 생산이 삶-정치적 저항이 아닌 자본의 삶-권력에 의해 수탈되는 구조 속에서, 정동노동자가 '더 잘 소통하고 더 잘 상호작용해야 한다'는 압박을 스스로 내면화했기 때문이다. 이에 따라 박서현은 정동노동자가 자신의 신체 활력을 사적인 영역에 가두지 않고, 함께 돌보고 행동하는 관계 속에서 다시 돌봄

을 배우는 자기돌봄의 윤리를 제안한다. 플랫폼 협동조합이나 지역 커뮤니티와 같은 '서로돌봄'의 공간이 자기돌봄의 실천적 토대가 될 수 있다는 그의 논의는, 돌봄을 공통적인 힘의 회복이자 자본주의적 정동 착취에 대한 삶-정치적 저항의 장으로 재정립한다.

제2장에서 권범철은 자본주의 사회에서 '가족'이 수행해 온 재생산 기능을 비판적으로 재조명하면서, 돌봄이 가족 안에 갇히는 방식 자체가 위기의 원인이자 증상임을 지적한다. 그는 가족이 단지 친밀한 관계망이 아니라 자본주의적 노동력을 재생산하는 부불노동의 핵심 장치임을 강조하며, 이에 대한 대안으로 '근족(kith)' 개념을 제안한다. 문래동 예술가들의 공동생활과 협업 실천을 통해, 저자는 돌봄과 재생산이 혈연이 아닌 관계의 감응과 집합적 실천을 통해 어떻게 공통화될 수 있는지를 구체적으로 보여준다. 함께 밥을 지어 먹고, 정보와 물건을 공유-교화하며 형성된 이 느슨하면서도 지속적인 생활 협업체는 자본주의적 생산관계를 넘어서는 '살림의 공통장'으로 기능하며, '함께 사는 힘' 그 자체가 새로운 돌봄의 역량이 될 수 있음을 시사한다. 가족을 넘어서는 돌봄의 상상력은 여기서부터 출발한다.

제3장에서 김성훈은 도시계획 자체를 돌봄의 실천으로 새롭게 해석한다. 도시 공간은 단순한 배경이 아니라 인간이 '살 공간'이며, 특히 어린이처럼 사회적 발언권이 취약한 존재는 더 직접적이

돌봄의 공간들

고 절박한 돌봄을 필요로 하는 대상이다. 김성훈은 철학적 돌봄 이론을 토대로 도시 공간의 필요성과 타자 의존성을 분석하고, 돌봄의 관점에서 도시가 어떻게 구성되고 유지되어야 하는지를 논한다. 특히 제주북초등학교와 제주도시재생지원센터의 협업 사례를 중심으로, 어린이들이 도시의 문제를 인식하고 조사하며 개선안을 제시하는 일련의 교육과 실천 과정을 통해, '도시에 대한 권리'가 추상적 이상이 아닌 실현 가능한 돌봄의 형태로 작동할 수 있음을 보여준다. 도시계획이 성인 남성 중심의 합리적 설계가 아니라, 아이들의 감각과 안전, 권리까지 아우르는 '돌봄 기반의 도시 구성'으로 전환되어야 함을 강조하며, 이는 물리적 환경을 넘어서 미래 세대와의 상호돌봄을 실현하는 구체적 방식으로 제안된다.

제4장에서 조아현은 '고아원'이라는 낙인이 찍힌 아동양육시설이 어떻게 형성되어 왔는지, 그리고 시설 구성원들이 어떻게 일상에서 서로를 돌보며 관계를 지어 왔는지를 보여준다. 한국 현대사 속에서 '고아'는 가족 이데올로기의 부재와 해외 원조·입양에 대한 국제적 비난의 상징으로 여겨지고, 아동양육시설이라는 공간은 꾸준히 '부끄러운 장소'로 재현되어 왔다. 하지만 2020년대 실제 현장에서 저자가 본 아이들과 직원들은, 아동양육시설에 대한 편견 때문에 거주 사실을 숨기는 동시에, '집'다운 환경을 만들고 아이들의 미래를 염려하며 일상적 돌봄을 수행하고 있었다. 팬데믹 시기

에 더욱 두드러졌던 외출 제한과 사회적 거리두기 속에서, 양육시설 구성원들이 겪은 '갇혀 있음'의 경험과 이를 완화하기 위한 돌봄의 노력은 아이들에게 오히려 떠나더라도 언제든 돌아올 수 있는 장소로서의 시설이라는 이미지를 심어 준다. 조아현은 가족제도 중심의 정상성 이데올로기가 놓치고 있는 돌봄의 측면을 환기시키며, 다양한 공동체와 공간을 돌봄의 장으로 받아들이는 사회적 상상력이 필요하다는 점을 강조한다. 나아가 세간의 부정적 이미지를 바꾸기 위해 상호돌봄과 사회적 지원의 필요성을 역설한다.

제2부는 '제도의 틈에서, 돌봄의 권리를 묻다 : 돌봄노동자와 돌봄제도의 경계에서'를 주제로 한 글들을 묶었다. 제5장에서 김현미는 공공교육기관인 초등학교 내 '돌봄교실'이라는 제도화된 돌봄 공간에서 시간제 여성 돌봄노동자들이 겪는 중층적 차별과 구조적 소외를 실증적으로 분석한다. 아이들을 안전하게 보호하고 정서적으로 보살피는 핵심 주체인 이들이 정작 학교 내부에서는 전일제 정규직 교원과의 위계, 교육청의 행정적 분절, 시간제 고용이라는 구조 속에서 주체의 자리로부터 배제되고 있다는 점을 드러낸다. 특히 동일한 공간에서 동일한 업무를 수행하면서도 고용 형태에 따라 임금, 발언권, 휴게 공간, 학부모의 인식 등에서 심각한 차이를 겪는 현실은 '좋은 돌봄'을 내세운 제도적 돌봄이 어떻게 착취와 차별의 기제가 될 수 있는지를 보여준다. 그럼에도

돌봄의 공간들

이들은 아이들과의 정서적 교감과 인정의 경험을 통해 돌봄노동의 윤리를 스스로 회복하며, '떠나지 않음'이라는 방식으로 돌봄을 실천하고 있다. 김현미는 제도화된 돌봄의 내적 모순을 예리하게 짚어 내면서도, 정동적 실천으로서의 돌봄이 어떻게 윤리적 감수성과 연대의 가능성을 잃지 않고 지속될 수 있는지를 보여준다.

제6장에서 이준용은 전작인 『돌봄의 시간들』에서 세 명의 포기자로부터 새로운 돌봄과 의미를 발견하고자 했던 관점을 확장해, 생협·특수학교·선수행센터라는 세 가지 이질적 돌봄의 공간에 주목하고, 상호 연결하면서 대안적 돌봄의 형식을 모색한다. 생존주의적 포기자 A로부터 생협 연구 현장으로, 달관한 포기자 B로부터 특수교육 연구 현상으로, 출가한 포기사 C로부터 신수행센디 연구 현장으로 논의를 확장하면서, 전작에서 추상적으로만 논의한 포기와 돌봄이 다양한 현장에서 어떻게 실천되고 연결되는지를 구체적으로 보여준다. 이준용은 이를 통해 돌봄이 특정 집단이나 제도의 전유물이 아니라 실제 삶의 맥락에서 서로 얽히고 맞물리는 네트워크적 관계망 속에서 유연하게 구현되는 것임을 제시하면서, 대안으로서의 자기돌봄을 제안한다.

제7장에서 김자경과 박서현은 '먹거리 돌봄'을 통해 먹거리를 상품이 아닌 커먼즈로 전환하는 실천의 가능성을 제시한다. 오늘날 세계 식량 체계는 초국적 기업 주도로 먹거리를 철저히 상품화하

였고, 이로 인해 단순히 음식이 부족한 것이 아니라 조리할 여력이나 사회적 관계가 부족한 '먹거리신빈곤층'이 증가하고 있다. 이에 저자들은 기존의 대안 먹거리 운동이 정책화되며 관행화된 한계를 지적하고, '청년 식당'과 '한살림제주의 나눔 냉장고' 사례를 중심으로 먹거리 돌봄이 어떻게 새로운 공동체 실천으로 기능할 수 있는지를 분석한다. 이 사례들에는 먹거리를 매개로 지역 주민·청소년·자활 참여자·이주민 등 다양한 주체들이 돌봄의 주체로 등장하며, 시혜와 수혜를 넘어 '서로돌봄'과 '자기돌봄'을 확장하는 공공적 관계망을 형성해 낸다. 특히 먹거리 커먼즈는 국가복지의 하향적 보장과 달리, 지역공동체 내부의 자발성과 감응을 기반으로 형성되며, 공공성과 커먼즈성이 만나는 실천적 장으로서 의미가 있다. 김자경과 박서현은 이를 통해 먹거리 체계의 '재지역화'를 단순한 생산-소비 논리가 아니라 돌봄에 기반한 사회적 관계의 재구성으로 이해할 것을 제안한다.

제3부는 '돌봄을 확장하다, 미래를 상상하다 : 존중, 연대, 자유를 위한 감각'라는 주제로 한 글들을 묶었다. 제8장에서 송재홍은 힙합 문화에서 래퍼들이 실천하는 '리스펙트(respect)'라는 표현을 통해 돌봄을 재정의하고자 한다. 그는 돌봄을 '약자 보호'라는 도식에서 벗어나, 관계를 생성하고 유지하는 상호 표현의 기술로 확장하며, 이를 '돌아보는 행위'로서의 존중 개념과 연결시킨다. 특

돌봄의 공간들

히 한국 힙합의 대표적 실천 현장인 대구 힙합씬의 사이퍼(cipher)·공연장·작업실 등에서 벌어지는 래퍼들의 즉흥적이고 감응적인 실천을 분석함으로써, 자기 존중과 상호 존중이 충돌하고 중재되는 과정을 드러낸다. 디스전이 존중을 쟁취하는 위계적 결투장이라면, 사이퍼는 재치와 유머를 통해 갈등을 전환시키는 협력의 공간으로 기능하며, 이러한 '존중의 테크닉'은 래퍼들이 서로를 다시 보고 반응하며 관계를 생산하는 돌봄의 실천임을 보여준다. 래퍼들은 표현의 위험성과 실패 가능성 속에서도 자기돌봄과 상호돌봄의 균형을 실험하며, 자본주의적 성공 모델이 아닌 상호 감응의 윤리적 공간을 구성한다. 돌봄이 표현의 실천이자 관계 생성의 기술이라는 짐을, 송재홍은 힙합이라는 살아 있는 현장 속에서 생생하게 증명한다.

제9장에서 한경애는 일본 도쿄에서 실험된 공동육아 커먼즈인 〈침몰가족〉 사례를 통해, 억압적 제도와 가족주의를 넘어서는 새로운 상호 의존과 돌봄의 인프라를 상상할 수 있는 가능성을 탐색한다. 1990년대 일본 경제 위기와 가족해체 담론 속에서 등장한 〈침몰가족〉은, 결혼이나 국가 복지에 기대지 않고 서로 모르는 사람들이 함께 아이를 키우는 비형식적 공동체였다. 특히 임노동과 핵가족 중심의 근대적 삶의 틀에서 벗어나기 위한 이들의 실험은, '한가한 시간'과 '비생산적 노동' 속에서 돌봄을 교환이나 책임

의 대상이 아니라 관계를 짓고 조응하는 수행적 실천으로 전환한다. 다메렌(낙오연대)과의 연대를 통해 이들은 삶을 정해진 목표 없이 우연히 엮이고 감응하는 자유로운 실험으로 전개했으며, 이를 통해 돌봄은 누군가를 '도와주는 것'이 아니라 서로의 자유와 상처를 감싸안는 느슨하고 비위계적인 관계 속에서 살아 숨 쉬는 것이 되었다. 한경애는 이를 '자유를 위한 돌봄의 인프라'라 개념화하며, 〈침몰가족〉의 사례를 통해 돌봄과 노동, 공동체가 자본주의적 생산관계를 넘어 어떻게 존재론적으로 새롭게 구성될 수 있는지를 구체적으로 보여준다.

제10장에서 손수경은 2018년 이후 중국 미투 운동에 참여한 청년 여성들의 실천을 통해, 돌봄을 기존의 의학적·가족주의적 틀에서 벗어나 상호 의존과 연대의 정치로 확장해 해석한다. 저자는 자신의 생애사와 에바 페더 키테이의 관점을 연결해, 돌봄이 단지 약자를 보호하는 일방적 행위가 아니라, 서로의 취약함을 인정하고 수용함으로써 피어남을 가능하게 하는 관계적 윤리이자 실천임을 제안한다. 중국 청년 여성들은 권위주의적 통제와 온라인 검열 속에서도 '미투' 해시태그를 변형하거나, 국경을 넘어 연대 전시회를 개최하는 등 창의적 방식으로 저항과 돌봄을 함께 수행해왔다. 이는 단지 피해자 보호를 넘어, '너도 나도'가 아닌 '너와 함께'의 정동적 돌봄 윤리를 실현하는 것이며, 페미니즘 운동을 돌봄

이라는 이름의 민주적 인프라로 재구성하려는 시도로 읽힌다. 손수경은 돌봄을 사적인 책임에서 공적 실천으로 이행시키는 청년 여성들의 행위가 어떻게 사회적 변혁의 동력이 될 수 있는지를 감동적으로 보여준다.

이 책은 서로 전혀 달라 보이는, 돌봄이 만들어내는, 돌봄을 만들어내는 공간들을 통해, 돌봄이 어떻게 특정 제도의 울타리를 넘어 사회적 감각과 관계망 속에서 구성되는지를 보여준다. 생협의 유통 현장과 특수학교 교실, 선수행센터와 힙합 클럽, 페미니스트 연대와 예술가들의 생활공동체, 먹거리 커먼즈 운동과 초등학교 돌봄교실, 도시계획 실험과 비제도적 공동육아 커먼즈에 이르기까지 이 책이 주목하는 공간들은 성격도 제도화 정도도 각기 다르지만, 공통적으로 돌봄의 작동 조건에 대한 질문을 던진다. 어떻게 존중이 제도 없이도 감각될 수 있는가? 누가 돌봄의 주체가 되고, 그 주체는 어떻게 돌보는 동시에 자기 자신도 돌보게 되는가? 그리고 어떤 공간이 돌봄을 가능하게 하며, 그 공간은 어떻게 구성되고 유지되는가? 저자들은 이 질문들을 단일한 대답으로 수렴하려 하지 않고, 오히려 이질적 공간들을 나란히 놓고 엮어 냄으로써, 돌봄이 어떻게 서로 다른 리듬과 형식 속에서 구현될 수 있는지를 탐색한다. 따라서 이 책이 제시하는 돌봄의 장들은 단절된 사례의 나열이 아니라, 각기 다른 장소와 시공간에서 되살아나는

'함께 살아가기'의 감각이며, 돌봄을 분절화된 서비스가 아니라 사회적 구성물로 다시 사유하려는 시도이다. 서로 전혀 다른 듯 보이는 이 돌봄의 현장들은, 사실 각자의 층위에서 감정·노동·제도·윤리를 가로지르며 공명하고 있다.

이처럼 열 개의 장은 단순한 이론적 대안을 말하지 않는다. 각기 다른 현장에서 각기 다른 언어와 몸짓으로 돌봄을 실천해 온 이들의 이야기를 통해, 돌봄이 하나의 거대한 체계가 아니라 다양한 실천들이 서로 마주치고 피드백을 주고받으며 성숙해져 가는 관계의 그물망임을 보여준다. 자기돌봄의 역량은 혼자의 결심만으로는 만들어지지 않으며, 타자와 공동체와의 얽힘 속에서 비로소 자라난다. 자신을 돌보는 힘과 다른 존재를 돌보는 힘은 결코 따로일 수 없다. 결국 이 책이 전하고자 하는 메시지는 단순하다. 누구도 혼자 살아갈 수 없으며, 돌봄은 지금 이곳에서, 우리가 머무는 공간에서부터 다시 시작될 수 있다는 것이다. 각 장의 이야기는 독자에게 조용한 질문 하나씩을 남긴다. 나는 나를 둘러싼 공간과 구체적으로 어떻게 연결되어 있을까? 내가 속한 이 공동체에서 어떤 돌봄을 시도할 수 있을까? 이러한 질문은 책장을 덮는 순간 현실을 새롭게 펼치게 한다. 그리고 그 열린 틈새를 통해 돌봄의 새로운 실천과 관계들을 자라나게 할 것이다.

저자들을 대표하여 이준용

제1부

정동의 노동,
돌봄을 시작하다

— 감정, 관계, 공간 속에서 태어나는 커먼즈

제1부는 '정동의 노동, 돌봄을 시작하다 : 감정, 관계, 공간 속에서 태어나는 커먼 즈'라는 주제로 묶었다. 제1장에서 박서현은 들뢰즈-스피노자의 정동 개념을 이론적 토대로 삼아, 오늘날 노동의 일반적 성격이 어떻게 정동적으로 전환되었는지를 설명한다. 제2장에서 권범철은 자본주의사회에서 '가족'이 수행해 온 재생산 기능을 비판적으로 재조명하면서, 돌봄이 가족 안에 갇히는 방식 자체가 위기의 원인이자 증상임을 지적한다. 제3장에서 김성훈은 도시계획 그 자체를 돌봄의 실천으로 새롭게 해석한다. 도시 공간은 단순한 배경이 아니라 인간이 '살 공간'이며, 특히 어린이처럼 사회적 발언권이 취약한 존재에게는 더 직접적이고 절박한 돌봄의 대상이다. 제4장에서 조아현은 '고아원'이라는 낙인이 씌워진 아동양육시설이 어떻게 형성되어 왔는지, 그리고 시설 구성원들이 어떻게 일상에서 서로를 돌보며 관계를 지어 왔는지를 보여준다.

정동노동, 커먼즈, 돌봄*
─ 커먼즈를 생산하는 정동노동자의 자기돌봄의 필요

박서현

*   이 글은 저자가 쓴 다음의 글을 요약·수정·보완한 것이다. 박서현, 2022, 「정동 노동과 커먼즈」, 『공동체문화와 민속 연구』 4, 37-62; 박서현, 2023, 「커먼즈의 철 학으로서의 공통주의: 자기 변화의 윤리를 중심으로」, 『철학연구』 68, 175-203.

정동(affect)이 철학·사회학·문학·문화 연구 등의 주요 개념이 된 계기로 프랑스 철학자 질 들뢰즈(Gilles Deleuze)의 스피노자 해석을 들 수 있을 것이다. 스피노자 철학의 재발견이라고 할 수 있을 들뢰즈의 해석은 철학을 넘어 광범위한 영향을 미쳤으며,* 이와 동시에 스피노자 철학의 주요 개념인, 신체 활력의 증가 또는 감소를 의미하는 신체의 변용(affection)이자 이 변용에 대한 관념인 정동에 대한 관심 역시 커졌다.

이 글에서는 정동노동을 중심으로 오늘날 정동의 의미를 검토한다. 특히 이 글은 오늘날 노동의 일반적 성격이 어떠한 점에서 정동적으로 이해될 수 있는지를 살펴보고 정동노동이 지식·정보 같은 비물질적 커먼즈를 생산하는 동시에 비물질적인 사회적 관계 자체를 생산한다는 점을 검토한다. 그리고 이렇게 커먼즈를 생산하고 체화하면서 정동노동자가 자신의 신체 활력을 증가(혹은 감소)시킨다는 점을 확인한다.

문제는 오늘날 정동노동자가 '자신'의 신체 활력의 증가에 사활

---

* 들뢰즈의 스피노자 해석이 미친 영향에 대해서는 Ruddick, 2010: 34 참조.

을 걸게 됨에도, 함께 사유하고 행동하는 '우리'의 힘을 증가시키지는 못하는 경향이 있다는 점이다. 이하에서 확인할 것이지만 이러한 경향이, 삶의 불안정성의 증가와 함께 정동노동자로 하여금 자신의 신체 활력을 계속해서 증가시켜야 한다는 강박을 낳는 원인 중 하나라고 하더라도 크게 틀린 말은 아닐 것이다. 그리고 이러한 현실이 오늘날 정동노동자에게 돌봄이 필요한 이유라고 할 수 있을 것이다. 그렇다면 이제 정동노동과 커먼즈의 관계를 살펴보는 것에서 시작하여 오늘날 정동노동자에게 왜 돌봄이 필요한지를 확인하기로 하자.

1. 정동노동과 커먼즈

2절에서는 정동노동이 무엇인지를 확인하기 위해 먼저 스피노자의 정동 개념을 검토한다. 정동을 중심으로 사회현상을 분석하는 연구에서 이론적 전거를 스피노자로 삼는다는 점에서도 알 수 있듯이,[*] 스피노자의 정동 개념은 정동 관련 연구에 큰 영향을 미쳤다. 정동 개념을 검토한 이후에 정동노동과 커먼즈의 관계를 확인함으로써 오늘날 돌봄이 정동노동과 관련하여 어떠한 의미가

---

[*] 이러한 연구의 사례로 Singh, 2017 참조.

돌봄의 공간들

있는지 해명하기 위한 토대를 마련할 것이다.

1) 정동노동이란 무엇인가?

정동노동이란 무엇인가? 정동노동이 무엇인지를 확인하기 위하여 먼저 정동이 무엇인지를 확인하기로 하자. 이를 위해서는 정동 논의에 큰 영향을 미친 스피노자의 정동 개념을 먼저 검토할 필요가 있다. 『에티카』에서 스피노자가 제시한 정의에 따르면 정동은 "신체의 활동 능력(body's power of acting)을 증가시키거나 감소시키며, 촉진하거나 억제하는 신체의 변용(affection)인 동시에 그러한 변용의 관념(ideas)",* 즉 '신체의 변용의 관념'**이다.

그런데 관념은 "정신(mind)이 형성하는 … 정신의 개념(concept of mind)"이고,*** "인간의 정신을 구성하는 관념의 대상 안에서 일어나는 모든 것은 인간의 정신에 의하여 지각되지 않으면 안 되는데",**** "인간의 정신을 구성하는 관념의 대상은 신체이다."***** 결국 신체의 변용 혹은 신체 활력의 증가·감소 같은 것의 변화는 정신에 의해

---

* 　스피노자, 2011: 160.

** 　스피노자, 2011: 309.

*** 　스피노자, 2011: 101.

**** 　스피노자, 2011: 112.

***** 　스피노자, 2011: 113.

지각되어 이러한 변화에 대한 개념을 형성한다.[*]

이처럼 스피노자에게서 신체 활력의 변화는 그것을 지각하는 정신의 개념을 형성하는 식으로 정신의 활력을 변화시킨다. "우리 신체의 활동 능력을 증가시키거나 감소시키며, 촉진하거나 억제하는 것의 관념은 우리의 정신의 사유 능력(mind's power of thinking)을 증가시키거나 감소시키며, 촉진하거나 억제한다."[**] 이러한 점에서 정동은 신체의 활동 능력의 변화인 동시에 정신의 사유 능력의 변화이다.

그렇다면, 신체 활력의 변화는 어떻게 일어날까? 스피노자에 따르면 "인간의 신체는 자체의 활동 능력이 증가되거나 또는 감소되는 방식으로 자극받아 변화될(be affected; 변용될) 수 있는데",[***] "인간의 신체를 구성하는 개체들(individuals), 즉 인간의 신체 자체는 외부의 물체들(external bodies; 외부 신체들)로부터 매우 많은 방식으로 자극받아 변화된다(be affected; 변용된다)."[****] 신체의 변용은 외부 신체

---

[*] "어떠한 신체적 변용이든지 그것에 대하여 우리가 어떤 뚜렷하고(clear; 명석하고) 명확한(distinct; 판명한) 개념을 형성할 수 없는 것은 아무것도 없다(스피노자, 2011: 309)."

[**] 스피노자, 2011: 170.

[***] 스피노자, 2011: 160.

[****] 스피노자는 "인간의 신체는 본성을 달리하는 수많은 개체들로 구성되어 있으며, 그 개체들 하나하나 역시 복잡하다(스피노자, 2011: 119-120)."고 말한다.

돌봄의 공간들

즉 타인이나 주변 환경, 주위 사물 등과의 만남과 경험을 통해 일어난다. 즉 이러한 만남, 경험을 통해 신체의 활력은 증가되기도 하고 감소되기도 한다.[*]

외부 신체와의 만남, 외부 신체에 대한 경험을 통해 정동 즉 신체의 변용이 일어난다는 점에서 정동은 개인을 넘어서 있는, '초개인적 현상'이자 '관계적 현상'이라고 할 수 있다.[**] 그리고 신체 활력의 '변화'가 신체와 외부 신체와의 '관계'를 통해 일어난다는 점에서 정동은 무엇보다도 신체의 변용과 같은 '변화'와 신체와 외부 신체와의 '관계'를 중심으로 이해될 필요가 있다.[***]

---

[*] 정동이 인간 신체, 비-인간 신체, 부분-신체들 사이의 조우에서 나오는 관계적 힘이라는 점에 대해서는 이항우, 2019, 247; 이항우, 2020: 202 참조.

[**] 정동이 개별 신체들의 만남과 상호작용의 결과로서, 개별 신체의 한 부분이 아닌 신체들 사이의 만남의 한 부분이라는 점, 이러한 의미에서 초개인적(transpersonal)·관계적 현상이라는 점에 대해서는 이항우, 2019: 248.

[***] 물론 다른 신체와의 관계가 항상 활력을 증가시키는 것은 아니다. 다른 신체와 관계 맺으면서 변용될 때 그 원인에 대해 부적실한 관념을 가지는 경우 신체는 수동적으로 변용되고 그 활력이 감소된다(스피노자, 2011: 160 참조). 예컨대 아이가 파도를 잘 타지 못할 때 아이는 파도에 대해 부적실한 관념을 가지며 수동적으로 변용되고 신체 활력이 감소된다. 하지만 파도의 본성을 이해하고 파도와 능동적으로 관계 맺으면서 아이는 파도와 새로운 신체를 구성한다. 이러한 관계는 신체 활력의 증가를 동반하는데 이는 파도의 본성에 대한 앎에서 비롯된다(이 사례는 Ruddick, 2010: 30 참조). 이와 같이 신체는 다른 신체와 관계 맺으면서 그 활력이 변화한다. 이것이 신체의 변용에 대한 관념으로서 스피노자의 정동 개념의 개략적 특징이다.

그렇다면 정동노동이란 무엇일까? 돌봄·교육·의료·금융·홍보·통신·보험·배달·여가·오락·관광 등 다양한 서비스를 제공하는 오늘날의 노동은 상호작용과 의사소통을 중심으로 이루어진다. 그리고 타인과 같은 외부 신체와의 상호작용과 의사소통의 경험을 통해 노동하는 주체의 신체 활력이 증가되기도 하고 감소되기도 한다. 이것이 다양한 서비스를 제공하는 오늘날의 노동을 정동노동으로 이해할 수 있는 우선적 이유이다.

그런데 위와 같은 노동만을 정동노동이라고 할 수 있는 것이 아니라, 어떤 의미에서는 오늘날의 생산을 핵심적으로 추동하는 노동의 일반적 성격을 정동적이라고 할 수 있다. 어떤 의미에서 그러할까? 이를 확인하기 위해서는 먼저 오늘날의 생산의 특징을 간단히 검토할 필요가 있다.

먼저, 단적으로 말해서 대량생산 공장을 중심으로 이루어지는 산업 노동이 오늘날 생산에서 더 이상 헤게모니적 지위를 차지한다고 보기 힘들다는 점을 지적할 수 있다. 물론 이는 산업 노동이 사라졌다거나 중요하지 않다는 것을 말하는 것이 아니다. 산업 노동은 여전히 중요한 의미가 있지만 동시에 지식·정보·데이터·언어·코드·이미지 같은 비물질적 재화를 활용하여 다시금 이러한 비물질적 재화를 생산하는 노동인 비물질 노동(immaterial labor)이

돌봄의 공간들

생산에서 중요한 의미를 갖게 되었다.[*]

비물질 노동은 대량생산 공장이라는 특정 공간에서 오전 9시부터 오후 6시까지라는 특정 시간에 이루어지는 노동이라기보다는, 특정 공간을 넘어 사회 자체에서 특정 시간으로 한정될 수 없는, 즉 노동 시간과 비노동 시간을 명확히 나누기 힘든 일종의 삶 시간에 이루어지는 노동이라는 성격이 있다.

사실 비물질 노동은 지식·정보·데이터 등의 비물질적 재화를 생산할 뿐 아니라 인터넷이나 SNS에서 이루어지는 온라인 소통을 포함한 외부 신체들과의 상호작용과 의사소통을 바탕으로 하여 마찬가지로 비물질적인 사회적 관계 자체를 생산하는 노동이다. 이러한 점에서 비물질 노동은 관계와 소통을 중심에 두는 정동적 노동의 성격이 있다.

사실 생산과정에 소통을 도입한 유연 생산에서 확인할 수 있듯

---

* 안토니오 네그리와 마이클 하트는 1968년을 전후해 일어난 노동의 변화를 주목한다. 구체적으로는 대량생산 공장에서의 훈육·임금 체제에 종속된 노동에 대한 노동자의 개인적 거부에 직면해 자본은 공장에 '자동화'를 도입했으며, 테일러주의적 공장 노동 및 포드주의적 사회체제에 대한 대중적 거부에 직면해 자본은 생산관계의 '컴퓨터화'를 추진했다. 그리고 자본의 대응에 뒤따른, 컴퓨터와 인터넷에 기반을 둔 정보혁명을 통해서 지식·정보·데이터 등의 비물질적 재화를 생산하는 비물질 노동이 사회적 생산에서 핵심적 위치를 가지게 됐다. 1968년을 전후해 이루어진 개인적·대중적 노동거부에 대한 자본의 대응에 대해서는 네그리·하트, 1997: 158 참조.

이 산업 노동도 소통적·관계적 성격을 갖는 식으로 이미 변화되었는데,[*] 이러한 점에서 오늘날의 노동의 일반적 성격을 정동적이라고 말할 수 있다. 달리 말한다면 비물질 노동은 산업 노동 같은 전통적 노동도 정동적 성격을 갖는 것으로 변화시키면서 오늘날의 생산에서 헤게모니적 지위를 차지하고 있다.[**]

물론 비물질적 정동노동(immaterial affective labor)이 삶 시간 자체에서 이루어지는 경향이 있다고 하더라도, 예컨대 당장 편의점 알바의 사례를 떠올릴 경우 이러한 노동이 근로시간을 기준으로 급여가 책정된다는 것은 분명한 사실이다. 우선적으로 이 노동은 비물질적 재화를 생산한다기보다는 손님과 상호작용하고 의사소통하면서 서비스를 제공한다는 점에서 비물질적인 사회적 관계 자체를 생산하는 정동노동이라고 할 수 있다.

생각해 볼 것은 편의점이나 음식점 등에서 서비스를 제공하는

---

[*] 크리스티안 마라찌는 소통이 생산 영역에 들어왔다고 말하면서(마라찌 2014: 6 참조) '도요타주의(Toyotism)'의 유연 생산을 검토하는데, 유연 생산에서는 생산이 시장과 지속적·직접적으로 소통하면서 기획되는 식으로 생산과 소통이 중첩된다(마라찌, 2015: 15 참조). 도요타주의의 의미에 대해서는 Hardt, 1999: 93 참조.

[**] 이하에서는 상호작용과 의사소통을 중심에 둔 다양한 서비스를 제공하는 오늘날의 노동을 '정동노동'으로 지칭하고, 비물질 노동과 산업 노동을 포함한 오늘날의 노동의 일반적 성격을 말할 때에는 '정동적 노동'이라는 표현을 사용하고자 한다.

이러한 노동의 생산성(?)은—근로시간만을 기준으로 하여 측정될 수 있는 것이 아니라—손님과 얼마나 잘 상호작용하고 의사소통하느냐를 기준으로 했을 때 비정량적으로 이해될 수 있다는 점이다.* 이러한 점에서 정동노동은 노동 시간을 기준으로 그것의 가치를 측정하기 힘든 측면이 있다.

정동노동의 가치는 노동 시간을 기준으로 측정하기 힘들 뿐만 아니라, 정동노동자가 그/녀의 삶 시간을 통해서 타인과 상호작용하고 의사소통하면서 체화한 그/녀의 신체 활력에 따라 결정된다고 할 수 있다. 달리 말한다면, 만약 삶 시간을 통해서 타인과 상호작용하고 의사소통하는 신체 활력을 전혀 증가시키지 않았다면—물론 우리가 이미 항상 타인을 포함한 외부 신체들을 만나고 경험하는 한에서 이러한 가정이 공상적이라는 것은 분명하다—근로시간 동안 자리를 지키더라도 그/녀의 노동생산성(?)은 제로에 가깝다고 할 수 있을 것이다.

---

* 비물질적 재화를 생산하는 노동의 경우에는 예컨대 어떤 아이디어를 떠올려 스마트폰 유료 앱으로 판매할 때 아이디어를 떠올리는 노동과 관련하여 노동 시간과 비노동 시간을 분명히 구분할 수 없다는 점, 앱을 구현하는 데 일정 정도의 숙련도가 필요하고 이런 숙련도를 갖추는 데 드는 비용과 시간을 추산하는 것이 불가능한 것은 아니지만 판매 수익과 관련하여 앱을 구현하기 위한 숙련도를 갖추는 데 드는 시간에 비해 좋은 아이디어를 떠올리는 데 드는 시간이 거의 무한대에 가까운 비중을 갖는다는 점 등을 통해서 더 직관적으로 이러한 노동이 삶 시간 자체에서 이루어진다는 것을 이해할 수 있다.

이와 같이 정동노동은 삶 시간을 통해서 노동자가 체화한 신체 활력이 그것의 생산성(?)을 결정하는 노동으로서 삶 시간 자체가 투하되는 노동, 사회 자체에서 삶 시간에 이루어지는 노동이다. 그리고 산업 노동의 변화에서도 확인할 수 있듯이 오늘날 노동의 일반적 성격이 정동적으로 변화되고 있다. 그렇다면 정동노동은 커먼즈와 어떤 관계가 있을까? 이제 이 관계를 검토하기로 하자.

2) 정동노동은 커먼즈를 생산한다

정동노동과 커먼즈의 관계를 검토하기 위해서는 커먼즈에 대한 다양한 입장 중 이탈리아 정치철학자 안토니오 네그리(Antonio Negri)와 그의 제자이자 동료인 마이클 하트(Michael Hardt)의 입장을 먼저 살펴볼 필요가 있다. 그것은 이들의 입장을 따를 때 정동노동의 산물이 곧 커먼즈임을 분명하게 확인할 수 있기 때문이다.

물론 네그리와 하트는 자연 커먼즈에 대한 오스트롬의 연구를 염두에 두고서 커먼즈라는 용어가 사적 소유의 도래로 인하여 파괴된 (공유지 같은) 전 자본주의적 공유 공간을 지칭한다는 점에서 커먼즈보다는 '공통적인 것(the common)'이라는 용어를 사용하겠다고 말했다.[*] 하지만 예컨대 커먼즈와 공통적인 것 모두 국가와 같

---

[*] 네그리·하트, 2008: 20 참조.

돌봄의 공간들

은 '공적인 것(the public)'이나 자본과 같은 '사적인 것(the private)'이 아닌 어떤 것을 의미한다는 점에서, 네그리와 하트의 입장은—커먼즈에 대한 다양한 입장 중 하나라고 할 수 있다. 이에 이하에서는 커먼즈—공통적인 것을 모두 커먼즈로 표기하고자 한다.

네그리와 하트는 커먼즈를 크게 두 가지로 구분한다. 하나는 물질세계의 공통의 부라고 할 수 있을 공기·물·땅의 결실을 비롯한 자연이 주는 모든 것이며, 다른 하나는 지식·정보·데이터·언어·코드·이미지 등과 같은 생산의 결과물 중에서 상호작용 및 차후의 생산에 필요한 것들이다.* 네그리와 하트에게는 후자의 커먼즈가 생산에서 점점 더 중요한 역할을 하면서 생산을 변형하고 있다는 점이 특히 중요하다. 그것은 이러한 변형이 생산적 주체들의 자율적 협력을 통해 커먼즈가 생산되지만 자본은 이렇게 생산된 커먼즈를 저작권이나 특허권, 지식재산권 등을 통해 수탈해 갈 뿐이라는 사실을 함축하기 때문이다.

중요한 것은 지식·정보·데이터 등과 같은 비물질적 커먼즈가 상호작용과 의사소통을 바탕으로 하여 생산된다는 점이다. 비물질적 커먼즈는 비물질적인 사회적 관계 자체를 생산하는 정동적 노동의 산물로서 상호작용과 의사소통이 없다면 생산될 수 없을

---

* 네그리와 하트의 커먼즈의 의미에 대해서는 네그리 · 하트, 2014: 16-17 참조.

뿐더러 차후에 이루어질 상호작용과 의사소통의 토대이기도 하다. 비물질적 커먼즈가 정동적 노동의 산물인 것은 이러한 노동이 상호작용과 의사소통이라는 사회적 관계 자체를 생산한다는 점, 그리고 이러한 사회적 관계를 바탕으로 그것이 생산된다는 점 때문이다.

물론 '정동적 노동'만이 아니라 상호작용과 의사소통을 바탕으로 다양한 서비스를 제공하는 '정동노동' 역시 비물질적 커먼즈를 생산한다. 정동노동자는 다양한 서비스를 제공하면서 사회적 관계 자체를 생산할 뿐 아니라 이를 차후에 더 잘 생산하기 위한 지식·정보 등의 비물질적 커먼즈를 생산하고 또 체화한다. 그리고 이와 같은 비물질적 커먼즈를 체화함으로써 그/녀의 신체 활력을 증가시킨다. 이처럼 정동노동자는 상호작용과 의사소통 및 차후의 생산에 필요한 비물질적 커먼즈를 생산하고 체화하면서 그/녀의 신체 활력을 증가(혹은 감소)시킨다.

정동노동자가 비물질적 커먼즈를 생산하고 체화하면서 그/녀의 신체 활력을 증가(혹은 감소)시킨다는 것은 곧 정동노동을 통해서 정동노동자가 변화됨을 의미한다. 비물질적 커먼즈를 생산하는 정동노동이 주체성을 생산하는 것이고, 생산에 참여하는 주체를 '어떠한' 정동노동자로 생산하는 것이다. 정동노동은 생산에 참여하는 주체를 어떠한 정동노동자로서 생산하는 것일까? 다시 말

돌봄의 공간들

해 커먼즈를 생산하는 정동노동은 오늘날 어떤 주체성을 생산하는 것일까?

2. 주체성의 생산

3절에서는 정동노동이 커먼즈를 생산하고 체화하면서 자신의 신체 활력을 증가(혹은 감소)시키는 주체성을 생산한다는 점을 검토한다. 그리고 오늘날 이러한 생산이 어떠한 문제가 있는지를 확인한다. 이는 오늘날 정동노동자에게 무엇보다도 자기돌봄이 필요하다는 점을 제기하는 4절 논의의 토대가 될 것이다.

1) 오늘날 커먼즈 생산의 핵심은 주체성의 생산이다.

먼저 오늘날 정동노동이 주체성을 생산하는 것이 중요한 의미가 있는 이유를 확인하기로 하자. 우선적으로 그것은 이러한 생산이 생산물의 가치가 사회적 필요노동시간으로 더 이상 측정되기 힘든 오늘날, 노동생산성이 상호작용과 의사소통을 통해 생산에 참여하는 주체의 역량에 달려 있기 때문이라고 할 수 있을 것이다. 그리고 자본은 이러한 역량 있는 주체의 활동을 통해 생산된 부를 수탈하면서 성장하고 있다. 달리 말해 생산을 조직하면서 물질 노동을 통해 생산된 가치로부터 잉여 가치를 전유하는 식으로 임금노동을 '착취'해 온 자본이 오늘날에는 생산에 참여하는 주체들의 상호작용과 의사소통을 통해 생산된 부를 '수탈'하고 있으며, 그래서 그것의 역할이 착취에서 수탈로 변화되고 있다.(예의 저작권이나 특허권, 지식재산권 등이 이러한 수탈의 수단이다.)

이러한 변화 속에서 자본은 생산적 주체의 역량 발전과 생산성 향상에 의존할 수밖에 없으며 그리하여 이러한 발전과 향상에 그것의 사활을 걸게 된다. 역으로 생산에 참여하는 주체들은, 먹고 살기 위해서든 더 큰 인적 자본이 되기 위해서든, 마찬가지로 그/녀의 역량 발전에 사활을 걸 수밖에 없게 된다.

중요한 것은 이러한 역량 발전이 사회적 관계 자체를 생산하는 동시에 지식·정보 등의 비물질적 커먼즈를 생산하고 또 체화하는 정동노동자의 신체 활력의 증가를 의미한다는 점이다. 이러한 증가의 함의와 관련하여 다시금 커먼즈에 대한 네그리와 하트의 논의를 살펴볼 필요가 있다. 이를 통해 오늘날 이러한 증가가 야기하는 문제를 확인할 수 있기 때문이다.

네그리와 하트는 삶-권력, 삶-정치에 대한 푸코의 논의를 참조하면서 동시에 이를 변형했다. 구체적으로 네그리와 하트는 푸코가 혼용해서 사용한 두 개념을 주체들의 상호작용과 의사소통을 통해 생산된 부를 수탈하면서 성장하는 '삶-권력'으로서의 자본과 이러한 자본, 삶-권력에 맞서 다른 삶을 살아가려는 생산적 주체들의 운동으로서의 '삶-정치'로 구분했다.

자본이 삶-권력인 것은, 주체들의 상호작용과 의사소통을 통한 비물질적 커먼즈의 생산에 의존할 수밖에 없는 자본이 역설적으로 주체들로 하여금 더 큰 인적 자본이 되기 위해 그/녀의 역량 발전, 신체 활력의 증가에 사활을 걸게 만든다는 점, 즉 이러한 발전과 증가를 그/녀의 삶의 윤리로서 받아들이도록 한다는 점 때문이다.

네그리와 하트가 말하는 삶-정치는 삶을 장악한 이러한 권력에 맞서 다른 삶을 살아가는 것을 의미한다. 그런데 삶-권력으로서 자본이 주체들로 하여금 그/녀의 역량 발전, 신체 활력의 증가를 삶의 윤리로서 받아들이게 했다면 이러한 권력에 맞서 다른 삶을 살아가는 것, 자기 변화를 실천하는 것은 어떻게 가능한가?

이에 대해 네그리와 하트는 다시금 푸코를 참조하여 권력과 저항의 문제를 검토한다. 푸코는 권력이 저항하는 힘과 포섭하는 힘 사이의 대결이라면 권력은 이러한 저항에 맞서서 행사되는 것이라며, 이러한 점에서 저항이 권력에 선행한다고 말했다.* 이는 삶-권력으로서 자본이 저항에 직면하게 된다는 것을 의미한다. "자본이 삶 전체에 투자될 때 삶은 저항으로 나타난다."** 저항이 권력에

---

* Foucault, 1982: 221-222 참조; 윤영광, 2022: 108 재인용.
** 네그리, 2006: 263.

제1장/ 정동노동, 커먼즈, 돌봄

선행한다는 것, 삶-권력으로서 자본이 저항에 직면하게 된다는 것의 의미는 무엇인가?

그것은 상호작용과 의사소통을 통해 비물질적 커먼즈를 생산하고 체화하면서 그/녀의 신체 활력을 증가(혹은 감소)시키는 정동노동자가 한편에서는 이러한 증가에 사활을 걸고 이러한 증가를 그/녀의 삶의 윤리로 받아들이는 경향이 있는 동시에 다른 한편에서는 이러한 윤리 자체를 문제시하면서 다른 삶을 살아가고자 하는, 자기 변화를 실천하고자 하는 경향 역시 있다는 것을 의미한다.

간단히 말한다면 오늘날 주체성의 생산에서 삶-권력과 삶-정치가 각축을 벌인다. 비물질적 커먼즈를 생산하는 정동노동이 생산에 참여하는 주체를 어떠한 정동노동자로서 생산할 때 이러한 주체성의 생산은 삶-권력과 삶-정치의 각축의 결과이다.

이러한 각축이 일어나는 것은 오늘날 정동노동자가 비물질적 커먼즈를 생산하고 체화하면서 그/녀의 신체 활력이 증가될 수도 감소될 수도 있기 때문이다. 만약 오늘날 정동노동자가 정동노동을 통해서 그/녀의 신체 활력을 증가시키기만 한다면 저런 각축이 일어날 이유가 없을 것이다. 이러한 신체 활력의 증가는 그 자체로 좋은 것이기 때문이다. 그러나 오늘날 정동노동자가 비물질적 커먼즈를 생산하고 체화하면서 신체 활력이 일방적으로 증가된다고만 할 수는 없을 것이다.

돌봄의 공간들

물론 정동노동을 통해서 정동노동자의 신체 활력이 증가되는지 아니면 감소되는지의 여부를 일반화하여 말하기는 어려운 부분이 있다. 저런 증가와 감소는 개별 정동노동자의 경우마다 상이할 것이기 때문이다. 그럼에도 오늘날의 정동노동의 현실에 대한 진단을 바탕으로 이러한 증가 혹은 감소에 어떠한 '경향'이 있다는 점까지를 확인하는 것은 가능할 것이다. 오늘날의 정동노동의 현실은 어떠한가? 나아가 다소간의 일반화를 무릅쓰고서 묻는다면 오늘날의 정동노동자가 정동노동을 통해서 그/녀의 신체 활력을 증가시키는 경향이 크다고 할 수 있을까 아니면 감소시키는 경향이 크다고 할 수 있을까?

2) 오늘날 주체성 생산의 문제

위 문제를 검토하기에 앞서 네그리와 하트가 커먼즈를 '이로운 형태의 커먼즈'와 '해로운 형태의 커먼즈'로 구분했다는 점을 먼저 확인하기로 하자. 그것은 이러한 구분이 오늘날 주체성의 생산의 경향성을 확인하는 데 도움이 되기 때문이다.

네그리와 하트는 커먼즈에는 그것을 함께 만들면서 "함께 사유하고 행동하는 우리의 힘을 증가시키는 형태와 감소시키는 형태가 모두 존재"하며, 커먼즈에는 '이로운 형태의 커먼즈'와 '해로운 형태의 커먼즈'가 존재한다고 말했다.[*] 여기서 해로운 형태의 커먼즈는 상호작용과 의사소통의 산물이면서도 함께 사유하고 행동하는 우리의 힘과 우리의 신체 활력을 감소시키면서 사적 소유와 소유 개인주의를 강화하는 커먼즈라고 할 수 있다.[**]

생각해 볼 것은 음식점 알바를 포함한 유아 돌봄, 학원 강의, 통신 판매, 음식 배달 등에 종사하는 정동노동자가 오늘날 대체로 프레카리아트(precariat), 불안정노동자라는 점이다. 이들 대다수가 비정규·임시·파견·독립 노동자이지만 이들은 더 잘 상호작용하고 더 잘 의사소통하기 위하여 그들의 신체 활력을 증가시킬 것을 요구받고 있을 뿐 아니라, 나아가 자본이 요구하기에 앞서 이미 자기 자신에게 이를 요구하고 있다. 더 큰 인적 자본이 되기 위해서든 혹은 그저 먹고살기 위해서든 사적 소유, 소유 개인주의로 점철되어 있는 세계에서 나고 자란 정동노동자가 더 잘 상호작용하고 더 잘 의사소통하고자 신체 활력을 증가시키려는 것은 너무나 당연한 것이기 때문이다.

---

[*] 네그리 · 하트, 2014: 235 참조.

[**] 이것이 네그리 · 하트에게서는 커먼즈가 곧바로 사적 소유, 소유 개인주의와 배치된다고 할 수는 없으며 오히려 커먼즈를 다시금 사적으로 소유하려는 경향을 넘어서 그것을 진정으로 우리 모두에게 공통적인 것으로 만들고자 하는 실천이 필요한 이유, 해로운 커먼즈를 최소화하고 이로운 커먼즈를 최대화하는 실천이 필요한 이유이다.

돌봄의 공간들

그럼에도 추가적으로 생각해 볼 필요가 있는 것은 이러한 신체 활력의 증가가 과연 우리 삶의 안정적 재생산으로 이어지는가 하는 점이다. 아마도 그렇지 못하다고 답할 수밖에 없지 않을까? 그렇지 못한 것은 우선적으로 상호작용과 의사소통을 통해 생산된 비물질적 커먼즈가 우리 모두의 부, 공통의 부가 되기보다는, 개인이나 자본에 의해 사적으로 소유되기 때문이다. 생산된 공통의 부가 다시금 사적으로 소유되며 그리하여 수탈적 자본에 정동노동자가 의존하게 되는, 심지어는 예속되기도 하는 사례로 상호작용과 의사소통 플랫폼을 장악한 오늘날의 대표적 자본인 아마존·구글·페이스북(메타) 등의 넷지배 자본(netarchical capital) 및 우버·에어비앤비 같은 플랫폼기업을 들 수 있을 것이다.*

물론, 어떤 정동노동자의 신체 활력의 증가가 함께 사유하고 행동하는 우리 신체 활력의 증가로 이어지지 못하는 것이 넷지배 자본이나 플랫폼기업 등이 생산된 공통의 부를 수탈해 가기 때문만은 아닐 것이다. 오히려 증가된 개인의 신체 활력을 마치 내가 소유할 수 있는 나의 것으로 여길 뿐 아니라, '우리'가 아닌 순전히 '내' 신체 활력의 증가만을 위해 상호작용하고 의사소통하려는 정동노동자의 경향이 더 큰 문제일 수 있다. 물론 이는 도덕적

---

* 넷지배 자본, 플랫폼기업에 대해서는 정남영·윤영광, 2018: 13-15 참조.

비난의 대상이 아니라 우리가 소유 개인주의에 기반을 두는 자본주의사회 안에서 살아간다는 점, 이 사회 안에서 상호작용과 의사소통을 소유 개인주의에 입각하여 추구한다는 점, 그리하여 우리 신체 활력의 공통적 증가를 추구하면서 상호작용하고 의사소통하는 일이 극히 드물다는 점으로부터 비롯되는 것이라고 할 수 있을 것이다.

아울러 자본 편에서는 노동의 일반적 성격이 정동적이 된 상황에서 소유 개인주의에 입각하여 상호작용하고 의사소통하면서 자신의 신체 활력을 증가하려는 주체성이 생산되는 것이 무엇보다도 중요하다. 자본 자신의 성장을 위해서, 자신의 신체 활력을 증가시킴으로써 소유 개인주의적으로 더 많이 더 크게 더 '잘' 상호작용하고 의사소통하려는 주체성이 생산될 필요가 있기 때문이다. 이러한 점에서 자본에게 필요한 것은 이러한 주체성을 생산하기 위한 교육과 훈련인데,[*] 이러한 교육과 훈련의 결과는 정동노동을 통해 생산되는 비물질적 커먼즈에 대한 소유 개인주의적 이

---

[*] 가치 창조가 주체들의 작업, 주체들의 두뇌와 열정, 주체들의 특이성, 주체들이 삽입되어 있는 협력의 순환을 통해 일어난다는 점에서 주체성의 생산이 필수적이라는 것, 그리고 비물질적인 탈근대적 생산의 헤게모니로 이행하는 단계에서는 교육과 훈련이 중요해진다는 것에 대해서는 Negri, 2018a: 19 참조.

해의 강화와 다름이 없다.

결국 정동노동을 통해 비물질적 커먼즈가 생산되더라도 이를 통해 함께 행동하는 우리 신체 활력이 증가되는 것은 대단히 어려운 일이라고 할 수 있다. 나아가 삶의 불안정성의 증가와 함께 더 많이 더 크게 더 '잘' 상호작용하고 의사소통하기 위하여 자신의 신체 활력을 계속해서 증가시켜야 한다는 강박에서 비롯되는 스트레스와 피로, 분노와 우울 등의 병적 현상이 팽배해 있다. 이러한 현상은 함께 생각하고 행동하는 우리 신체 활력을 증가시키는 대신 내가 소유할 수 있는 나의 것만을 추구하는, 자본에 의한 교육·훈련의 결과로 생겨난, 우리의 성향과 무관하지 않을 것이다. 이러한 점에서 오늘날 정동노동이 해로운 커먼즈를 생산하는 경향이 더 크다고 하더라도 크게 틀린 말은 아닐 것이다.

3. 자기 변화와 돌봄

4절에서는 정동노동자의 자기돌봄이 필요하다는 점을 확인한다. 그리고 자기돌봄이 원리적으로 가능하더라도 구체적 현실에서 자기돌봄은 서로돌봄의 경험을 통해서 비로소 실천될 수 있다는 점을 확인한다. 마지막으로 자기돌봄의 토대가 되는 서로돌봄의 기관들, 공간들에서 이루어지는 경험이 정동노동자에게 필요하다는 점을 제기한다.

1) 자기 자신과의 관계 맺음의 변화: 자기돌봄

오늘날 정동노동자에게 자신의 신체 활력을 계속해서 증가시켜야 한다는 강박에서 비롯되는 예의 병적 현상이 팽배해 있다면 이러한 현실은 어떻게 변화될 수 있을까? 이러한 현실이 내가 소유할 수 있는 나의 것만을 추구하면서 상호작용하고 의사소통하려는 우리의 성향에서 비롯되는 것이 맞다면, 그것의 변화는 원리적으로 정동노동자가 생산한 비물질적 커먼즈를 우리 모두의 부, 공통의 부로 만들 때 그리고 사적 소유가 아닌 우리 신체 활력의 공통적 증가를 위해 상호작용하고 의사소통할 때 가능할 수 있을 것이다. 특히 우리 신체 활력의 공통적 증가를 위해 상호작용하고 의사소통하는 것이 비물질적 커먼즈를 공통의 부로 만드는 일의 토대가 될 수 있다는 점에서 저 변화는 무엇보다도 소유 개인주의에 입각하여 상호작용하고 의사소통하는 것과는 다른, 사회적 관계에서의 어떤 변화를 필요로 한다고 할 수 있을 것이다.

분명한 것은 사회적 관계의 변화가 소유 개인주의적으로 더 '잘' 상호작용하고 의사소통하려는 주체성과는 다른 새로운 주체성이 생산되지 않는다면 가능하지 않을 것이라는 점이다. 함께 사유하고 행동하는 우리 신체 활력의 증가를 추구하는 집단적 주체성의 생산이 필요한 것은 이 때문이다. 이러한 생산은 함께 생각하고 행동하는 우리 신체 활력을 진정으로 증가시키는 상호작용과 의사소통의 어떤 새로운 방식을 구성할 수 있을 때에만 비로소 가능할 수 있을 것이다.[*] 이러한 새로운 방식은 어떻게 구성될 수 있을까?

상호작용과 의사소통의 새로운 방식은 우선적으로는 스트레스와 피로, 분노와 우울 등을 겪는 자가 다름 아닌 우리 자신인 상황에서 소유 개인주의에 입각하여 자신의 신체 활력을 증가시키는 것으로부터 우리 스스로 변화하는 것, 우리 자신과의 관계 맺음에서의 변화를 추구하는 것에서 시작할 수 있을 것이다. 자기 관계에서의 이러한 변화는 바로 스트레스와 피로, 분노와 우울 등을 겪는 우리 자신에 대한 자기돌봄을 의미한다.

중요한 것은 이러한 자기돌봄이 '원리적으로' 분명 가능하다는 점이다. 이와 관련하여 다시금 푸코를 참조해서 권력과 저항의 문제를 검토한 네그리와 하트의 논의가 중요하다. 네그리와 하트에 따르면 저항이 권력에 선행하며, 권력은 저항에 맞서서 행사된다.

---

[*] 네그리는 아마도 집단적 주체성이 구성하는 상호작용과 의사소통의 새로운 방식과 연관될 수 있을, 인류의 공통적인 것(the common of humanity)을 되찾는 것은 곧 사물과 같은 것이 아닌 구성적 과정을 재정복하는 것이라고 말한다(Negri, 2018b: 116 참조).

달리 말해 '저항의 우선성'[*]에 따라서 삶-권력으로서 자본은 다른 삶을 살아가고자 하는 삶-정치로서의 저항에 직면한다. 이는 삶-권력에 맞서는 저항의 실천으로서의 자기 자신과의 관계 맺음에서의 변화, 즉 자기돌봄이 원리적으로 가능함을 의미한다.

2) 서로돌봄의 의미: 자기돌봄의 토대

자기돌봄이 원리적으로 가능하더라도 구체적 현실에서 그것의 실천은 결코 쉬운 일이 아니다. 소유 개인주의에 입각하여 '자신'의 신체 활력을 증가시키려는 것이 아니라, 함께 생각하고 행동하는 '우리'의 신체 활력을 진정으로 증가시키는 상호작용과 의사소통의 어떤 새로운 방식을 구성하는 것은, 소유 개인주의로 점철된 세계에서 나고 자란 우리에게 결코 쉬운 일이 아니기 때문이다.

이는 자기돌봄, 자기 자신과의 관계 맺음에서의 변화가 원리적으로 가능하더라도 우리의 신체 활력을 진정으로 증가시키려는 상호작용과 의사소통의 방식들을 '실제로' 경험하지 않는다면 이를 실천하는 것이 분명 어려운 일임을 의미한다. 생각해 볼 것은 이러한 상호작용과 의사소통이 실제로 이루어지고 있다는 점이다. 이는 이에 대한 경험을 바탕으로 자기 자신과의 관계 맺음에

---

[*] 들뢰즈, 2019: 152 참조; 윤영광, 2022: 109 재인용.

서의 변화, 자기돌봄이 가능하다는 것을 배울 수 있음을 의미한다. 이러한 배움이 자기돌봄의 토대가 된다는 것은 분명하다.

사실 원리적으로는 자기돌봄, 자기 자신과의 관계 맺음에서의 변화가 우리의 신체 활력을 진정으로 증가시키는 상호작용과 의사소통의 방식들의 토대가 되지만, 현실적으로는 역으로 이러한 방식들에 대한 경험이 자기 변화의 토대를 놓을 수 있다. 달리 말해 자기 자신과의 관계 맺음에서의 변화와, 저 상호작용, 의사소통의 방식들에 대한 경험은 원리적으로는 전자가 후자에 선행하며 후자의 토대가 되는 것이더라도, 구체적 현실에서는 선순환 과정에 있는 것이다.

우리의 신체 활력을 진정으로 증가시키는 상호작용과 의사소동의 방식들은 물론 '서로돌봄'이다. 서로돌봄은 예컨대 열린 플랫폼 협동조합(open platform co-ops)처럼 플랫폼을 협력적·민주적으로 운영함으로써 플랫폼을 통해 상호작용하고 의사소통하는, 조합원과 관계자의 공동의 필요에 부응할 수 있도록 개방적 거버넌스를 추구하는 협동조합에서 찾아볼 수 있다.* 물론 꼭 플랫폼 협동조합이어야 하는 것은 아니며 지역을 기반으로 하여 주민의 필요에 부

---

* 열린 협동조합과 플랫폼 협동(조합)주의에 대해서는 정남영·윤영광, 2018: 15 참조.

응하기 위해 공동체 교육, 공동돌봄 같은 정동적 활동을 실천하는 소규모 사회적 협동조합이나 중장년 여성이 중심이 된 소규모 공동체에서도 서로돌봄을 확인할 수 있다.

생각해 볼 것은 교육·돌봄 이외에도 간호·상담·배달 등 상호작용과 의사소통을 중심으로 이루어지는 다양한 정동적 활동들이 존재하며 나아가 열린 플랫폼 협동조합, 사회적 협동조합, 소규모 공동체 등에서 이러한 활동에 바탕을 둔 서로돌봄이 이미 이루어지고 있다는 점이다. 사실 지역에 돌봄·교육을 포함한 먹거리·에너지·공간·토지·주택 등 다양한 공공재·공공서비스를 생산·제공하는 서로돌봄의 기관들과 공간들이 존재한다. 이러한 기관들과 공간들에서 이루어지는 돌봄의 경험은 나의 것만을 추구하면서 상호작용하고 의사소통하는 것이 아닌, 우리 신체 활력의 공통적 증가를 위해 상호작용하고 의사소통하기 위한 자기돌봄의 토대가 될 수 있다. 자기돌봄과 그것의 토대가 되는 서로돌봄이 정동노동자의 자기 변화를 위해 중요하고 필요한 것은 이 때문이다.

4. 돌봄 경험의 필요

오늘날 비물질적 커먼즈를 생산하는 동시에 비물질적인 사회적 관계 자체를 생산하는 정동노동자로 하여금 더 잘 상호작용하고 의사소통하도록 강제되는, 혹은 노동자 자신이 요구하는, 신체 활력의 증가가 노동자 자신의 스트레스와 피로, 분노와 우울 등의 병적 현상의 원인이 되는 경향이 있다면, 노동자 자신의 자기돌봄, 자기 변화가 반드시 필요하다는 것을 의심할 수 없을 것이다.

서로돌봄의 기관들, 공간들에서 이루어지는 돌봄의 경험이 자기 변화의 토대가 되는 것은 이러한 돌봄이 곧 함께 사유하고 행동하는 '우리' 신체 활력의 공통적 증가를 위한 활동이기 때문이다. 이러한 활동은 소유 개인주의에 입각하여 '내' 신체 활력의 증가만을 위해 상호작용하고 의사소통하는 것과는 다르다. 돌봄에 대한 이러한 경험, 즉 다른 삶이 존재한다는 구체적 현실에서의 경험이 오늘날 우리 정동노동자의 자기돌봄과 변화, 치유를 위해 무엇보다도 필요하다.

제2장

예술커먼즈의 돌봄[*]

— 가족을 공통하기

권범철

---

[*] 이 글은 저자가 쓴 다음의 글을 요약·수정·보완한 것이다. 권범철, 「가족을 공통하기: 예술가 근족과 '아트 스피릿 머신'」, 『문화와 사회』 32(2), 139-187.

사회적·생태적 재생산의 위기가 심화되면서, 특히 코로나19 시기를 거치면서 돌봄에 대한 관심이 크게 늘어났다. '손상된 행성에서 살아가'기 위해 돌봄을 삶의 모든 영역의 중심에 놓아야 한다는 주장이 힘을 얻고 있는 것이다. 그러나 현실의 돌봄은 여전히 제한적이다. 다른 종으로 확장되지 못하거나 협소한 곳에만 머물러 있는 것이다. 그렇게 돌봄이 갇혀 있는 대표적인 공간이 집-가족이 아닐까?

가족은 임금노동지와 비임금노동자를 짝짓는 방식으로 조직되어 있고 이를 통해 구성원들이 자본을 위한 부불노동을 직접 수행하거나 수행하도록 강제하는 장치이다. 이런 점에서 가족은 자본주의의 토대가 된다(그 구성원들은 단지 서로를 위할 뿐이지만). 가족은 자본주의 공장 바깥의 안식처가 아니라, 그 자체로 공장이다. 이는 오늘날 위기에서 중요한 문제이다. 오늘날의 위기는 자본주의 시스템이 제대로 작동하지 못해서가 아니라 '올바로' 작동한 결과이기 때문이다. 따라서 우리가 직접 임금노동을 하며 그 시스템에 기여하거나 그 시스템에서 노동할 노동력을 (재)생산하며 그 시스템을 뒷받침하는 것은 한편으로는 가족을 위하는 일이지만 다른 한편으로는 위기를 가속시키는 일이다. 그러니 우리가 가족에 갇힐수록, 그에 따라 (임금노동이든 돌봄노동이든) 노동에 매몰될수록 위기에 기여하게 된다. 우리는 그 연결 고리를 충분히 사유해야 하지 않을까? 해러웨이는 아렌트가 살핀 아이히만을 예로 들어 이 사유의 문제를 다루었다. 잘 알려진 것처럼 아렌트는 아이히만에게서 불가해한 괴물이 아니라 평범한 사유의 결여를 보았다. 이 결여에서 "세계는 문제가 아니다." "기능이 중요하고 임무가 중요할 뿐, 세계는 아이히만에게 문제가 아니었다(해러웨이, 2021: 67)."

아이히만은 사유의 혼란에서 바로, 그것이 무엇이든, 일상의 업무 속으로 흘러 들어갔다. 아이히만과 그의 후계자들 -우리?-에게 세계는 '돌봄의 문제'가 될 수 없었다. 그 결과 집단 학살에 적극적으로 참여하게 되었다(해러웨이, 2021: 68).

해러웨이가 명시적으로 서술하지는 않았지만 그는 우리가 일터의 노동에 흘려 들어가면서—가족은 바로 이 흘림을 강제한다—혹은 집 안에서 가족의 돌봄에만 갇혀 세계를 돌봄의 대상으로 여기지 않는/못 하는 까닭에 모든 생명의 집단 학살—'여섯 번째 대멸종(콜버트, 2022)'—에 적극적으로는 아닐지라도 어쨌든 가담하게 되었다고 혹은 그 범죄에 연루되었다고 이야기하는 것 같다. 이러한 점에서 정말 우리는 스스로가 아이히만의 후계자임을 깨달아야 하는 것은 아닐까? 어쩌면 그 깨달음은 우리 자신의 돌봄의 한계로 남아 있는 가족을 사유하는 것에서 시작되어야 할지도 모른다.

이런 맥락에서 루이스는 가족의 확장이나 대안적인 가족이 아니라 가족의 폐지를 주장한다. 물론 이 주장은 고립된 인간을 요청하는 것이 아니다. 그의 주장은 '혈연을 완전히 내려놓고 동지적 관계', 즉 '근족(kith)'을 만들자는 것이다(루이스, 2023: 43). 그에 따르면 "'근족'이라는 개념은 … '혈연'과 비슷한 유대를 지칭하지만, 그 근거는 인종·혈통·정체성보다는 지식·실천·장소이다(같은 책: 154)." 그러므로 근족은 계통적으로 형성되는 집단과는 다른 방식의 관계 맺기를 요구한다.

요컨대 이 글의 목적은 오늘날 돌봄의 한계로 남아 있는 가족을 문제화하면서 재생산/돌봄 노동의 집합적 공유를 통해 가족의 재구성, 즉 공통화 가능성(혹은 근족의 형성)을 찾아보는 데 있다. 이를 위해 이 글은 도시에서 가족을 넘어서 돌봄/재생산을 수행한 예술가 그룹의 활동을 살펴보고 그 함의를 생각해 본다.

1. 공통장으로서의 근족

이 글에서 살피는 대상은 서울시 영등포구 문래동에서 활동하는 예술가들의 사례이다. 이곳은 이미 여러 연구를 통해 잘 소개된 바와 같이 많은 예술가들이 저렴한 임대료로 이용할 수 있는 공간(작업실)을 찾아 모여들면서 창작촌, 예술촌 등으로 알려진 곳이다(권범철, 2024; 예술과 도시사회연구소, 2010; 2009; 2008 참고). 시각예술가 A는 미대를 다니면서 전시기획사, 조형물 공장 등에서 일을 했고 졸업한 뒤 문래동에 왔다. 미대를 다녔고 관련 업종에서 일을 했기 때문에 이미 문래동에 선배나 지인이 있었고 그래서 '이미 돌아가는 판'을 잘 알았던 그는 친구와 함께 문래동에서 월세 50만 원짜리 작업실을 구했다. "월세 25만 원이랑[친구와 절반씩 부담] 아무튼 30만 원씩만 내면 다 됐어요. 인터넷, 전기세, 소득세(까지)." "그때는 뭐 유지비 들 거라곤 [월] 30만 원만 내면 되는 거예요." 이렇게 낮은 임대료는 예술가들을 끌어들이는 일차적인 조건이었고 이들은 자연스럽게 서로 동네 이웃이자 유사한 직종 종사자로 만나게 되었다. 이 관계는 얼마나 그들의 삶과 작업에 기여하는 것일까?

우선 이 관계는 예술가의 현금 소득에 기여할 수 있다. 비정규적인 소득을 올리는 많은 예술가들이 그렇듯 예술가 A 역시 방과후 수업을 하거나 선배 예술가의 작업을 도와주거나 어린이 워크숍을 진행하는 등 다양한 아르바이트를 하면서 조금씩 돈을 벌었다. 이러한 아르바이트를 구하는 데 문래동의 네트워크는 중요한

돌봄의 공간들

역할을 했다.

> ○○ 형*을 만나면서… ○○ 형이 일을 많이 줬어요. 알바 같은 거. 어린이 무슨 워크숍 같은 거. 저는 이제 어린이 워크숍 한 번도 안 했다가 ○○ 형을 통해서 어린이 워크숍을 하게 됐어요(예술가 A).

> 문래동 △△ 형이라고… △△ 형이 선배예요. 그 형이 이제 [인터뷰어: 조각하시는 분?] 네. 그 형이 이제 또 일 도와주면 한 15만 원 주거든요. 한 10만 원 받고, 15만 원 받으면서 그냥 그러면서 이제 그냥 문래동에 안착하게 된 거죠(예술가 A).

이러한 네트워크 혹은 함께 있음이 소득원 창출에만 기여하는 것은 아니다. 예술가는 임금노동에서 배제된 사람들이고 그런 이유로 '정상적인' 일상에서 이탈해 있다. 이는 이들에게 모종의 불안감을 안긴다. 이때 비슷한 일상을 공유하는 사람들이 모여 있다는 것은 심리적인 안정감을 선사한다.

---

* 예술가 A가 '○○ 형'이라고 부른 예술가는 문래동에서 문화예술 분야 사회적 기업을 운영했고, 어린이 워크숍은 이 사회적 기업에서 기획한 것이다.

일단은 이게[문래동에서의 일상] 보통의 일반 직장 다니는 사람들은 전혀 이해 못 하는 라이프 사이클이죠. 근데 문래동에는 대부분 다 그런 식이었어요. 대부분이 그냥 뭐 100만 원을 벌까 말까 한 사람들이 대다수였기 때문에 그게 커먼한 거예요. 그게 저한테 안도감을 주는 거예요. 비슷한 사람끼리 있다라는 게(예술가 A).

비슷한 불안을 공유하는 사람들이 모여 안도감을 느끼는 관계란 어떤 것일까? '정상적인' 일상은 예술가들뿐 아니라 거의 모든 사람들에게 불안을 야기한다. 이 불안은 많은 경우 우리를 경쟁하는 주체로 인도한다. 우리의 현재는 알 수 없는 미래를 위한 시간으로 채워진다. 우리는 '스펙'을 쌓고 학원을 다니고 '투자'를 한다. 여기서 생각해 볼 지점은 불안에 휩싸여 무언가를 선택하고 행동하는 '나'이다. 우리가 불안이라는 감정에 전염되어 그러한 선택으로 이끌릴 때, 나의 마음, 나의 선택, 나의 행동은 나만의 것일까? 나는 나만으로 이루어지는가?

'나'는 분명히 다른 이들과 구별되는 개체로 있지만, 행동의 관점에서 볼 때 '나'는 어떤 관계의 효과로 출현한다. 즉 '나'라는 개체에 선행하는 관계가 있다. 이것은 개체들 간의 상호작용(interaction)

돌봄의 공간들

과는 구별되는 내부작용(intra-action)[*]의 관계이다. 가령 불안이 잠식하는 장은 개체 이전의 정동들이 얽힌 관계로 이해할 수 있으며 이 관계에서 '스펙'을 쌓고 학원을 다니고 '투자'를 하는 '나'가 출현한다. 우리는 어디에서나 이 장에 들어설 수 있기 때문에 쉽게 불안에 휩싸인다. 광고, 영화, 책, 친구, 동료, 이웃 등 모든 사물과 매체와 사람들이 나를 불안하게 한다. 이 불안은 개인의 의지로 극복할 수 있는 문제가 아니다. 불안을 자극하는 요소가 편재해서라기보다 마음은 나만의 것이 아니며 나의 의지에서 벗어나 있기 때문이다.[**] 이런 이유로 불투명한 미래를 대비하고 생계를 유지하는

---

[*] 개런 바라드는 내부작용을 이렇게 설명한다. "내부작용이라는 개념은 나의 행위적 실재론의 틀의 핵심 요소이다. '내부작용'이라는 신조어는 얽힌 행위소들(agencies)의 상호 구성을 의미한다. 다시 말해 통상적으로 사용되는 바, 상호작용에 앞선 개별 행위소들의 분리를 가정하는 '상호작용'과는 대조적으로 내부작용 개념은 구별되는 행위소들이 앞서지 않으며, 오히려 내부작용을 통해 그것이 출현한다는 것이다. 여기서 '구별된(distinct)' 행위소들은 관계적인 것 안에서 구별될 뿐, 어떤 절대적인 구별은 아니다. 다시 말해 행위소들은 오직 그것들의 상호 얽힘의 관계 안에서만 구별되며, 개별적인 요소들로 존재하지 않는다"(Barad, 2007: 33).

[**] 김미정은 이미상(2020)의 소설에 등장하는 인물을 예로 들어 '마음대로 되지 않는 마음'을 흥미롭게 묘사한다. 그 인물은 어떤 이유에서 고마워하지 않기로 마음먹었지만 의지가 무색하게 '자꾸 고마워져 버'린다. "이 문장은 능동보다는 수동 쪽에 가깝다. 주어(주인공)는 고마워하지 않기로 작정하고 경험하지만, 그는 지금 능동적·의지적으로 행동할 수 없음을 고백하는 셈이다. 어떤 상황에 '의해' 스스로의 의지가 배반당하는 경험일 것이다. 주어의 완고함은 상황의 침범과 난입으로 인해 후퇴한다. 지금 "자꾸 고마워져 버리

'정상적인' 경로에서 벗어나는 일은 개인적인 결단으로 이루어지기 어렵다. 마찬가지로 문래동의 예술가들이 그곳에서 '일반 직장 다니는 사람들은 전혀 이해 못 하는 라이프 사이클'로 살기를 선택할 수 있는 건, 그 예술장에서 흐르는 정동의 효과이다. '비슷한 사람끼리 있다'는 사실 자체가 '안도감'을 주면서 정상성에서 벗어나는 사람을 만들어 내는 것이다. 즉 '일반 직장'을 다니지 않는 삶이 '커먼한(공통적인)' 것으로 인식되는 장이 임금노동자들은 잘 이해할 수 없는 인간을 만든다. 따라서 근족의 형성에서는 주체를 움직이는 어떤 장의 구성이 중요하다. 그리고 이 장은 단지 안도감만을 주는 것이 아니라 앞에서 본 것처럼 생계를 유지할 수 있는 기회로 이어지기도 했으며 좀 더 근본적으로는 다르게 살아갈 수 있는 힘으로 이어질 수 있다.

예술가 A는 이후 다른 지역에서 활동하다가 2018년 문래동으로 돌아왔다. 그러나 커뮤니티가 와해되고 '다 각자 마이웨이'가 된 동네를 보면서 '마을 회관'을 만들겠다는 생각으로 '자투리 잡화점'이라는 프로젝트를 작업실에서 시작했다. '자투리 잡화점'은 말 그대로 쓰고 남은 자투리들을 모아 놓고 서로 물물 교환하는 프로젝

는 것이다."라는 문장은 '관계적 혹은 탈-소유'적이라고 할 만한 상황으로 경험된다. '감정은 마음대로 되지 않'고 '절대 고마워하지 않'기로 작정하지만, 주인공은 자꾸 '고마워져 버'린다(김미정, 2021: 39-40).

돌봄의 공간들

트이다.

자투리 잡화점이 아주 새로 사귐을 하기도 너무 좋죠. … 쭈뼛쭈
뼛 와 가지고 있다가 커피 한 잔 드릴까요, 아니면 뭐 밥 먹을래
요? 이 한마디에 그냥 한두 번 오면은 이미 벌써 친구예요. … 그
냥 자투리가 없더라도 그냥 와 가지고 그냥 커피 마시다 가고….
(예술가 A).

이러한 자투리의 교환은 상품 거래와는 큰 차이가 있다. 그레
이버(2016: 166)는 표준적인 상품 거래가 다른 관계와 비교했을 때
매우 단순화된 관계라고 했다. "시장 교환에서 한 집단은 다른 집
단에 대해 아무것도 알 필요가 없다. 알아야 하는 것은 그들이 원
하는 것, 그 하나뿐이다." 이처럼 상품 거래에서는 자신이 원하는
사물에 대해서만 알게 되고 알려 하지만, 자투리의 교환은 자투
리가 없어도 일어나는 교환이다. 이는 상품 거래보다 훨씬 복잡
한 형태의 관계로서 교환이라기보다는 관계 자체가 중심이 되는
활동이다. 이렇게 새로 형성된 관계는 작업이나 다른 일로 연결
될 수 있다.

새로운 사람 만나다 보면은 마냥 놀지만은 않고 가장 이제 핵심

은, 이제 지원 사업을 작가들이 많이 쓰니까[지원하니까] 어디 지원 사업을 썼어요? 어디 썼어요? 아니면 같이 써 볼래요? 그래 가지고 그냥 같이 쓰고 같이 쓰니까 팀이 된 거죠. 거기 지원 사업 쓸 때 팀 이름 써야 되거든요. 그럼 팀 된 거지(웃음)(예술가 A).

이제 막 이거 제안서 여기서[작업실에서] 쓰고 있는데 … 이미 단골처럼 오는 사람들은, 그러니까 이미 커뮤니티가 되어 있는 사람들은 와서 아무것도 [안 하고] 그냥 가만히 그냥 앉아 있고 그러거든요. 그럼 뭐 해요? 그러면 들어와서 보지. 아이디어 하나씩 얹고 그냥 같이하자, … 그러니까 둘 셋 넷 다섯 여섯 나중에 일곱 명이 되고(예술가 A).

이렇게 연결된 사람들은 실제로 함께 작업하는 팀이 되었다. 이들의 관계에서 발견되는 건 관계 형성이 더 많은 일과 작업의 기회로 연결되었다는 사실이다.

근데 돈도 잘 벌었어요. 돈도 잘 벌어. 그렇게 해서 지원 사업을 같이 쓰니까 지원 사업의 합격률이 확 올라가고 여기저기서 이 어떤 무드가 같이하고 싶은 거야. 그러니까 일이 되게 많이 들어왔어요(예술가 A).

그 사람이 [자투리 잡화점에] 관광객으로 오든 뭐 알고 오든 모르고 오든 무조건 환대. 처음에 오면 커피 내주고 밥 시간이면 같이 밥 먹고 비가 와서 온 거면은 그냥 비 피하고 가라고 하고 그런 식으로 무조건 환대. 그랬더니 그게 다 일로 전이가 되더라고요. 일이 진짜 많았어요(예술가 A).

이렇게 일상적인 관계를 형성하고 그것의 마디로 활동하며 그에 따라 더욱 큰 역량을 발휘하는 경험은 임금노동이라는 정상성에서 벗어난 이들을 '단단하게' 만들었다.

저도 이제 최근에 와 가지고 돌이키면서 [보면] 어떤 캐피탈 그러니까 돈을, 자본을 축적하라는 게 마치 뭔가 그냥 공기처럼 떠다녀 가지고 계속 그걸 마주치잖아요. 그걸 피해 갈 수가 없는데. 작업을 하면서 든 생각은 이 캐피탈이 돈만 있는 건 아니더라고요. 관계부터 해서 정말 여러 가지를[여러 가지가 있고], … 헛된 경험은 없어서 무조건 어떤 걸 하면 어떤 게 벌어져요. 그게 운이 될 수도 있고 관계가 될 수도 있는 거죠. 그리고 그런 면에서 되게 저는 돈은 비록 많이 없지만 그래도 다양한 어떠한 캐피탈을 가지고 있다라는 게 저를 되게 단단하게 만들어요(예술가 A).

예술가 A는 자신이 돈은 많이 없지만 다양한 '캐피탈'을 가지고 있다고 말하면서 돈과는 다른, '관계부터 해서 정말 여러 가지'를 포함하는 '캐피탈'에 대해 이야기한다. [이 글의 맥락에서는 공통의 부(common wealth)라는 표현이 더 적절할] '캐피탈'이 정상성에서 벗어난 그를 '단단하게' 만든다는 점은 그것이 임금노동에 기대지 않는 삶을 살아갈 수 있는 능력이라는 것을 알려 준다. 그 능력은 단지 '지원사업의 합격률'을 높이는 능력에 그치지는 않을 것이다. 불안을 조장하는 사회에서 그에 잠식당하여 스스로를 집 안에 유폐하는 것이 아니라 서로 연결되고 협력하고 의존하면서 좀 더 강한 '우리'가 될 수 있는 능력, 다시 말해 공통할 수 있는 능력 그리고 이 능력을 토대로 다양한 삶의 경로를 개척할 수 있는 힘이 '캐피탈'의 핵심이다. 바로 이러한 '우리'가 근족의 한 모습이 아닐까?

이러한 근족의 형성과 활력화에는 함께 밥 먹기가 큰 역할을 했다. 예술가 A는 팀 구성원들과 함께 작업실 옥상에 텃밭을 만들었다. 텃밭에서 키운 채소로 함께 밥을 해 먹는 건 식재료비의 절감으로 한정되지 않는 다양한 의미—교류, 정보 교환 등—가 있었다.

[텃밭은 예술가 A와 함께 팀을 꾸린] 멤버들이 하는데 대야미*에서 또 배운 게 뭐냐 하면 이 뭐랄까. 커뮤니티를 너무 이렇게 협소하게 바라보지 말자. [먹을 게] 남으면 거기서 이제 그러거든요. 새도 주고 벌레도 주고 하는 거라고. 어차피 다들 요리 다 초보들이라서 언제는 밥이 막 남고 모자르고 막 그러고 있어요. 맛이 또 있기도 하고 없기도 하고. 무조건 양이 많으면 사람들 막 부르고 전화해 가지고 여기저기 전화하거나 SNS에 올려 가지고 밥 먹으러 오라고. 그러면 뭐 그림 그리다가도 오는 거죠. 슬렁슬렁. 왜냐하면 밥 먹는 게 부담이기도 하니까. 문래동에 있는 사람들[예술가들]한테는 밥을 사 먹는 게 하루에 한 끼 정도는 괜찮은데, 두 끼 정도 사 먹으려면 좀 부담이잖아요. 그러니끼 이제 오는 서쇼. … 작가들은 또 그 정보가 중요하니까 일단 사람들 모이면, 정보가 이게 또 이렇게 뻗어 가고 이런 것 때문에라도 또 오기도 하고 … (예술가 A).

같이 밥을 먹는 건 말 그대로 끼니를 함께 해결한다는 의미가 있다. 물론 이것이 늘 일어나는 일은 아니며, 따라서 옥상 텃밭을 통해 끼니를 완전히 해결할 수 있는 건 아니라고 해도 혼자가 아

---

* 예술가 A는 경기도 군포시 대야미에 있는 전국귀농운동본부에서 소농학교를 수료했다.

니라 함께 해결한다는 것 자체가 중요하다. 그러니까 여기에는 집-가족에 갇혀 있지 않고 그 바깥으로 분출되는 재생산 활동이 있다. 이러한 재생산의 집합적 해결은 문래동에서 일상적으로 이루어져 왔다. 적지 않은 예술가들이 작업실을 집으로도 이용했지만 문래동의 건물은 요리와 난방, 샤워, 빨래 등을 해결하기에 적합하지 않았기 때문에 이들은 그러한 일상적인 재생산을 함께 해결할 수 있는 방안을 마련해 왔다. 대표적으로 세탁기와 샤워 시설을 갖춘 〈공용공간〉*이 있었고 그 공간이 사라진 이후에도 누군가의 작업실이나 전시장에 샤워기를 달거나 세탁기를 놓고 함께 이용했다. 이것은 집-가족에 고립된 재생산 노동과는 분명히 다른 집합적인 재생산 방식이다. 이것에 어떤 의미를 부여할 수 있을까?

마리아로사 달라 코스타(2020)는 이제는 고전이 된 글에서 재생산 노동, 즉 집에서 이루어지는 가사노동이 개인적인 서비스나 전(前)자본주의사회의 잔재가 아니라 자본주의적 생산의 특정한 형태라고 주장했다. 이때 그 노동이 생산하는 것은 노동자가 일할 수 있는 능력, 즉 노동력 상품이다. 우리는 이러한 의미에서 가족이 자본의 공통장이라고 말했다. 그렇다면 문래동에서 집합적으

---

* 문래동 3가의 한 건물 지하에 있던 이 공간은 2000년대 후반 동네 예술가들이 함께 만들었으며 누구나 이용할 수 있는 전시, 워크숍, 회의 공간과 샤워, 빨래 등을 할 수 있는 공간을 함께 갖추고 있었다.

로 이루어진 재생산 노동은 무엇을 생산하는가? 이 노동 역시 어떤 능력을 생산하지만 그것은 임금노동을 할 수 있는 능력이라기보다는 앞에서 예술가 A가 말한 '캐피탈', 즉 공통할 수 있는 능력이다. 그러나 전자가 생산하는 노동력과 후자가 생산하는 공통화 능력은 사실 다른 힘이 아니다. 잠재적인 차원에서 이 두 가지는 무언가를 생산할 수 있는 힘이라는 점에서 다르지 않다. 그 힘들이 현실적인 차원에서 각각 임금노동과 공통화로 다르게 발현될 때 우리가 다르게 명명할 뿐이다. 그러면 무엇이 그 차이를 만드는 것일까? 같은 힘이 다르게 발현된다면 그것은 어떤 의지의 문제일 것이다. 그러므로 노동력이란 노동할 수 있는 힘만이 아니라 의지를 포함한다. 마찬가지로 공통화 능력이란 힘만이 아니라 어떤 의지를 포함한다. 우리는 그 의지가 개인적인 차원에서 생겨나는 것이 아니라는 걸 앞에서 보았다. 노동할 의지 혹은 공통할 의지는 개인적인 결단으로 만들어지지 않는다. 그것은 어떤 정동이 유통되는 장의 생산물이다. 가족 내에서 수행되는 재생산 노동이 노동력을 생산한다는 말은, 노동할 수 있는 힘과 의지를 생산한다는 뜻이다. 즉 가족은 노동할 (수 있는 힘만이 아니라) 의지를 생산하는 장이다. 이러한 의미에서 가족은 부패한 공통장이다.* 이와 달

---

* 네그리와 하트는 가족을 공통적인 것(the common)의 부패한 제도로 꼽는

리 문래동의 집합적 재생산 노동이 공통화 능력을 생산한다는 말은 공통할 수 있는 힘과 의지를 생산한다는 뜻이다. 즉 문래동의 근족은 공통할 (힘만이 아니라) 의지를 생산하는 장이다. 이것이 바로 근족이 자본의 공통장과는 다른 공통장이라고 말할 수 있는 이유이다.

2. 예술가 근족의 함의

오늘날 이미 펼쳐지고 있는 기후위기는 자본주의 시스템이 '올바로' 작동한 결과이다. 그런데 이렇게 말할 때 우리는 많은 경우 그 시스템이 나와 동떨어져 객관적으로 작동하는 혹은 내가 어찌할 수 없는 무언가로 여기기 쉬우며, 그에 따라 자신은 늘 피해자로 남는다. 이는 우리에게 개입할 여지를 남기지 않고 자신의 연루를 스스로 지워 버린다는 점에서 문제적이다. 그러니 우리는 '자본세는 관계성에 의해 만들어졌'다는 해러웨이(2021: 92)의 말을 다시 상기하면서 문제의 시스템을 객관적인 구조가 아닌, 내가 이미 충분히 접속된 기계 혹은 장으로 이해할 필요가 있다. 그에 따라

다. 네그리 · 하트, 『공통체』, 정남영 · 윤영광 옮김, 사월의책, 2014, 236-237.

'우리'가 얼마나 가해자인가를 깨달아야 한다. 이것이 이 글에서 주체를 움직이는 장을 강조한 이유이다.

이것은 "우리 모두가 위기에 책임이 있다."와 같은 무의미한 이야기를 반복하려는 것이 아니라, '우리'라는 집합적 주체가 조직되는 방식에 문제가 있으며 그것이 오늘날 위기의 원인이라는 것이다. 이 글에서 초점을 맞춘 '우리'는 바로 가족이다. 가족이 자본을 위해 노동력을 무상으로 재생산할 뿐 아니라 우리의 역량을 (다른 무엇도 아닌) 노동으로 분출하도록 강제하기 때문이다. 그에 따라 현재와 같은 가족은 (내부 구성원에게 긍정적인 기능을 수행할 때에도) 사회적으로는 문제적인 조직으로 남는다. 가족이 오늘날 위기를 생산해 내는 자본주의 시스템의 토대로 기능할 뿐 아니라 우리를 가족 내에, (가족을 위한!) 노동에 매몰시키면서 바깥에 대한 사유를 가로막는다는 점―그에 따라 돌봄을 집 안에 가둔다는 점―에서 그렇다. 그러니 문제는 가족의 이러한 문제적인 기능, 즉 자본을 위한 노동력―이는 노동할 수 있는 힘과 노동할 의지를 포괄한다―의 재생산과 돌봄을 가로막는 장벽을 공통화 능력의 재생산과 바깥으로 확산하는 돌봄으로 바꾸는 것이다.

그러나 위에서 언급한 문제적인 가족은 너무나 지배적인 위치에 있기 때문에 우리는 다른 '가족' 혹은 근족을 상상하기도 어렵다. 그래서 이 글에서 택한 접근법은 임금노동에서 배제된 까닭에 근족을 만들도록 강제되는 위치에 있는 사람들의 재생산 과정을 살피는 것이었다. 예술가들이 이 글의 주요 사례가 된 이유이다. 이제 크게 두 가지 측면으로 나누어 예술가 근족의 함의를 생각해 보자.

1) 자급의 역량과 한계

위에서 언급한 것처럼 가족이 문제적인 이유는 자본을 위한 노동력을 재생산하고 돌봄의 한계로 남아 있기 때문이다. 그렇다면 예술가 근족, 즉 공통장은 그 문제에 대해 얼마만큼의 대안을 제시하는가? 자본을 위해 노동력을 재생산하지 않으면, 따라서 노동력을 판매하지 않으면 임금을 받지 못하며 생계 수단을 구입할 수 없다. 그런 상황에서도 우리는 살아갈 수 있을까? 우리는 임금노동에서 벗어나 자급할 수 있을까? 마리아 미즈는 자급 생산과 상품 생산을 대비시켜 설명하는데, 전자가 '삶'을 유지하는 것 그 자체를 목적으로 한다면 후자는 더 많은 '돈'을 생산하기 위한 일이다. 전자를 토대로 해서만 기능할 수 있는 후자는 전자를 저렴하게 전유하기 위해 자연화한다. 자신이 "공짜로 착취"하는 것이 "자연의 일부이며 천연자원일 뿐이라고 선언해 버리는" 것이다. 미즈에 따르면 "여성의 가사노동과 제3세계 농민의 일, 그리고 자연 전체의 생산성이 여기에 속한다."(Mies, 1983; 미즈·벤홀트-톰젠, 2013: 55-56

우리가 살핀 예술가 근족은 자급과 매우 유사한 속성을 공유한다. 무엇보다 그것의 목적이 삶 자체라는 점에서 그렇다. 문래동의 예술가 근족의 '캐피탈'을 이야기하면서 우리는 그것이 단지 '지원 사업의 합격률'을 높이는 능력만이 아니라 서로 협력할 수 있고 이를 토대로 다양한 삶의 경로를 개척할 수 있는 힘이라고 이야기했다. 여기서 중요한 것은 근족이 공통화 능력을 위한 수단이라기보다는 그 자체가 목적이라는 점이다. 물론 관계의 형성이 '일로 전이'되긴 했지만 이들의 활동에서 나타나는 것은 함께 밥을 먹는 것, 함께 노는 것, 함께 일하는 것, 결국 함께하는 것 자체가 중심이 된 삶이다.

[같이 밥해 먹는 것] 그게 진짜 좋죠. 저도 그거가 아니었으면 그렇게 뭔가 커뮤니티 … ○○○[예술가 A가 활동하는 그룹명]가 이렇게 [활동]할 수 있었나라는 생각이 들었어요. 그러니까 일만 해서도 안 되는 것 같고 놀기만 해서도 안 되는 거고. 이 둘 다를 하는데 거기에 플러스 밥을 먹으면 그게 진짜 커뮤니티인 거죠(예술가 A).

예술가 A는 같이 밥을 먹는 것이 없었다면 커뮤니티도 없고 놀이도 일도 없었을 것이라고 말하면서 함께 밥 먹기를 '진짜 커뮤니

티'라고 표현한다. 그의 말처럼 같이 밥을 해서 먹는 것이 '진짜 커
뮤니티', 다시 말해 '진짜 우리'를 만드는 일이라면, 우리를 '우리'로
생성하는 전염의 과정은 이렇게 함께 텃밭을 가꾸고, 음식을 준비
하는 돌봄/재생산 활동의 공유에서 일어나는 것이 아닐까? 근족
은 그렇게 재생산을 함께 수행하는 과정에서 만들어진다. 가족이
핏줄을 공유한다면 근족은 재생산/돌봄을 공유한다.

예술가 근족의 목적이 삶 자체라고 할 때 그 삶을 단지 필요나
생존의 문제로 환원하지 않는 것이 중요하다. 삶은 언제나 필요/
생존의 차원을 흘러넘친다. 이런 점에서, 미즈와 벤홀트-톰젠(2013:
25)은 자급 관점을 '필요에서부터 세계를 보는 관점'이라고 이야기
하지만 필요를 넘어 잉여 혹은 충동, 욕망에서부터 세계를 보는
것이 중요하다. 예술가 A는 대야미에 있는 전국귀농운동본부에서
교육을 받았는데 그곳에서 함께 밥을 먹는 것에 대해 이렇게 이야
기했다.

… 전국귀농운동본부에서 보니까 되게 좋은 게 밥을 해 먹을 때
음식을 무조건 같이 해 먹어요. … 밥도 하고. 밥을 한다라는 게
… 그전에는[일반적으로는] 전기밥솥에 그냥 밥 앉히면 끝나는 건데
여기서는 가마솥으로 하고 그래요. … 냄비밥 하고 이런 거 하니
까 되게 저한테는 되게 예술적인 거죠. 그 하나가 예술적이고 노

동이고 공동체고 그런 거예요(예술가 A).

전기밥솥이 아니라 가마솥으로 짓는 밥은 왜 예술적인 것일까? 필요의 관점에서 볼 때 둘의 차이는 없을 것이다. 그 관점에서 밥은 위를 채우기 위해 짓는 것이고 그 과정은 중요하지 않다. 그러나 잉여나 충동의 관점에서는 다르다. 위를 채우는 것도 중요하지만 밥을 짓는 과정도 중요한 것이다. 전기를 사용하지 않고 굳이 가마솥으로 짓는 밥은 잉여의 차원에 있다(효율적이지 않다). 그러므로 가마솥으로 밥을 짓는 과정이 예술적이라면 예술은 잉여이며 충동이다. 그리고 그 필요를 넘어선 차원이 삶 자체다. 그러니 삶은 예술이다.

우리가 삶을 이렇게 생존을 넘어서는 문제로 생각할 때 우리는 예술가 근족/공통장이 갖는 자급 역량에 대해 다른 평가를 내릴 수 있다. 우리가 만일 삶을 생존의 수준에서만 사고한다면 예술가 근족의 자급 역량은 그다지 높다고 할 수 없을지도 모른다. 대부분의 생계 수단을 상품으로 구매하는 사회, 특히 도시에서 화폐에 대한 필요는 사라지기 어렵다. 이러한 조건에서 임금노동에서 배제된 예술가는 비정규적인 일자리나 지원 사업을 끊임없이 찾아다녀야 하고 이는 그들의 삶을 불안정하게 만들 것이다. 물론 우리가 살핀 것처럼 그들의 관계가 이를 보완하거나 일거리를 찾는

데 도움을 줄 수 있지만 그것이 늘 보장되는 것은 아니다. 그에 따라 예술가 근족의 자급 역량은 한계가 있다.

하지만 삶을 잉여와 충동, 욕망으로 사고하면 우리는 다른 결론을 내릴 수 있다. 우리가 살핀 사례에서 그들은 생존을 넘어서는 욕망의 차원에서 삶을 영위할 뿐 아니라 그러한 삶을 중심으로 살아갈 수 있는 '캐피탈'을 축적했다. 이는 임금노동이 삶의 중심을 차지하는 이들의 삶과 분명히 구별된다. 생존의 차원에서는 후자의 삶이 훨씬 안정적일 수 있다(그러나 이마저도 점점 위태롭다). 그러나 욕망의 차원에서 후자의 삶은 삶이라고 부르기조차 어렵다. 하루 대부분의 시간을 (많은 경우 개인에게 특별한 의미를 주지 못하는) 일을 하면서 시간을 보내야만 하는 삶을 우리는 얼마나 삶이라고 부를 수 있을까?

요컨대 예술가 근족의 자급 역량은 우리가 삶을 어떻게 이해하느냐에 따라 다르게 파악할 수 있다. 거칠게 일반화하자면 이들의 삶은 생존의 차원에서 불안하지만 잉여의 차원에서 풍부하다. 이들의 삶은 일반적인 임금노동자의 삶과 대조를 이룬다. 그러나 그들의 삶을 생존의 차원에서 불안하다고 보는 평가도 의심해 보아야 한다. 물론 그들의 삶은 많은 경우 정규직 임금노동자의 삶보다 생존의 차원에서 볼 때 불안할 것이다. 그러나 상대적으로 그렇다 해도 우리가 그들의 삶을 무심코 불안하다고 평가할 때, 우리는 늘 불안에 떨다 임금노동에 갇힌 자신의 궁핍한 사유를 그들에게 투영하고 있는 것은 아닐까? 임금노동으로부터 벗어난 삶을 살아 본 적도 없고 그럴 의지도 없으며 상상조차 하지 못하는 우리는 너무 쉽게 그 삶을 단정 짓는 것이다. 불안하다고, 심지어 무의미하다고. 그러나 우리의 그 불안이 자신을 계속해서 가족과 집안에 가두고, 바깥을 사유하지 못하는—따라서 세계를 돌봄의 대상으로 여기지 못하는—나를 만든다면 우리는 그 불안의 함의를 조금 더 사유해야 하는 것은 아닐까?

예술가 A는 '맨날 놀고 있고 맨날 뭐 돈 조금 벌면 그걸로 뭐 맛있는 거 사 먹고 돈 모을 생각도 안' 해서 '답답'하다고 생각했던 어느 친구를 이야기하면서 이제는 그 친구에 대한 생각이 조금 변했다고 말했다.

과연 이 땅에 마음만 먹으면 영화를 보고 마음만 먹으면 운동하고 그럴 수 있는 사람이 얼마나 될까? 그 친구 보면 주름이 하나도 없어요. 그렇다고 해서 그 친구가 나중에 막 돈 없어서 굶어 죽을 것 같냐 그렇지도 않아요. 그 친구 주변에 두루두루 사람들 막 있어요. 저도 그 친구 만나면 밥 사 주고 그래요. 그러니까 그런 어떤 불안이라는 거는, 내가 그 친구를 바라봤을 때 불안은 이미 내가 어떤 기준이 있어서 그 불안이 생긴 거야. 그 친구는 그냥 가만히 있는데 그 불안을 그냥 제가 만들어서 그 사람한테 씌우는 거죠. 반대로 저에게도 그걸 씌우고 있는 건지 몰라(예술가 A).

예술가 A는 예술가를 쉽게 '불안한 사람들'이라고 평가하는 우리처럼 그 친구에게 '불안'을 씌웠지만, 이제는 다르게 이해한다. 왜 생각이 변하게 되었을까? 어쩌면 그건 위에서 말한 것처럼 자신이 '단단'해지면서 생긴 변화인지도 모른다. 다양한 '캐피탈'을 지닌 관계의 역량을 깨닫게 되면서 불안을 어느 정도 떨친 그는 (불안이 아니라) 그 깨달음을 이제 다시 그 친구에게 투영하는 것이다. 그리고 그 깨달음이 주는 '단단'함은 바깥을 사유하지 못하게 하고 우리를 가족으로, 노동으로 밀고 가는 불안과 달리, 더 많은 협력이 중심이 되고 (노동이 아니라) 더 많은 충동을 주는 삶으로 이끈다.

2) 새로운 생산양식으로서의 씨앗

이 글에서는 가족이 자본주의 시스템을 계속 굴러가게 한다는 점에서 문제적이며 그래서 그 대안으로서 근족 혹은 공통장의 사례와 그것이 지닌 의미를 살폈다. 그러면 근족은 대안적인 생산양식의 씨앗으로서 얼마만큼의 의미가 있는 것일까?

그레이버(2016: 138)는 생산양식 개념이 쓸모를 가지려면 그것을 단지 물질적 잉여를 생산하거나 그것을 두고 다투는 방식으로 여기는 대신, 인간이 서로를 만들어 내는 과정으로 다시 상상'할 것을 주문한다. 우리는 이러한 의미에서 위에서 살핀 예술가 근족을 새로운 생산양식의 씨앗으로 이해할 수 있다. 불안에 전염되어 임금노동에 매몰되는 사람들과 다르게 서로의 존재로부터 안도감을 얻으면서 서로에 기대어 조금 더 자율적이며 협력적인 삶을 구축하려는 사람들을 만들어 내는 과정 자체가 바로 근족이기 때문이다. 그렇지만 우리는 이러한 삶에 대해 여전히 의구심을 떨치기 어렵다.

첫째, 예술가들이 임금노동이 중심이 되지 않는 삶을 살고 있다고는 하지만 그들이 끊임없이 비정규적인 일자리를 찾아야만 한다는 사실은 그저 극도의 노동 불안정을 보여주는 것은 아닐까? 그들의 생활은 단지 비정규적인 일자리로 연명하며 불안을 견디는 삶이 아닐까? 물론 근족의 형성이 큰 힘이 되겠지만 불안을 완전히 떨치기란 어려운 일일지도 모른다. 자유와 불안은 한 몸이다. 그러나 이러한 관점에서만 예술가 근족을 이해하는 것은 그들을 수동적인 피해자로만 서사화하며 그들이 가진 활력을 간과하는 것이다. 또한 앞서 언급한 것처럼 삶을 생존의 수준에서만 사고하는 일이기도 하다. 우리는 '안정적인 일자리'가 삶의 근간이라는 정상화된 접근법에 지나치게 매몰되어 있는 것은 아닌지 자문해야 한다. 그러한 접근법에 빠져 있는 한 일자리를 늘리기 위해 '성장'과 '개발'이 필요하다는 생각에서 벗어나기 어렵고 이러한 연결 고리가 오늘날의 위기를 만들어 왔다는 것을 깨달아야 한다. 그들이 선택한 '불안정한 삶'이 계속해서 일자리를 찾아다니고 그 과정에서 자본에 저렴하게 이용되는 방편에 불과하다고 쉽게 결론 내리기보다는 불안에도 불구하고 그러한 삶을 선택하게 하는 욕망과 그것을 중심으로 한 장의 가능성을 더 살펴야 할 것이다.

둘째, 예시적 정치의 한 형태로 이해할 수 있는 예술가 근족은 새로운 삶 형태의 구축을 먼 미래로 유보하지 않고 지금 여기에서 실현한다는 점에서 매력적이지만 많은 경우 한정된 지역에서 한정된 규모로 출현하는 탓에 더 큰 스케일에서 사회적으로 어떤 의미를 만들어 낼 수 있는지 체감하기 어렵다. 더욱이 현재의 생태 위기는 전 지구적일 뿐 아니라 시급성을 지니고 있다. 다시 말해 지역적인 접근만으로는 해결하기 어려울 뿐 아니라 빠른 대책을 요구하는 것이다. 이러한 위기에서 지역적인 규모의 예시적 정치 혹은 근족 공통장은 어떤 의미가 있을까? 혹시 이러한 활동은 '요원한 결과에 방점을 두는 대신 과정에 의미를 부여하면서'(조문영, 2018: 353) 도무지 답이 보이지 않는 지구적인 해결보다는 협소한 관계에 만족하며 머무르기를 선택하는 일은 아닐까?

이는 중요한 문제이다. 그러나 현재의 위기를 과거와 같은 방식, 즉 국가에 맡기거나 시장을 통해 해결하는 것도 가능하지 않다. 이러한 방식은 해결책이기보다 문제의 원인에 가깝다. 오늘날 공통장/공통적인 것에 관심이 높은 이유 역시 과거의 방식이 더 이상 효과적이지 않다는 깨달음에서 시작된 것이다. 하지만 그렇다고 하여 공통장을 협소한 지역적 스케일에서만 사고해서는 안 되며, 공적인 것의 관리자로 남아 있는 국가를 외면해서도 안 된다. 그보다는 여전히 많은 자원과 힘을 동원하고 집행할 수 있는 국가를 공통의 힘으로 다스리는 것이 중요한 문제가 아닐까? 이를 위해서도 근족의 형성은 의미가 있다. 비록 그것이 지역의 스케일에서만 구성된다고 해도 우리가 마주하는 기후위기나 이와 관련한 국가의 작동 역시 우리 주변의 특정 영역에서 일어나는 일이기 때문이다. 결국 우리는 지구적인 위기에 지역적으로 대응할 수밖에 없다. 하지만 우리 주변에서 어떤 문제적인 일들이 일어날 때 우리가 일상적인 관계로 엮여 있지 않으면 그 일에 대응하기 어렵다. 근족의 형성이 중요한 이유가 여기에 있다. 그 근족이 특정한 목적을 중심으로 짜여 있지 않더라도 다양한 주체화를 작동시킬 수 있는 장이기 때문이다.

3. '이미' 배제된 이들이 보여주는 가능성

코로나 사태는 우리가 얼마나 연결되어 있는 존재인지를 일깨
웠다. 그 시기를 거치며 알게 된 사실은 나만, 우리 가족만, 우리
회사만, 우리나라만 안전할 수 없다는 점이다. 말 그대로 우리를
'전염'시키던 코로나 바이러스가 만든 장은 우리를 다른 존재로 만
든 것일까? 간단히 돌이켜 보면 한편으로는 공포와 불안에 전염되
어 배타적으로 형성된 '우리'가 있었다. 이 '우리'는 우리와 '그들'을
구별하면서 외국인, 특정 교인, 성소수자를 적대시하고 차별하며
'사회를 보호'하려 했다. 다른 한편으로 능동적으로 연대하며 형성
되는 '우리'도 있었다. 이들은 마스크를 함께 생산하거나 집단 부
엌을 운영하거나 이웃에게 도시락을 배달하며 함께 살아가는 길
을 만들고자 했다. 이처럼 동일한 장에서 상이한 주체들이 만들어
질 수 있다. 예술가들은 임금노동으로부터의 배제라는 공통의 조
건에서 서로 협력하는 근족을 만들 수 있지만 서로 밀어내며 경쟁
하는 주체가 될 수도 있다. 현실은 그 사이를 복잡하게 오가는 모
순된 존재에 가까울 것이다. 사실 자본주의하에서 우리는 늘 모순
된 존재로 살아갈 수밖에 없다. 그러나 그 모순 자체가 우리가 자
본주의 속에서 다르게 살아갈 수 있는 힘을 지닌 존재이며 그 힘
을 발휘하며 살아가고 있음을 알려 준다. 우리가 할 일은 그 모순

으로부터 벗어나는 것이 아니라 오히려 그 얽힘을 더 깊이 사유하는 것이다.

또한 임금노동으로부터의 배제라는 조건에서 배타적인 '우리'도 협력하는 '우리'도 출현할 수 있다는 사실은 그 조건을 살피는 것이 무의미한 일이라는 뜻일까? 그렇지 않다. 우리가 찾을 수 있는 것은 어디까지나 가능성의 조건일 뿐이다. 그 이후의 과정은 언제나 우리가 특수한 조건에서 만들어 가는 상황에 달려 있다. 지금까지 살핀 사례에서 우리는 그 장이 만들어 가는 가능성을 보았다. 또한 그 조건이 예술가뿐 아니라 점점 더 많은 사람들에게 퍼져 가는 조건이라는 점을 유념할 필요가 있다. 집 안에서 자연화된 역할을 맡는 여성, 제도화된 일지리 자체가 부족한 예술가, 일할 능력이 없다고 간주되는 장애인, 저발전된 지역 주민, 인공지능으로 대체되는 무수한 노동자들까지 임금노동으로부터의 배제는 점점 일반적인 조건이 되고 있다. 이는 임금노동의 강제를 핵심적인 조직 원리로 삼는 자본주의 시스템에 어떤 변화를 가져올 것인가? 우리의 삶과 재생산은 어떻게 이루어질 수 있을까? 이러한 변화에 수동적으로 휩쓸려 가는 것이 아니라 능동적인 실천으로 제시하는 답변을 우리는 '이미' 배제된 이들로부터 조금이나마 엿볼 수 있다.

제3장

도시 공간과 돌봄

김성훈

1. 돌봄의 공간, 도시

1) 돌봄의 정의

우리는 도시 공간을 돌봄의 관점으로 바라볼 수 있을까? 여기서 돌봄은 어떤 의미일까? 돌봄은 일상적으로 보살피고 배려하는 행위, 사람 사이에 육체적·정서적·사회적 필요를 충족시켜 주는 행위를 포함하는 포괄적 의미로 이해된다. 반면에 학술적으로는 돌봄 윤리학(Care Ethics)을 중심으로 돌봄을 정의하려는 나양한 시도가 있었으나 합의에 이르지는 못했다. 그러면 우리는 도시 공간과 돌봄을 논하기 전에 자의적으로 정의해야 하는 것일까?

모린(Maureen)은 돌봄은 상황과 맥락에 따라 변하는 경향이 있다고 인정하면서도 그 윤곽을 이해하기에 적합한 설명을 제공한 이로서 트론토(Tronto)와 피셔(Fischer)를 소개했다. 이들은 돌봄을 "우리가 가능한 한 잘 살 수 있도록 '세상(world)'을 관리(maintain)하고, 보호(contain)하고, 복구(repair)하기 위해 우리가 할 수 있는 모든 것을 포함하는 일종의 활동"으로 본다. 여기서 돌봄의 대상에 해당하는 '세상'은 우리의 몸(our bodies), 자신(ourselves), 그리고 환경(our environment)을 포괄하는 포괄적 의미이다. 돌봄에 대한 이들의 해석은 돌봄의 범위를 가족 및 가정 너머로 크게 확장할 수 있는 토대를 마련한다는 점에서 높이 평가된다. 그러나 인간 활동의 대부분을 포괄할 수 있을 정도로 포용적인 개념은 그만큼 모호해지기 쉽다.

이 점에서 우리는 부벡(Bubeck)의 견해에 주목할 필요가 있다. 그녀는 개인의 상호작용과 의존성을 강조하면서 돌봄을 한층 구체적으로 정의한다. 그녀에게 돌봄은 어떤 사람이 스스로 충족할 수 없는 필요(need)를 다른 사람이 충족시켜 주는 것이며, 이때 '주는 자'와 '받는 자' 사이의 '면대면(face-to-face) 상호작용'이 강조된다. 여기서 타인의 필요를 충족시키는 행위는 스스로 충족할 수 없는 필요(need)를 충족시켜 주는 '돌봄'과 스스로 충족할 수 있는 필요(demand)를 충족시켜 주는 '서비스'로 엄격히 구분되며, 돌봄은 기본적으로 타인을 향한 행위로서 '자기돌봄'은 불가능한 것으로 간주된다. 더불어 부벡은 돌봄에 대한 감정적 애착의 필요성을 부정하는 점이 특기할 만하다. 그러면 도시 공간을 돌봄의 관점으로 해석하는 것은 합당한가? 이에 대해서는 아래에 이어서 논증해 보도록 하자.

2) 도시 공간을 위한 돌봄의 재구성

도시 공간을 돌봄의 대상으로 인정하기 위해서는 돌봄을 구성하는 최소한의 요건에 부합해야 한다. 부벡의 정의에 기초한 돌봄의 구성 요건은 다음의 네 가지로 정리된다. ①보편적 필요성: 돌봄을 통해 충족해야 하는 '필요'는 경제적 수요가 아닌 공히 충족해야 할 소요의 의미를 내포한다. ②의존성: 자기돌봄은 불가능하므로, 필요를 충족하기 위해서 타인의 도움이 필요하다. ③감정적 독립성: 필요는 감정적 애착을 수반하지 않고도 충족될 수 있다. ④대면성: 돌봄을 주고받는 행위가 면대면 상호 관계에 의해 이루어지며, 특히 돌봄을 받는 이가 소외되지 않는다. 이 모든 요건을 충족할 수 있다면, 도시 공간을 돌봄의 관점으로 해석할 수 있다.

첫째로 '보편적 필요성'에 대해 검토해 보자. 공간 없이 살아가는 생명은 이전에도 없었고 이후에도 없을 것이다. 아무리 미약한 생명이라도 존재하기 위해서 저마다 공간을 차지한다. 생존 물자를 조달하기 위해서는 이보다 월등히 많은 공간이 필요하다. 이 점에서―과장을 조금 보태면―'공간이 곧 생명'이다.

도시 공간은 어떤가? 생존에 초점을 둔다면, 도시 공간은 우리에게 반드시 필요한 것은 아니다. 로빈슨 크루소와 같이 무인도에서 홀로 생존하는 것이 불가능한 것은 아니기 때문이다. 그러면 우리는 도시 공간에 대하여 보편적인 필요성을 느끼지 못하는 것일까? 그렇지 않다. 대한국토·도시계획학회에서 발간한 『서양도시계획사』에는 '도시'에 대하여 다음과 같이 언급한 구절이 있다.

> 우리의 삶이 로빈슨 크루소처럼 고립된 것이 아닌 한, 도시는 인간에게 불가피한 존재이며 현대인과 도시인은 이제 다른 말이 아닙니다.

이처럼 도시는 우리의 삶이 고립된 것이 아니라면 보편적으로 필요한 것이다. 우리는 사회적 동물로서, 빵만으로 살지 못하는 존재이다. 우리가 사람답게 살아가기 위해서는 생존을 넘어 매우 다양하고 복합적인 차원의 필요가 충족되어야 한다. 이 점에서 공간에 대한 우리의 필요는 단지 몸이 거할 수 있고 생존 물자를 확보할 수 있는 물리적 공간에 그치지 않으며, 사회적 동물의 본성에 따라 살아갈 수 있는 사회적 공간, 즉 도시 공간으로 확장된다.

두번째로 검토할 문제는 '의존성'이다. 한정된 생존 물자를 두고 벌어지는 생존경쟁은 대체로 공간에 관한 문제로 환원할 수 있다. 공간은 생존 물자의 근간이기 때문이다. 따라서 모든 생명체는 자존하기 위해서 공간에 대한 필요를 충족하기 위한 나름의 역량을 갖추어야 한다. 그러면 공간을 확보하거나 개량하는 행위는 돌봄의 원리가 아닌 힘의 원리에 의해 이루어지는가?

공간을 둘러싼 현실은 힘의 원리가 압도적으로 우세한 것으로 보인다. 공간에 관하여, 자기 자신 또는 속한 집단이 원하는 바를 관철하기 위해서 힘과 권력을 행사하는 사례는 흔히 접할 수 있다. 야생에서 동물이 영역을, 식물이 햇빛을 두고 경쟁하는 힘에 기반을 둔 행위이다. 한편, 문명화되었다고 자부하는 우리 인간 사회에서도 힘과 권력이 공간을 둘러싼 갈등을 해결하는 주된 원리이자 원동력으로 작용하며, 이는 역사가 증명한다. 심지어 현대의 도시 공간에서도 힘의 원리가 절대적인 영향력을 행사하는 것으로 보인다. 개발 사업을 추진하기 위해 소위 '용역 깡패'와 같은 비공인된 힘을 활용하는 사례는 도시계획의 역사에서 어렵지 않게 찾아볼 수 있으며, 자본과 사회적 지위 등으로 뒷받침되는 공인된 권력은 공간의 분배와 개량에 은밀하고 깊숙하게 개입하고 있다.

한편, 힘의 원리에 의해 힘과 권력을 행사할 때, 대체로 타인의 도움을 필요로 한다고 지적할 수 있을 것이다. 그러나 이것은 엄밀히 말해 도움이 아닌 협력이며, 협력이 이루어지는 이유는 원하는 바를 이루기에는 개인이 보유한 힘과 권력이 부족하기 때문이다. 결국 힘의 원리에 기초한 협력은 도움을 주고받는 겉모습으로 인해 돌봄으로 오해될 수 있지만, 그 동기는 타인의 소요가 아닌 자신의 수요를 향한 것에 불과하다.

지금까지 검토한 바에 따르면, 현재 도시 공간은 힘의 원리가 지배하며, 돌봄의 관점으로 바라보기 어려워 보인다. 그러나 마주한 현실과 나아가야 할 지향점은 분명히 구분되어야 한다. 도시 공간을 힘의 원리가 지배하는 것이 현실이더라도, 이는 물리적 법칙이 아닌 사회적 현상에 불과하다. 즉, 앞으로의 일은 우리가 마음먹기에 달려 있다. 이때 중요한 것은 많은 사람들의 마음을 얻을 수 있는 당위성이다. 즉 도시 공간의 분배와 의사결정이 돌봄의 원리에 의해 이루어지는 것이 정당한지, 그리고 이때 타인의 도움이 수반되어야 하는지를 논하여, 그것이 옳다면 돌봄의 원리가 도시 공간에 대한 권위를 얻을 수 있다.

도시 공간에 대하여 돌봄의 원리가 작용하는 것은 정당한가? 이에 관한 논의는 어떤 전제로부터 시작한다. 바로 모든 사람이 차별 없이 평등하다는 점이다. 그렇지 못하면 우월한 지위를 가진 사람이 위력으로 도시 공간에 대한 수요를 충족하는 행위에 정당성이 인정되기 때문이다. 모든 사람이 평등하다는 믿음으로부터 자유에 대한 진지한 성찰이 가능하며, 도시 공간에 대한 돌봄의 권위는 자유에 근거한다. 자유를 가장 명쾌하게 설명한 이는 단연 존 스튜어트 밀(John Stuart Mill)일 것이다. 그는 『자유론(On Liberty)』에서 자유를 '타자의 자유를 침해하지 않는 범위에서 자신이 원하는 대로 삶을 꾸려 나가는 것'으로 설명했다. 여기서 힘과 권력의 크기와 관계없이 타자의 자유를 존중해야 하는 이유는 타자가 자신과 버금가는 존재이기 때문이다. 만인이 평등할 때, 비로소 각자의 자유가 중첩되는 영역에서 힘과 권력이 아닌 돌봄의 원리가 권위를 얻을 수 있다.

그런데 밀의 자유는 자기결정권, 즉 자유의지를 강조한다는 점에서, 일견 돌봄의 구성 요건인 의존성과 정면으로 대립하는 것으로 보인다. 이에 대해 논하기 위해서는 자유에 대한 논의를 형식적 자유와 실질적 자유로 한층 진전시킬 필요가 있다. 밀은 개인의 자율성을 강조하면서 국가나 다수로부터 간섭받지 않을 자유를 강조하며, 이는 대표적으로 타자의 자유를 침해하지 않는 범위 내에서 개인의 자유는 절대적이라는 해악의 원칙(Harm Principle)으로 드러난다. 밀은 형식적 자유와 실질적 자유를 명확히 구분하지는 않았던 것으로 보인다. 실질적 자유는 20세기 이후 자유주의(liberalism)와 복지국가(welfare state)의 이념적 흐름 가운데 등장한 개념이다. 그러나 그는 국가가 복지·교육·빈곤 해결과 같은 사회문제에 적극적으로 개입해야 한다는 입장을 가지고 있었으며, 대표적으로 국가가 교육제도를 통해 개인의 능력을 개발해야 그들이 자유를 행사할 역량을 갖출 수 있다고 주장했다. 이는 개인이 자유를 누리기 위해서는 국가의 적극적인 개입을 통해 기본적인 조건이 갖추어져야 한다는 것으로서, 여기에는 실질적 자유의 개념이 내포되어 있다.

실질적 자유의 중요성은 공간에 대한 문제를 다룰 때에 한층 분명히 드러난다. 공간은 실질적 자유의 물적 기반이기 때문이다. 이에 관하여 밀과 동시대를 살았던 정치경제학자 헨리 조지(Henry George)는 『진보와 빈곤』에서 "토지가 없으면 자유도 없다."라는 말로 표현했다. 특히 도시 공간은 본질적으로 개인의 자유가 중첩되는 사회적 공간이자 공적 공간이다. 따라서 도시 공간에 대한 의사결정에서는 개인의 자율성보다 공적인 절차가 우선한다. 대표적으로 '도시계획'은 국민이 위임한 권력이 법에 의해 부여받은 권한의 범위 내에서 행하는 행위로서, 그 결과로 공인된 권위를 갖는다. 이 점에서 도시계획에 의해 규율되는 도시 공간은 본질적으로 온전한 사적자치의 영역을 초월하는 것으로서, 이에 대한 의사결정은 개인의 독단에 의하지 않고 사회적 체계를 통해 이루어져야만 한다는 점에서 의존적이다.

세번째 문제는 '감정적 독립성'인데, 여기서는 돌봄과 감정적 애착을 철저하게 구분하는 부벡의 견혜에 주목하고자 한다. 이는 도시 공간과 이를 규율하는 행위인 도시계획과 같이 공공성을 강하게 띠는 공적 영역을 돌봄의 시각으로 바라보는 데 중요한 시사점을 제공한다. 일반적으로 감정적 애착은 사적인 것으로 인식된다. 공적 영역의 행동 원리는 관계적인 친밀성보다 규범적인 형평성을 중시하여, 여기에 감정적 애착이 개입하는 것을 경계한다. 공적 영역은 보통 개인의 자유가 중첩되며, 그것이 다루는 대상은—그것이 권력이든 예산이든지 간에—나의 것이 아닌 타인의 것'을 포함하기 때문이다. 따라서 도시 공간에 대한 필요를 충족시키는 행위는 감정적 애착이 수반되지 않더라도 가능하며, 오히려 절제해야 할 것으로 볼 수 있다.

마지막으로 다루어 볼 문제는 '대면성''이다. 도시 공간에 대한 돌봄은 면대면 관계를 통해서 이루어지고 있을까? 최근 도시에 사는 인구가 세계 인구의 절반을 초과했다고 한다. 또한 현재 세계에는 이미 인구 천만 명 이상의 거대도시가 즐비하다. 더불어 이 글에서 '도시'는 광의적 의미로서 정주 공간 대부분을 포괄하는 개념이다. 이에 관해서는 앞서 의존성에 대해 적용한 것 같이, 현실성과 당위성을 구분하여 볼 필요가 있다.

현실적으로 거대도시의 문제를 면대면 관계를 통하여 다루기는 어렵다. 그러나 주권자로서 공적 자산인 도시 공간의 문제에 개입하는 것이 원칙에 부합할 것이다. 이는 대부분의 민주주의 공화국들이 직접민주주의를 원칙으로 삼지만 현실적으로는 간접민주주의(대의제)를 택하고 있는 상황과 일맥상통한다. 다만, 도시 공간에 대한 도시계획에도 공청회와 같이 제한적이지만 면대면으로 참여할 수 있는 수단이 법으로 보장되어 있다.

그리고 근래에 획일적인 도시 개발에 대한 반성이 이루어지고 도시 공간에 대한 필요가 다변화되는 추세에 대응하는 과정에서, '도시재생'의 개념과 실행 조직으로서 도시재생지원센터나 마을지원센터와 같은 '중간지원조직'이 도입되었다. 도시재생은 면대면 관계에 기초한 상향식 의사결정 과정을 중시하며, 도시재생지원센터와 같은 '중간지원조직'은 지역 단위로 설치되어 기존 제1섹터(정부 부문)에서 감당하기 어려웠던 지역 주민에 대한 면대면 관계를 형성해 오고 있다. 종합하면, 도시 공간에 대한 돌봄이 현재 면대면 관계를 통해 온전히 이루어지고 있다고 보기는 어렵지만, 이는 도시계획이 지향하고 견지해야할 원칙으로서 각고의 노력을 통해 점차 개선되고 있다.

2. 도시 공간의 사각

1) 도시에 대한 권리가 가장 필요한 이들

도시는 누구를 위해 존재해야 하는가? 이 질문은 도시계획과 공공정책의 기본 전제처럼 들리지만, 현실에서는 쉽게 잊혀진다. 특히 오늘날 우리 도시가 보여주는 모습은 도시에 대한 권리가 평등하게 보장되고 있는지 의심하게 만든다. 도시에 대한 권리가 가장 절실한 사람들은 누구일까? 르페브르가 말했듯이, 도시란 단순히 거주하는 물리적 공간이 아니라, 삶의 기회를 창출하고 사회적 상호작용을 가능케 하는 공적 장(場) 이다. 그러므로 도시에 대한 권리는 곧 삶의 질에 대한 권리와 직결된다. 그런데 이 권리가 가장 절실한 이들은 대체로 그 권리에서 가장 배제되고 있는 사람들이다. 우리가 '도시의 취약계층'이라 부르는 집단—빈곤층·노인·장애인·소수자·이주민·난민—들은 공통적으로 도시 공간에서 배제되고 차별받는 경험을 공유한다.

그리고 여기에는 반드시 포함되어야 할 집단이 있다. 바로 아이들이다. 도시 공간은 오랫동안 어른의 시선과 필요에 의해 설계되고 운영되어 왔다. 그 결과 아이들은 삶의 잠재력과 창조성을 억압당하고 제약당한 존재로 남아 있다. 마르쿠제(Marcuse)가 말했듯이 취약계층이란 '기본적인 필요를 충족하지 못하는 사람, 남들이 누리는 권리를 박탈당한 사람, 삶의 잠재력과 창조성이 억압당한 사람'이다. 아이들은 바로 이 정의에 정확히 부합한다.

오늘날 도시는 자동차 중심의 공간 구조로 변모해 왔고, 그 결과 아이들의 안전한 이동권·놀이권·학습권은 본질적으로 침해받고 있다. 이러한 조건에서 아이들은 도시에서 누릴 수 있어야 할 가장 기본적인 돌봄조차 제대로 받지 못하는 상황에 놓여 있다. 그렇기에 아이들은 오늘날 도시에 대한 권리가 가장 필요한 존재 중 하나라고 말할 수 있다.

하지만 아이들은 정치적 발언권·경제적 영향력·제도적 목소리를 갖추지 못했기 때문에, 이들의 필요와 권리는 도시계획 과정에서 쉽게 무시된다. 이들의 권리를 대변해야 할 책임은 어른들에게 있다. 본 원고에서 살펴볼 제주북초등학교 사례는 바로 이러한 문제의식에서 출발한다. 아이들이 일상적으로 이용하는 통학로와 학교 주변의 도시환경은 그들의 권리를 가장 단적으로 드러내는 공간이다. 이 작은 공간에서조차 아이들의 권리가 보장되지 않는 현실은 우리의 도시가 아이들에게 얼마나 삭막하고 각박한 공간인지를 단적으로 보여준다.

따라서 우리는 '도시에 대한 권리'를 가장 필요로 하는 존재로서 아이들을 다시 바라보아야 한다. 그들의 목소리를 듣고, 그들의 관점이 도시 공간에 닿을 수 있도록 도와야 한다. 그것이야말로 도시를 상품이 아닌 작품으로 만드는 첫걸음일 것이다.

2) 무엇을 살필 것인가?

아이들은 도시 공간에서 가장 취약한 존재 중 하나이다. 경제적 영향력도, 정치적 발언권도 없는 아이들은 도시 공간을 생산하고 이용하는 데 가장 목소리를 내기 어려운 집단이다. 그러나 동시에 아이들은 삶의 잠재력과 창조성이 가장 크고, 도시 공간으로부터 가장 많은 돌봄을 받아야 하는 존재이기도 하다.

그러나 우리의 도시는 과연 아이들의 필요에 충분히 응답하고 있는가? 아이들의 놀이 공간, 보행 환경, 사회적 상호작용의 장은 오히려 축소되고 제한되고 있다. 자동차 중심의 도시는 아이들의 안전한 이동과 자유로운 활동을 심각하게 제약하고 있으며, 이는 단순한 물리적 문제를 넘어 아이들의 심리적·사회적 성장을 억압하고 있다.

이와 관련하여 조너선 하이트(Jonathan Haidt)는 『불안 세대』에서 아이들이 현실 공간에서의 신체적 경험과 사회적 상호작용을 충분히 누리지 못할 때, 심리적 회복탄력성과 자율성이 저해되고, 그 대신 불안·우울·사회적 고립이 증가한다고 경고한 바 있다. 그는 "아이들은 놀이터에서 뛰고 넘어지고 싸우며 배우는 법을 통해 스스로 강해진다."고 강조하지만, 현대사회는 아이들을 과도하게 보호하거나 현실 공간에서 소외시키며, 아이들이 디지털 공간에 과잉 노출되도록 내몰고 있다.

이러한 경향은 우리 도시에서도 뚜렷하게 나타난다. 불법 주차로 좁아진 보행로, 쓰레기로 오염된 거리, 어른들의 비돌봄적 행태는 아이들에게 적대적인 환경을 조성한다. 그 결과 아이들은 골목과 공터 대신 실내에 머무르게 되고, 가상공간으로 도피하는 경향을 보이고 있다. 이는 아이들의 건강한 성장과 회복탄력성을 약화시키는 구조적 문제로 이어진다.

그러므로 지금 우리가 살펴야 하는 것은 단순한 도시 시설의 현황이 아니다. 우리는 도시 공간에서 아이들이 어떤 경험을 하고 있는지, 어떤 문제를 인식하고 있는지, 그리고 그들의 목소리가 어떻게 반영되고 있는지를 살펴야 한다. 이는 단지 아이들을 위한 배려 차원이 아니라, 도시 전체의 건강성과 미래를 위한 핵심적 과제이다. 아이들의 현실 공간 경험을 회복하는 것이 곧 심리적·사회적 돌봄을 회복하는 길이며, 도시가 아이들에게 공평하게 돌봄을 제공하는 공간이 될 수 있을 때, 비로소 도시는 모든 시민에게 더 나은 공간으로 거듭날 수 있다.

이러한 문제의식을 바탕으로, 우리는 제주북초등학교의 사례를 살펴보고자 한다. 아이들은 본질적으로 자기 스스로 자신의 권리를 주장하고 행사하기 어려운 존재이다. 도시에 대한 권리를 실질적으로 보장받기 위해서는 이들의 목소리가 공적 장으로 나올 수 있도록 어른들의 책임 있는 지원이 필요하다.

제주북초 사례는 도시 공간에 대한 아이들의 권리를 보장하기 위한 공적 돌봄의 실천으로서 큰 의미가 있다. 제주특별자치도 도시재생지원센터를 중심으로 여러 공공 기관과 민간 기관들이 협력하여, 아이들이 스스로 자기를 둘러싼 도시 공간의 문제를 관찰하고, 목소리를 내고, 개선 방안을 제안할 수 있는 장을 마련하였다. 이는 단순한 교육 프로젝트가 아니라, 아이들의 도시에 대한 권리를 실질적으로 보장하려는 사회적 실천이다. 아이들이 주체

돌봄의 공간들

가 되어 권리 행사자로 설 수 있도록, 어른들이 제도적·사회적 지지의 틀을 마련했다는 점에서, 제주북초 사례는 오늘날 도시가 아이들의 돌봄 공간으로 기능할 수 있는 가능성을 보여주는 중요한 사례이다.

다음 장에서는 제주북초등학교와 원도심이라는 구체적 맥락 가운데, 아이들이 어떤 문제를 경험하고 어떤 목소리를 냈는지, 그리고 그 과정에서 공적 기관과 어른들의 어떠한 역할이 필요하였는지를 구체적으로 살펴보고자 한다.

3. 도시 공간과 아이들—제주북초등학교

제주북초등학교에서 진행된 IB 교육과정 프로젝트는 오늘날 도시에서 아이들이 도시에 대한 권리를 어떻게 경험하고, 또 어떻게 제약받고 있는지를 단적으로 보여준 사례다. 동시에 아이들이 스스로 권리를 행사하기 어려운 존재라는 점을 고려하여, 어른들과 공공 기관들이 책임 있는 돌봄 행위로 그 권리 행사의 장을 마련했다는 점에서 큰 의의가 있다.

제주북초등학교가 위치한 제주시 원도심은 좁고 복잡한 골목길과 자동차 중심으로 재편된 도시 구조 속에서 보행자, 특히 아이들에게 적대적인 환경으로 변모해 왔다. 아이들은 등하교를 비롯한 일상적 이동에서 불법 주차, 쓰레기, 위험한 교통 환경과 마주치며 살아가고 있지만, 이에 대해 제도적 발언권이나 영향력을 행사하는 것이 사실상 불가능했다. 이러한 상황에서 제주북초등학교는 IB 교육과정을 통해 아이들이 자신들이 처한 도시환경을 관찰하고, 문제를 인식하며, 개선을 제안하는 경험을 할 수 있도록 교육 프로그램을 구성했다.

프로젝트는 제주특별자치도 도시재생지원센터의 지원 아래 진행되었다. 센터는 단순한 자문을 넘어 아이들이 주체가 되어 도시 문제에 접근하고 목소리를 낼 수 있도록 구조적 지원을 설계했다. 프로젝트 초기부터 제주북초등학교, 제주도시재생지원센터, 한국국토정보공사(LX), 제주 지역 문제 해결 플랫폼 등 여러 기관이 협력 체계를 구축하였고, 이러한 다기관 협업은 아이들의 권리 행사가 실질적으로 가능하도록 기반을 마련해 주었다.

프로젝트의 첫 단계는 통학로 분석이었다. 아이들은 학교 주변 지도를 바탕으로 자신이 다니는 통학로를 직접 그리는 작업을 통해 도시 공간 속에서 자신이 경험하는 일상의 경로를 시각화하였다. 41명의 통학로를 중첩 분석한 결과, 학교 주변 골목길이 주요 통학 경로로 집중되었으며, 관덕로·중앙로 등 간선도로도 높은 이용 빈도를 보였다. 특히 신호등이 부족한 전통 골목길인 한짓골을 이용하는 사례도 적지 않아 안전한 통학로 확보의 필요성이

돌봄의 공간들

드러났다. 한편, 일부 학생들은 경관이 좋은 해안도로 경로를 선호하여 공간의 질이 경로 선택에서 중요한 요소임을 보여주었다 (《그림1》).

두 번째 단계에서는 아이들의 주간 시간표를 조사하였다. 조사 결과, 총 168시간 중 154.7시간(92%)을 실내에서 보내고 있었으며, 실외 활동 시간은 5.2시간(3%)에 불과하였다. 이는 아이들이 현실 공간에서 자유롭게 몸을 움직이고 사회적 상호작용을 경험할 기회가 매우 부족하다는 것을 보여준다. 『불안 세대』에서 조너선 하이트가 경고했듯이, 이러한 환경은 아이들의 심리적 회복탄력성과 자율성 발달을 저해할 위험이 크다.

세 번째 단계는 현상제험학습으로 이루어졌다. 아이들은 원도

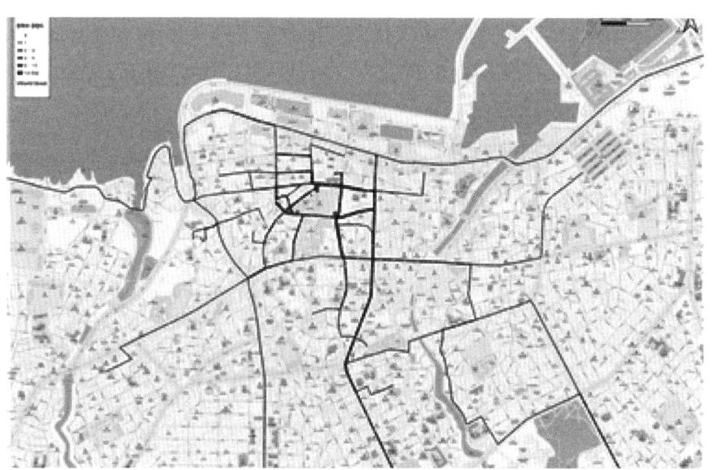

〈그림1〉 통학로 현황 분석

심 골목과 주요 경로를 직접 탐방하며 문제를 관찰하고 기록하였다(《그림 3》). 각 반은 담임교사 및 도우미 교사와 함께 사전에 준비된 지도에 따라 답사에 나섰으며(《그림 2》), 탐방 후에는 교실로 돌아와 팀별로 관찰 결과를 정리하였다. 아이들은 현장학습을 통해 도시환경의 문제점을 생생하게 체감하고 이를 표현하는 경험을 쌓았다.

현장 체험 결과 아이들은 공통적으로 불법주차와 쓰레기 문제를 가장 심각하게 지적하였다. 불법 주차는 보행로를 좁히고 시야를 차단하여 보행을 위험하고 불편하게 만들고 있었다. 쓰레기 중에서도 담배꽁초는 아이들에게 혐오감을 주고 건강과 정서에 위

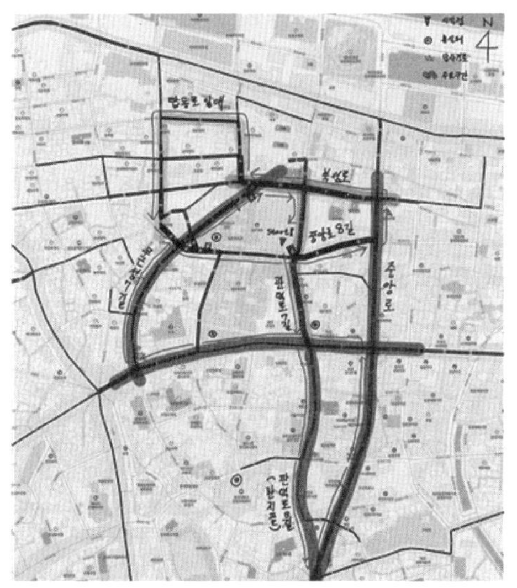

〈그림2〉 체험학습 안내 지도

돌봄의 공간들

협을 초래하는 요소로 강하게 인식되었다. 또한 길거리 흡연은 직접적인 두려움과 불쾌감을 유발하는 문제로 나타났다.

이번 제주북초 사례는 아이들의 의견을 단순히 수렴하는 것에서 그치지 않고, 아이들이 도시 공간의 정당한 사용자이자 권리주체로 인식되도록 공적 장치를 마련했다는 점에서 중요한 의미가 있다. 스스로 목소리를 내기 어려운 존재인 아이들을 위해 공공 기관과 어른들이 제도적 틀을 마련하고, 아이들이 현실 공간의 문제를 경험하고 표현할 기회를 제공한 것은 도시에서 돌봄의 원리를 적용하는 방법에 대한 실마리를 얻을 수 있는 귀중한 사례라 할 수 있다.

무엇보다 이번 사례는 도시계획과 공공정책 영역이 아이들의 권리와 필요를 중심에 놓고 접근해야 할 필요성을 다시 한 번 보

〈그림3〉 체험학습 실황. 워킹미터(walking meter)를 통한 인도 폭원 측정

여준다. 앞으로도 이러한 사례들이 확산될 때, 도시 공간은 돌봄의 공간으로 거듭날 수 있을 것이다.

4. 도시가 모두의 돌보미가 되기 위해서는

도시는 사람을 돌보아야 하는 공간이다. 도시 공간이 그 본래적 기능과 가치를 다하기 위해서는, 모든 사람이 존엄하게 살아갈 수 있도록 돌봄의 원리를 담아내야 한다. 그러나 오늘날 우리가 마주하는 도시는 이러한 원리로부터 점점 멀어지고 있다. 특히 아이들은 도시 공간에서 돌봄받을 권리를 가장 필요로 하면서도, 가장 쉽게 소외되는 존재들이다.

제주북초등학교에서 진행된 IB 교육과정 프로젝트는 이러한 문제의식을 실천적 경험으로 보여준 사례이다. 원도심이라는 오래된 도시 공간에서 아이들은 매일같이 불법 주차, 쓰레기, 위험한 교통 환경과 마주하며 살아가고 있었다. 그러나 그동안 아이들의 경험과 목소리는 도시계획과 정책의 언어로 충분히 번역되지 못한 채 주변화되어 있었다.

이번 프로젝트의 의의는 바로 여기에 있다. 아이들이 자신이 처한 공간적 현실을 직접 관찰하고 목소리를 낼 수 있도록 어른들과 공공 기관들이 책임 있게 나섰고, 이를 통해 아이들이 도시의 정당한 사용자이며 권리의 주체임을 확인할 수 있었다. 도시재생지원센터를 비롯한 다양한 기관들은 공적 돌봄의 원리에 입각하여 아이들이 그들의 권리를 실질적으로 행사할 수 있는 구조적 기반을 마련했다.

이 사례가 주는 교훈은 분명하다. 도시 공간은 상품이 아니다. 그것은 사람들, 특히 가장 연약한 이들이 편히 살아갈 수 있는 작품이자 돌봄의 공간이어야 한다. 우리가 도시를 가꾸는 과정에서 돌봄의 관점을 중심에 놓아야 하는 이유가 바로 여기에 있다. 아이들이 마음껏 걷고 뛰고 배우고 관계 맺을 수 없는 도시라면, 그것은 실패한 도시이다.

앞으로 도시계획과 정책은 더 이상 효율과 개발, 자본의 논리만을 우선해서는 안 된다. 돌봄의 원리—누구도 배제되지 않고 모두가 공간을 누릴 수 있도록 보장하는 원리—를 도시 구성의 기본 원칙으로 삼아야 한다. 특히 아이들과 같이 스스로 권리를 주장하기 어려운 집단의 목소리를 듣고 이를 실질적으로 반영하는 제도적 장치를 구축해야 한다.

제주북초 사례는 도시가 돌봄의 공간으로 변화할 수 있다는 가능성을 보여주는 작은 시작이다. 앞으로 더 많은 도시에서, 더 많은 아이들이 이러한 경험을 할 수 있도록 우리는 도시 공간을 돌봄의 관점으로 다시 가꾸어야 한다. 도시의 품격은 그 공간이 얼

마나 많은 사람을, 특히 가장 연약한 존재들을 돌봄의 장으로 초
대하는가에 달려 있다.

돌봄의 공간들

떠나지만 돌아올 수 있는 집
─ 아동양육시설에서의 일상이 만들어 내는 돌봄 관계

조이현

조사자: 시설에 있는 거를 알리는 편이었어요, 숨기는 편이었어요?

정민준: 처음에는, 뭐 어때, 약간 '마이웨이' 이런 마인드였는데. 중학교 때까지는 그렇게 크게 상관 안 했는데 점점 굳이 이걸 말해서 내 약점을 알려 줄 필요가 있나, 라는 생각으로 가더라고요.

조사자: 이게 약점이라고 느꼈던 때가 있었어요?

정민준: 일반 사람들이 오진 않잖아요. 어렵거나 아니면 혼자거나, 그런 사람들이 오니까. 아픈 게 장점은 아니고 약점이잖아요, 그런 거죠.

정민준은 중학교 2학년이던 2017년 2월 '어렵거나 아니면 혼자'인 사람들이 오는 곳, '일반 사람들이 오진 않는' 아동양육시설에 오게 되었다. 누나, 고모, 그리고 가끔은 어머니와도 연락하고 있지만, 현실적으로 '갈 곳이 없으니까' 시설로 오게 되었고 고등학교를 졸업한 2021년 2월에 시설을 나왔다. 처음에는 보육원에 산다는 것을 친구들에게 숨기지 않았지만, 내가 어디에 살고 있는지를 알리는 것은 곧 내 약점을 알리는 일이었고, 점차 말하지 않는 것을 택했다. 그는 남들처럼 평범하게 사는 것을 바랐지만 시설에서 산다는 것은 주변 사람들이 생각하는 평범과는 거리가 있었다.

필자는 2022년 4월부터 2023년 6월까지 약 1년간 아동양육시설 한 곳을 방문하며 그곳의 아이들, 직원들, 자원봉사자와 실습생, 그리고 이미 성인이 되어 시설을 퇴소한 이들을 만나 인터뷰를 진행했다. 아동양육시설에서 거주하는 또 거주했던 많은 이들은 글의 서두에 인용한 정민준의 이야기처럼, 시설 밖의 사람들이 가진 편견을 인식한 결과 자신이 살아온 공간을 감추는 데 부단히 노력을 기울였다.

그렇다면 한국의 아동양육시설이라는 돌봄의 공간은 어떻게 시설의 구성원들이 자기를 지키기 위해 숨겨야 하는 공간, 이른바 '낙인의 공간'이 되었는가? 그리고 그렇게 부정적으로 인식되는 공간에서 구성원들은 일상을 지속하기 위해 매일 어떤 돌봄을 수행하고 있는가? 이 글은 이 두 질문을 축으로 삼아 나아간다. 먼저 첫 번째 질문을 탐구해 보기 위해 아동양육시설을 다룬 신문 사설과 기사를 중심으로 분석하고, 아동양육시설에 지금 살고 있는 구성원들과 2020년대에 시설을 나간 이들의 목소리를 들어 본다. 이러한 두 접근이 필요한 이유는 오늘날 아동양육시설에서 생활하는 아이들과 생활했던 퇴소인들이 경험하는 편견은 과거로부터 이어진 '고아원'이라는 장소에 부착된 낙인을 고려하지 않고는 이해하기 어렵기 때문이다.

돌봄의 공간들

낙인이란 한 개인이 가지고 있는 속성 중 사회적인 불명예 효과가 매우 광범위한 것을 지칭하며 때로 이를 결함이나 약점, 장애라고도 부른다(고프만, 2009). '일상적인 사회생활에서 쉽게 받아들여질 수도 있는 개인이 어떤 특성을 보유했다는 이유로 다른 사람의 이목을 끌게 되고, 그를 대면하는 우리에게 외면당할 수도 있'(ibid., 17)는 것이다. 낙인은 속성 자체보다는 관계를 나타내는 말이기도 하다. 즉, 속성 자체가 명예 또는 불명예가 된다고 단정 지을 수 없다. 어떤 집단에서는 낙인이 되는 속성이 다른 집단에서는 단지 평범함을 의미할 수도 있기 때문이다. 그리고 특정 장소에 낙인을 찍는 것을 일컬어 '장소 기반의 낙인'이라고 한다(Wacquant, 2007; Butler-Warke, 2021). 장소에 대한 낙인은 뚜렷하게 담론적인 측면이 있는데, 낙인을 지속시키는 것은 장소를 둘러싼 소문이다. 특정 장소를 둘러싼 소문들은 그 장소와 그곳에 사는 사람들에게 평판·오명·고정관념을 구성하고 부착하는 사회적 관행의 한 형태로 사용되고 있으며, 사람들에게 오명을 부착하는 담론의 접착성은 과소평가될 수 없다(Butler-Warke, 2021). 다음 절에서부터 본격적으로 한국의 아동양육시설이 어떻게 낙인의 공간으로 담론적으로 구성되어 왔는지를 신문 기사 분석을 중심으로 탐구해 본다.

1. 아동양육시설은 어떻게 부끄러운 장소가 되었나?

2020년대에 존재하는 대부분의 아동양육시설은 1950년대에 설립되었다. 이 당시에는 '고아원'이라는 명칭이 일반적이었으며, 여전히 많은 사람들에게는 아동양육시설이나 보육원보다는 고아원이 익숙한 표현이다. 그러나 '고아'라는 용어가 가진 부정적 함의로부터 거리를 두기 위해, 그리고 후술하겠지만 시설에 더 이상 부모가 사망한 아이라는 의미에서의 '고아'가 없다는 인식하에서 오늘날 고아원이라는 표현은 거의 쓰이지 않는다. 그러나 여전히 '고아원'에 대한 사람들의 인식과 인상은 공간에 부착된 채 2020년대 아동양육시설의 구성원들에게 이어지고 있다.

그렇다면 '고아원'이란 어떤 곳이었나? 필자는 이 절을 통해 한국 사회에서 고아원은 급격한 수적 증대를 이룬 1950년대부터 지금까지, 그리고 그 이전부터 끊임없이 '부끄러움'과 결부되고, 사람들에게 부끄러움을 느낄 것을 강요하는 담론과 결부되어 온 공간이었음을 드러낸다.

1950년대 이전에 고아원을 비롯한 수용 시설은 일제강점기 도시 빈민 구제와 해방 후에 유입된 귀환 동포 문제의 해결책으로 운영되었다. 1920년대에 고아원 시설이 부재하다는 것은 '문화적 후진성' 혹은 '부도덕성'의 지표로 간주되었고, 고아원을 설치함으

로써 이러한 문화적 후진성을 벗어나자고 호소하는 담론이 나타
났다. 고아원의 필요성을 역설하는 논조에서 민족주의적 담론이
이용되었는데, 당시 조선인이 설립한 고아원이 거의 없다시피 한
상황에 대해 '우리 동포'인 고아들을 '외국인의 손'에 맡긴다는 것
은 '붓그럽고 통분'한 일로, 더 이상 고아들을 외국인의 손에만 맡
겨서는 안 된다는 주장이 제기되었다(소현숙, 2007: 122).

　1950년 한국전쟁의 발발로 대규모의 전쟁고아가 발생하자 아
동을 수용하는 시설의 수가 급증하였다. 해방 이후 4년간 80개 시
설이 설립된 데 비해, 한국전쟁 발발 직후 단 4년 동안에 342개가
새로 설립되었다(표지영, 2022: 2). 이렇게 급증한 고아원은 주로 해
외 원조로 운영되었다. 1950년대 초반의 아동수용시설 운영은 미
군의 전쟁 구호의 영향을 많이 받았다. 미군들은 거리의 고아들을
모아 시설에 입소시키는 단계부터, 시설의 설립 및 건설 후원 등
을 직접 실시하였다. KCAC(the Korean Civil Assistance Command, 주한민사
처) 통계에 따르면 1954년 6월 1일 기준 한국에는 승인된 고아원이
429개 있었고, 그 안에서 50,936명의 어린이가 생활하고 있었다[*].

* "MILITARY HELP TO KOREAN ORPHANAGES: A Survey Made for the
  Commander-in-Chief, United Nations Forces, Far East, and for the Chief of
  Chaplains of the United States Army", Korean War Children's Memorial,
  2024년 12월 31일 접속, http://koreanchildren.org/docs/CCF-002.htm.

같은 시기, 개인이 느끼는 불안과 공포 그리고 무력감을 해결
해 줄 수 있는 것은 전후의 원조 경제나 재건의 기획보다는 일종
의 '완전한 가족'으로 상상되었다. 전후에 생산된 텍스트들 속에서
'가족'의 위치는 재난 속 완전한 보호를 제공할 수 있는 곳, '척박한
현실 속에서 언제나 개인의 유일한 위안처이며, 최초이자 최후의
근거지'로 이상화되어 갔다(권명아, 2021: 13). 전쟁이라는 재난을 겪
으며, 전후 황폐화된 현실 속 어떤 위협으로부터도 강력한 보호를
제공할 수 있는 관계에 대한 열망은, 현실의 가족들이 다양한 사
회의 모순과 이데올로기에 온통 맞닿아 있음에도 언제든 가족 자
체'는 선한 것으로 재생할 수 있는 무한한 힘을 갖게 만들었다(권명
아, 2021). 가족과 사회의 이분법 속 가족제도는 사랑과 보호라는 인
간의 기본적 욕구들을 충족시킬 장소로서 신성화되었다. '고아'가
가정의 보호를 받지 못하는 이들로서 동정의 대상이 되고 제한적
인 사회적 지원의 대상이 된 데에는 이러한 강력한 가족/사회라는
이분법 체계가 있다.

'고아'가 공적 개입의 대상이 되면서 1950년대에 주로 해외 원조
를 기반으로 양산된 고아원 시설에 대한 정부의 개입도 본격화되
어 갔다. 정부는 재단법인 설립 의무화를 강조하며 무허가 시설에
는 보조금을 소액으로 책정하고 결국에는 지원을 중단하겠다고
공포했다. 1952년에 제정한 두 법령 「사회사업을 목적으로 하는

법인 설립 허가 신청에 관한 건」과「후생시설 운영 요령」은 모두 재단법인 설립을 골자로 하며, 재단법인을 인가받기 위해서는 기본재산과 운영자금을 확보해야 한다고 했다. 재단법인 설립은 특히 휴전 이후인 1955년 이후부터 정부의 주도로 적극적으로 이루어졌고, 운영자의 개인 재산에 의해 운영되지 않고 외국과 정부의 후원 및 지원만으로 운영된 시설들은 폐쇄되어 갔다(표지영, 2021). 이와 더불어 1960~1970년대에는 1950년대에 수용된 전쟁고아들이 나이가 들어 시설을 퇴소하면서 시설 규모가 줄어 갔다.

그러나 1970~1980년대에는 해외 원조와 해외 입양이 다시 한번 부끄러운 일로 등장했다(신필식, 2020). 한국은 UN으로부터 지원을 받는 고아 수출국이라는 북한의 비난과 외국의 원조는 국제적 망신이라는 당시 대통령의 선언 아래 시설과 시설 아동들은 부끄러움과 결부되었다. 먼저 1970년대 경제성장의 자신감을 가진 한국은 외원 기관들의 구호 물품 모집 과정에서 국가적 위신의 손상을 우려하며 해외 원조 및 물품 반입을 강하게 통제하기 시작했다. 1974년에는 보건사회부 공문으로 '국위를 손상하는 외국 구호 활동의 종결을 요구함'이라는 지시가 내려졌는데, 이는 1970년과 1974년에 북한이 제기한 "남측에서는 아이들을 외국에 팔아먹는다."는 비난에 대한 반응이기도 했다(임성현, 2020: 19). 또한 한국의 해외 입양은 국제적 의견과 지정학에 대해 극도의 민감성을 가진 채 진행되어 왔다. 처음엔 한국 여성과 미국 또는 UN 병사 남성 사이에서 태어난 약 1,000명의 '혼혈 고아'로 인해 지각된 '위기'에 대한 해결책으로서 고무되었으나, 그 '위기'가 경감된 1960년대 말까지도 계속 증가했다(Kim, 2007). 1970년대에 이에 대한 북한의 비판이 거세지고, 88서울올림픽 전후로 해외 언론으로부터 '고아 수출 세계 1위'라는 거센 질타를 받으며 해외 입양의 수를 줄이고 국내 입양을 증가시키려 시도했다.* 이처럼 고아와 고아원, 그리고 해외 원조와 입양은 국제사회의 비난거리가 될 때마다 국가의 위신을 해치는 부끄러운 존재, 숨기고 없애야 하는 존재로 자리매김해 갔다.

1990년대와 2000년대 중후반의 경제 위기 역시 재난으로 경험되었으나, 전쟁과 달리 이 재난의 피해 격차는 매우 컸다. 이 시기 기사들은 얼마나 많은 '고아원' 안의 아이들에게 '살아 있'는 부모나 연고자가 있는지 부각하기 위해 통계 결과 수치를 인용하고, 이를 바탕으로 시설 안의 아이들을 '순수 고아'와 '이혼 고아' 및 '고아 아닌 고아'로 구분해 냈다(조아현, 2023).

---

* 단체로 해외 입양을 보내던 관행을 중단하고 개별로 입양해도 한 번에 세 명을 초과하지 못하게 했으며 입양 중개 기관이 두 명을 국내로 입양시켜야만 한 명을 해외로 입양시킬 수 있도록 규제하는 쿼터제를 적용하기도 했다(김희경, 2017: 135).

고아원 수용 순수 고아는 15%에 불과―결손가정 부쩍 늘어 《중앙
일보》, 1994/01/10)

고아원에 수용된 어린아이들 가운데 연고자가 없는 순수 고아는
15%에 불과한 것으로 밝혀져 정부 차원의 대책 마련이 요구되고
있다. 이는 전쟁고아가 고아원에 맡겨지던 예전과는 달리 이기주
의가 팽배하면서 부모로부터 버려지는 결손가정의 아이들이 부쩍
늘어나고 있기 때문이다.

'순수 고아'는 '부모가 사망하거나 실종된' 아동만을 지칭하는 것
으로, 나머지 부모가 생존해 있거나 연고자가 있는 경우는 문맥상
'순수하지 않은 고아'가 된다. 위에 인용한 기사에서 '전쟁고아'는
고아원에 '맡겨'지는 반면, '결손가정의 아이들'은 부모로부터 '버려'
진다고 수사적으로 구분하여 서술했다. 그 대신 후자에서 '버려지
는' 이유, 즉 아이가 시설에 수용된 이유를 '이기주의가 팽배'하기
때문이라고 언급했다. 유사하게 1990년대 중후반에 생산된 다양
한 기사들은 '고아 아닌 고아'의 수치를 언급하고, 아이들을 '왜 버
렸는가'에 초점을 맞춰 원인을 나열했다(ibid.). '버린' 이유, 즉 시설
에 보낸 이유를 나열해 아이를 시설에 보내는 부모들을 충동적이
면서도 무자비한 존재로 묘사했다. '순수 고아'와 '버려'지는 '고아
아닌 고아' 아이들을 구분하는 담론 속에서 후자는 가난의 악순환

이 생산하는 부도덕의 결과이며, 그들의 탄생은 부도덕한 누군가의 유기에 의한 것이고, 그들을 양육할 도덕적·재정적 책임은 원천적으로 가족 구성원 개인들에게 귀속된다고 보았다. 이는 경제적 곤란을 단순화하는 동시에 부모의 빈곤을 초래한 사회적 구조에 대한 관심보다는 개인적이고 윤리적인 차원에서 시설 아동이 증가하는 문제를 바라보게 했다. 동시에 기사들은 고아원 아이들의 정서적 결핍에 대해 전하며 아이들이 무엇보다 부모의 돌봄을 받는 '자녀'로서 성장해야 한다는 인식을 전달했다. 이를 통해 시설은 경제적으로는 가정보다 나을지 모르나, 정서적으로 결핍된 공간이기에 아동은 가정에서 자라야만 한다는 인식이 유지된다.

그리고 아이를 시설에 보내는 부모는 '버린' 부모로, 시설에 머물게 된 아이는 '버려진' 아동으로 각각 비난과 동정의 대상으로 바라봐져 왔다. 성인에 비해 아동이 지닌 미결정성은 이들을 무고한 피해자, 일방적인 피해 대상으로 위치시키는 한편 이들에 대한 후견주의적 태도와 온정의 손길을 가능하게 했다. '고아'라는 용어는 동정적인 시선에 의한 것으로 이들이 구휼의 대상임을 강조하는 표현이다. 불쌍한 '고아'들을 데려다 잘 양육하면 훌륭한 사람으로 키워 낼 수 있다는 인식이 있었으나, 동시에 구걸과 절도를 일삼는 불량 아동으로 언제든지 변화할 수 있는, 혹은 이미 그러한 존재라는 인식이 고아에 대한 사회적 편견을 낳았다(소현숙,

돌봄의 공간들

2007). 언제든지 '불쌍한 고아'는 '불량 아동'으로 전환될 수 있다는
점에서 그 기준은 모호했고, 이들은 일반 아동과는 다른 특수 아
동으로 취급되었다.

2020년의 이 사설에서 재현된 '고아원' 공간은 '삶의 안정도, 사
람에 대한 신뢰도, 미래에 대한 꿈도 갖기 어려운 공간에서 다양
한 인권침해의 위험에 노출'된 공간이기에, '없애야 한다'. 부모가
아닌 사람에 의한 아동의 돌봄은 학대와 후원금 착복의 의심을 받
았고, 가정의 자녀가 아닌 아동은 언제나 일탈자가 되리라는 의심
을 받았다. 일부 가정 내 학대가 가정 일반에서 일어나는 학대로
확대되는 경우는 드물지만, 시설 내 사건과 시설 퇴소인이 연루된
사건들은 강력한 선례로 남아 사람들의 인식 속에서 강화되어 갔

다. 이처럼 2020년대에 이르면 이제는 '고아원'의 존재 자체가 부끄러운 일로 표현되는 경향이 나타난다. 1920년대에 우리 손으로 만든 곳이 없다는 게 부끄럽던 아동양육시설은 이제 없어야 할 부끄러운 공간으로 재현된 것이다.

우리 손으로 만든 시설이 없다는 것, 우리 돈으로 만든 시설이 없다는 것, '혼혈'이 아닌 아이마저 우리가 키우지 못해 '수출'해야 한다는 것, 그래서 북한과 국제사회의 비난을 받는다는 것, 그리고 선진국에서 이미 거의 없다시피 한 시설이 많으며 대표적인 아동 보호 수단이라는 것, 이렇게 시설은 계속 부끄러움을 상기하는 공간이 되어 왔다. 지난 몇십 년간, 시설은 많은 변화를 겪어 왔지만 시설에 대한 인상과 선례들은 여전히 고정되어 시설 구성원들의 일상에 영향을 미쳤다.

2. 2020년대 아동양육시설에서의 돌봄 수행

돌봄은 단순히 생존을 위한 필수적 요소들을 제공하는 것 이상의 의미가 있다. 돌봄에는 내가 돌보는 대상의 피어남에 대한 염려라는 적극적 의미까지 포함된다(키테이, 2023). 아이의 돌봄자는 아이가 단지 살아 있기만을 원하기보다는 자신의 삶을 가치 있게 여기기를 원한다. 아동양육시설이 단지 아동을 '수용'하는 시설을 넘어 아동을 돌보는 공간이라는 것은, 시설의 직원들이 매일매일 아이들의 피어남을 염려하고 있다는 것을 말한다.

이 절에서는 아동양육시설에서의 인터뷰와 관찰 자료를 기반으로 2020년대를 살아가고 있는 시설의 구성원들이 여전히 부정적으로 인식되는 공간에서 어떤 돌봄을 수행하고 있는지, 그리고 이러한 돌봄이 아이들에게 수용된 결과 아이들은 시설이라는 장소에 대해 어떻게 느끼고 있는지 살펴본다. 구체적으로 직원들의 일상적 돌봄 수행을 낙인찍힌 공간인 시설에서 살고 있다는 사실을 숨기려는 아이들을 돕고, 가정이 있든 없든 시설을 나가서도 잘 살 수 있도록 준비하는 것을 중심으로 살펴본다. 그리고 이런 일상적 실천들이 지난 코로나19 이래로 집단생활에 내한 강한 제약 속에서 코로나19 이전의 방식을 참고하면서도 또한 다른 방식으로 어떻게 끊임없이 조정되어 왔는지 기술한다.

1) 시설을 숨기는 다양한 방법

A 시설 정문은 차량이 진입할 수 있는 골목에서부터 약 100미터 떨어진 안쪽에 있는데, 골목 초입에 작은 표시판이 있는 것을 제외하고는 이곳이 아동양육시설이라는 것을 알리는 표지가 없다. 정문에도 '간판'이 없으며 회색빛의 건물은 주변의 빌라들 사이에 있어도 눈에 띄지 않는다. 인근 주민들도 '그냥 주택가에 있는 빌

라 정도로 알고' 이곳이 보육원이라는 사실을 모르는 경우도 있다. 이런 조치는 간판이 없으면 좋겠다는 아이들의 요구를 반영한 결과이다.

A 시설의 많은 활동은 전체 아이들 단위가 아니라 한방에서 생활하는 생활지도원과 아이들 단위로 이루어진다. 아이들과 함께 생활하는 생활지도원(또는 보육사)은 3조 2교대 체제로 교대로 근무한다. 한 조가 이틀을 단위로 주간 근무, 야간 근무, 그리고 휴무를 반복한다. 주간은 10시부터 19시까지, 야간은 20시부터 다음 날 아침 9시까지 근무한다. 50여 명의 아이들이 생활하는 공간은 성별과 연령에 따라 8개의 큰 방으로 나뉘어진다. 각각의 큰 방에는 5~7명의 아이들과 3조 2교대로 근무하는 생활지도원이 함께 생활한다. 약 40평대인 각 방으로 들어가면 공용 공간으로 거실과 베란다, 주방과 화장실이 있고, 생활지도원이 머무는 방 1개와 각각 아동 2~3명이 생활하는 작은 방 3개가 있다.

A 시설의 식당은 조리원들이 국만 미리 퍼 놓을 뿐, 밥과 반찬, 과일 등은 각자 원하는 양만큼 퍼 가는 이른바 뷔페식으로 운영된다. 구성원들은 동그란 접시에 밥과 반찬을 덜어 먹지만 그 이전에는 학교에서 사용하는 것과 유사한 사각형의 식판에 밥을 먹었다. 그러다 "집에서 누가 이렇게 (네모난) 판에 밥해 먹냐."는 문제 제기가 있었고, '다른 집들'이 밥 먹는 방식에 따라 직원과 아이

돌봄의 공간들

들의 '밥공기 국그릇 그릇 이렇게 다 따로' 해서 먹는 방식을 시도했다. 그러나 이런 시도는 미취학 아이들 여럿의 식사를 보조해야 하는 직원의 부담을 가중했고, 설거지 부담도 컸기 때문에 결국 일종의 타협안으로 현재는 동그란 뷔페식 접시로 돌아왔다. 다만 각 방 안에서 주방 시설을 이용해 간단히 조리할 때는 개인 식기를 사용하고 있다.

직원들은 A 시설의 공간과 식사 관행을 비롯해 아이들이 A 시설에서 경험하는 일상을 좀 더 '다른 집들'처럼 만들기 위해 다양한 시도를 해 왔다. 이러한 시도는 아이들이 '누가 봐도 쟤네는 시설에 사는 아이'라는 것을 티 내지 않고 숨길 수 있도록 도왔다. 아이들은 다른 시설 아동과 같은 학교에 다니거나 다른 시설도 후원하는 후원자의 이야기를 듣거나 다른 시설에서 근무하다가 이직한 직원의 말을 통해 다른 시설의 상황을 듣고, 다른 시설과의 비교를 통해 A 시설을 평가하기도 한다.

현재 시설에서 사는 아이들과 살았던 퇴소인들은 모두 시설에서 산다는 것은 굳이 드러내서 좋을 것이 없다는 인식을 공유했다. 시설의 아동으로서 학령기를 보내기 위해서는 많은 숨기기 전략들이 필요했다. 시설에 대한 부정적인 이미지가 많으니 철저히 숨기는 것을 택하는 아이들이 많았지만, 1950년대부터 이 위치에 있어 온 시설 주변에 주택가가 늘어남에 따라 숨기는 것이 더 어려워지기도 했다. 중학교부터 학교를 직접 선택해서 갈 수 있는 데, 동갑내기 아이들은 각자 다른 학교에 가는 것이 암묵적인 규칙이다.

생활지도원이나 자원봉사자와 소규모의 아이들이 함께 외출했을 때 관계를 묻는 사람이 있으면 때로 학교 동아리에서 왔다고 말하기도 하지만, 주로 이모나 삼촌과 조카들이라는 설명이 자주 쓰인다. '당장 성이 달라도' 괜찮은 친척이기 때문이다. 2010년부터 7~8년간 자립지원전담요원*으로 근무한 직원은 퇴소한 이와의 관계를 묻는 질문에 '굳이 안 알려도 돼서 안 알리고 살아가는 보육원에서의 삶을 내가 가서 오픈'하지 않기 위해 '보육원 사회복지사'가 아닌 '외삼촌'을 자칭한다고 설명했다.

병원 진료라든지 이런 쪽, 실제로 나의 관계가 드러나야 될 때 실질적으로 아이의 신분이라기에는 좀 그렇고 굳이 안 알려도 돼서 안 알리고 살아가는 보육원에서의 삶을 내가 가서 오픈하는 거.

---

* 시설의 자립지원전담요원은 만 15세(중3) 이상의 아동에 대해 매년 자립기술 수준을 평가하고 개별 자립지원계획을 세워야 한다. 하지만 그 이전부터 실질적인 자립의 준비는 주로 방의 생활지도원이 일상 속에서 수행한다. 그 대신 자립지원전담요원은 퇴소 후 5년 동안 퇴소인들을 지원하는 업무를 맡는다.

한편으로는 관계가 뭔데 얘의 정보를 너한테 알려 줘야 되냐라고 물었을 때, 가족관계를 증명할 수 없잖아. 그래서 외삼촌입니다 그래요, 외삼촌이면은 제가 그걸 썼던 건데, 외삼촌은 성이 다른 유일한 남자 친척이야. 남자 친척은 성이 같을 수밖에 없어. 근데 외삼촌만 친척이지만 성이 다를 수 있잖아. 그렇다고 엄마 성까지 이렇게 파고들면 이제 답이 없지만, 애랑 당장 뭐 이렇게 성이 달라도 엄마가 김 씨구나라고 생각할 수 있는 거니까. 그래서 외삼촌이라고 하고 다녔어요, 저는.(A 시설 직원, 2009년부터 근무)

'정상'이 차이와 대립하면 차이는 비정상이나 결핍으로 해석된다. 나와 내가 아끼고 돌보는 이가 '정상적인' 삶을 살기를 바라는 욕망에는 우정, 지역사회 성원권, 의미 있고 품위 있는 직업, 사랑을 경험하리라는 기대가 포함되어 있다. 비정상으로 여겨지는 차이에 대한 염려가 가져오는 가장 큰 아픔은 이러한 내재적으로 가치 있고 귀중한 경험을 하지 못할 것이며, 어떤 도움으로도 불가능한 재화를 원하게 되어 좌절과 슬픔, 거절과 배제를 경험하리라는 추가적인 염려에서 나온다(키테이, 2023). 시설에 산다는 것을 숨기고 아이들 간에 서로 모른 척하며, 직원들이 '일반적인' 가정 공간과 관행을 최대한 모방하려는 모습은 시설에 대한 낙인을 지나치게 내면화한 결과처럼 보인다. 그러나 이러한 숨기기 시도에서 드러난 일반적인 것, 또는 정상적인 것에 대한 욕망은 시설에 대한 부정적인 환경에서 아이들(자신)을 지키기 위해 '시설'이라는 낙인찍힌 장소에 대한 거리두기이자 아이들이 부끄러움으로 움츠러들지 않기를 바라는 염려로 이해할 수 있다.

2) 코로나 시기의 돌봄

이처럼 직원들은 아이들이 자신의 삶의 장소를 부끄럽게 느끼지 않기를, 그러기 위해 시설 바깥의 집들과 차이를 덜 느끼기를 바랐다. 그러나 코로나19는 이곳이 절대 '집'이 될 수 없다는 것을 뚜렷하게 보여주었다. 2009년부터 A 시설에서 근무해 온 직원은 코로나 초기를 '모든 게 결핍되고' '돌봄밖에 없었던 시기'로 기억했다. 대면 등교가 가능해지고 단계적 일상 회복으로 전환이 시행됨에 따라 시설에서도 외출 제한이 서서히 완화되기는 하였으나, 그 이전까지 아이들은 철저히 시설 안에 있으며 주차장으로 나가는 것조차도 제한을 받았다. 이는 단계별 모임 제한 조치에도 불구하고 동거 가족은 단계와 상관없이 사적 모임 제한을 적용받지 않던 것과는 상반된다. 이러한 상황에서 '나가는 것'을 둘러싸고 아이들이 느끼는 다른 집 아이들과의 차이, 직원들이 느끼는 '우리 보육원 애들'과 '일반 가정' 아이들과의 차이도 벌어졌다.

코로나 초기 때는 진짜 집 밖을 못 나갔어요. 집 밖을 아예 못 나가서 학교 가기 전 한 5개월 동안은 집에서만 있었어요. 아무 데도 못 나가고 그게 너무 심각했고 (…) 주차장도 거의 못 나갔어요. 그냥 방에서만 있었어요. 그리고 코로나 이후 작년(2022) 후반 전까지는 친구들하고 노는 거나 만나는 것도 거의 다 안 된다고 했었어요. 중순쯤에 풀리긴 했는데. 애들하고 노는 것도 하나도 안 됐었고 그냥 학교 끝나고 학원 갔다가 집에 오고 그랬었긴 했어요.(A 시설 거주 아동, 2015년부터 거주).

마스크를 벗을 가능성이 있는 운동 학원은 중단되었고, 여타 보습 학원도 '하다 멈추다를 반복'했다. 2023년 초를 기준으로, A 시설 아이들 중 20여 명은 심리 치료를 받고 있고, 그리고 열 명 정도의 아이들은 약물 치료를 받고 있다. 코로나19 확산 방지를 위한 사회적 거리두기는 지역 정신보건센터 상담을 비롯한 사회복지 서비스 중단으로 이어졌는데, 이용 시설의 서비스 중단과 아이들의 외출 중지에 따라 아이들이 받아 오던 미술·음악·연극 치료·정신과 외래 진료 등도 중단되었다. 시설 직원들은 아이들을 위한 '필수를 제대로 못 한다.'는 생각과 '가정이었으면 아니었을 텐데'라는 생각을 지울 수 없었다. 실로 정부의 아동양육시설 방역 지침과 격리 수준의 적절성에 대해 문제가 제기되어 왔다(서울특별시

제4장/ 떠나지만 돌아올 수 있는 집

인권위원회, 2022). 아동양육시설 보호대상아동의 특성을 고려하지 못한 일률적인 대응 지침 조항(외출 및 외부인 출입 금지, 시설 내 마스크 착용 및 사회적 거리두기 등)은 아동양육시설 아동이 시설 밖 아동들과 차별된 심각한 활동 제한과 학력 격차를 경험하게 된 주된 원인으로 지적되었다.

학교에 가지 못하는* 시설 아이들의 하루는 오롯이 시설, 그중에서도 방 안에서만 이루어졌다. 코로나 이전에 시설의 주말은 대체로 자원봉사자들과 함께 시설 밖으로 나가 진행하는 프로그램으로 채워졌다. 그러나 2020년 2월부터 2022년 4월까지, 약 2년간 자원봉사 프로그램은 철저히 중단되었다. 외출의 제한, 즉 만날 수 없고, 접촉할 수 없다는 것은 그동안 해 온 많은 것들에 손과 발이 묶인 것을 의미했다(윤민화, 2020: 143). 그럼에도 시설 구성원들은 할 수 있는 것으로부터 관계의 끈을 이어 가고자 했다. 전화 연락처럼 이전부터 해 온 일도 했지만, 새로운 전략들도 도입되었다. 오랜 후원자들에겐 아이들의 퇴소식 사진이 공유되었다. 후원자를 초청해 일 년 동안의 활동을 보고하고 함께 식사한 2020년과 2021

---

* 2020년 평균 등교일수는 초등학교 92.3일(평년 대비 48.6%), 중학교 88.1일(46.3%), 고등학교 104.1일(54.8%)로 법정 수업일수 190일의 절반 수준에 불과했다. 2021학년도 1학기 평균 등교율은 73.1%로 증가했으나 여전히 동거인과 자신의 확진에 따라 변동했다.

돌봄의 공간들

년의 연말 행사는 링크를 가진 이들만 볼 수 있는 방식으로 유튜브에서 생중계되었다. 지난 추석들처럼 퇴소인들이 찾아와 명절 음식을 나눠 먹을 수는 없었지만, 최근 퇴소한 이들에게 명절 음식을 배달해 주는 형태로 지속되었다.

아이의 보호자인 직원들은 여느 가정의 부모들처럼, "아이들이 학교 가서 친구들과 얘기할 때 창피하지 않았으면 좋겠다."고 바랐다. 그리고 직원들의 돌봄은, 시설 밖과 시설 안의 차이를 줄이기 위한 고민이자 염려의 형태를 띤다. 나가기 위한 고민은 이 연장선에, '다른 아이들처럼' 나가는 것으로 위치한다. 시설 아이들에게 주차장은 유일하게 외출이 가능한 바깥 공간이었고, 아이들의 답답함을 헤소하기 위한 노력은 주차장을 시삭으로 가능한 한 더 멀리 나갈 방법들을 고안하면서 이루어져 왔다. 시설의 정기 행사로 8월 초에 2박 3일간 진행되는 하계 수련회는 원래 물놀이가 가능한 펜션에서 진행되어 왔다. 주변의 걱정과 만류에도 불구하고, A 시설은 2021년은 물론 2020년에도 수련회를 실시했다. 다만 2020년에는 주차장에 대형 수영장을 설치하는 것으로 대체했고, 2021년도에는 방역 수칙을 지키기 위해 인원을 반으로 나누어 펜션 일정을 감행했다. '아이들을 위해서 물러설 수 없었'기 때문이다.

코로나 시기 양육자의 중요한 책임은 아이의 감염 위험을 조절하는 것이었다. 특히 확진의 모든 책임을 확진자가 지는 코로나 초기의 상황에서, 확진자는 감염의 피해자라기보다는 사회에 위험을 가중한 가해자로 간주되었다. 코로나 이전부터도 이미 낙인의 대상이 되어 온 이들은 감염이 초래할 수 있는 추가적인 낙인을 우려하지 않을 수 없었다. 그럼에도 주차장까지, 건물 밖으로 조금 더 나가는 것은 '아이들을 위해 물러설 수 없'는 일이었다. 그러나 동시에 나간다는 선택은 아이들의 답답함을 해소할 책임에 더해 감염을 막을 보호자로서 책임과 시설이 이미 짊어진 낙인의 가중을 막을 책임 사이에서 끊임없는 조정의 대상이었다. 이처럼 팬데믹 시기에 외출을 둘러싼 갈등은 누구나 경험했지만, 시설에서의 이 갈등은 갇혀 지내는 스트레스가 고조된 아이들을 위해 나가는 방법을 고민하는 것과 시설에 대한 사회적 낙인을 더하지 않기 위해 감염원이 되지 않으려는 노력 사이의 줄다리기였다.

3) 원가정 복귀 노력—가정이 있어도, 없어도 잘 살 수 있게

2022년 4월 18일, 마침내 사회적 거리두기—운영 시간, 사적 모임, 행사·집회, 기타(종교 활동, 실내 취식 금지 등)—조치가 모두 해제되었다. 보건복지부는 2022년 4월 25일 「코로나바이러스감염증-19 사회복지시설 대응 지침(11판)」을 배포했고, 사회복지시설에 대한 코로나19 예방 및 관리 대응 절차와 조치 사항도 자율방

역체계로 재정비했다. 이때에서야 비로소 사회복지시설의 출입, 외출·외박, 프로그램 운영 등의 제한이 해제되었다. 코로나19로 아동의 연고자가 시설로 방문해 아이를 보고 가거나 아이와 외출·외박하는 일이 불가능해졌을 때도 전화나 영상통화를 통한 연락은 이어 갔다.

'원가정'은 시설 구성원들에게 복합적이고 양가적인 의미가 있다. 2022년 기준으로 A 시설 아동들의 '주요 입소 이유'를 살펴보면, 학대가 19명으로 가장 많고, 미혼부모 13명, 부모 행방불명 11명, 빈곤 7명, 부모 사망 2명 등이다. 즉, 학대와 미혼부모, 빈곤 등의 이유로 입소해 부모 중 한 명 이상이 생존한 경우가 대부분이며, 전통적 의미의 '고아원'을 구성하던 '고아', 즉 부모 사망으로 입소하는 경우는 매우 적다. 아이들은 보통 초등학교 취학 이전에 들어와 성인이 되어 나가기에 평균적으로 "13년 동안 시설에서 생활하며, 90% 이상이 연고자가 있다." 이처럼 시설에 오는 많은 아이들이 가정 내 학대로 인해 가정에서 분리된 아이들인 만큼, 시설 직원들은 각기 다양한 정도로 원가정 복귀에 대한 염려와 원가정에 대한 불신을 갖고 있다. 직원들은 연고자와 외출하고 온 아이들이 무엇을 먹었는지 묻고 혹시 상처가 늘지는 않았는지 살폈다. 그러나 현실적으로 가족과의 관계를 개선하고 상황이 허락한다면 빨리 가정으로 돌아가는 것이 앞으로 아이들의 피어남을 위해 필요하다고 생각했다.

직원들은 아이들이 공통으로 부모님 이름과 태어난 곳을 궁금해한다며, "와서 부모님 얘기하면서 우는 시기가 한 번씩은 있다."라고 말한다. 13년간 근무해 온 한 직원은 시설이 아무리 먹을 것 입을 것과 배울 것까지 풍족하게 해 주고 사랑과 관심을 준다고 해도 아이들에게 언젠가 찾아올 '자기 친부모, 자기 핏줄, 정체성'에 대한 부분을 줄 수는 없다고 여겼다. 그래서 아이들을 위해서는 시설이 아이를 가정으로 돌려보내는 노력을 해야 한다고 생각했다. 물론 그렇다고 해서 원가정으로 돌아가는 것이 '마구잡이'로 이루어져서는 안 되며, '가정이 역할을 할 수 있게끔 충분히 검증된 상태에서 돌려보내야' 한다는 데는 타협의 여지가 없었다. 원칙적으로 부모가 아이를 데려가겠다는 의사를 밝힌다고 해도, 시설 원장이 부모 상담을 거친 다음 아이의 의사와 아이의 담당 생활지도원의 의견을 다 들어 본 다음에 최종적으로 원가정 복귀가 가능한지 결정한다. 대체로 아이의 의사와 부모의 의사가 확실하다면 원가정 복귀가 이루어지지 못할 이유는 거의 없다. 그러나 현실적으로 원가정 복귀가 이루어지지 못하는 많은 경우는 부모와의 연락이 지속되지 못하기 때문이다. 부모가 생활고, 야간 근무, 그리고 죄책감 등으로 아이를 만나러 오지 않거나 연락조차 되지 않는 것이 태반이다. 또한 부모 외에도 이모나 고모, 삼촌, 조모 등과 연락이 닿아 원가정 복귀 절차에 따라 일정 시간을 함께 보낸 다음 아동이 가정으로 돌아가더라도 원가정과 친부모의 변화가 없어 아동이 오히려 더 큰 상처를 입는 경우도 있다.

2021년에는 한 가정에서 아이를 데려가겠다는 의사를 밝혀 제한적으로나마 1~2주에 한 번씩 시설에 방문하며 아이를 이해하는 시간을 가졌다. 그러나 초등학생 때 시설에 들어와 이미 고등학생이 된 아이는 부모가 생각하던 것 이상으로 달라져 있었다. 또한 아이가 지적장애를 가지고 있었는데, 부모가 아이의 장애에 대해 시설을 탓하며 어릴 때는 안 이랬는데 잘못 키운 것 아니냐는 식으로 문제를 제기하는 일도 있었다. 그러나 만남을 5~6회 이상 지속해 가면서 아이를 있는 그대로 받아들이게 되었고, 최종적으로는 데려가지 않기로 결정했다. 시설 원장은 오히려 떨어져 산 시간을 인지하고, 자신이 키울 수 없다는 것을 받아들인 것이 오히려 서로에게 나은 선택이라고 생각하고 있었다. 이후에도 만남을 몇 차례 이어 가다가 아이는 2024년 2월에 성인이 되어 시설을 나가게 되었다.

직원들은 유선으로나 대면으로 직접 만나 부모가 아이와 시간을 보내고, 또 아이의 담당 생활지도원이 부모에게 아이의 정보를 전달하는 과정을 반드시 빠른 원가정 복귀를 위한 것으로만 여기진 않았다. 그것은 '아이가 여기 있다는 것을 알고, 퇴소 시기를 서로 알고 있으며, (부모) 본인도 미리 준비되면 조기 퇴소를 하기도 하되 최소한 만기퇴소 시 또 버려지지 않도록' 준비하는 과정이었다. 이처럼, 원가정 복귀를 위한 노력에는 아동과 친족의 물리적 동거라는 '결과'뿐만 아니라, 오랫동안 떨어져 산 원가정과의 관계 회복 및 유지가 이루어지는 '과정'도 해당되는 것이었다. 따라서 가정으로 돌아가든 가지 않든, 가정이 있든 없든 중요한 것은 시설 밖에 나가서도 잘 살아갈 수 있도록 준비하는 것이었다.

4) 아이들이 느끼는 시설
─떠나야 하는 그러나 돌아올 수 있는 집

직원들이 매일 수행하는 돌봄을 수용한 결과 A 시설의 아이들이 이곳에 대해 갖는 장소감은 어떠한가? 아이들은 이곳을 '집'이라고 말하면서도 언젠간 떠나야 할 곳이라는 점을 항상 상기하고 있었다. 제도상 성인이 된 만 18세 이후에도 만 24세까지 시설에서 거주할 수 있지만 성인이 되어서도 시설에서 살기를 택하는 경우는 없었다. 아이들은 고등학교를 졸업하면 당연히 나가야 한다고 인식하고 있었다.

그러나 많은 아이들에게 이곳은 떠나더라도 돌아올 수 있는 공간이다. 시설에 입소하는 것이 부모에게서 분리되는 것이라면, 시설에서 퇴소하는 것은 일종의 시설로부터의 분리이자, 아동의 입장에서는 '재분리'되는 사건일 수도 있다. 이러한 관점에서 윤명숙과 박신애(2014)는 재분리는 아동에게 더 강력한 상처를 주는 경험일지도 모른다는 전제를 가지고 퇴소를 앞둔 청소년들이 시설로부터 분리된다는 것을 어떻게 이해하고 있는지 연구했다. 그러나 연구의 전제와 달리, 퇴소를 앞둔 청소년들에게 부모로부터의 분리와 만 18세에 맞춰 시설을 떠나는 시설 퇴소라는 재분리는 전혀 다른 느낌이었다. 무엇보다 '또 올 수도 있다'라는 인식이 시설 퇴소가 주는 심리적·정서적인 부분에 큰 영향을 주었다. 이와 유사하게, 많은 A 시설 아이들과 퇴소인들에게도 원가정이 아닌 시설이야말로 또 올 수 있는 장소이자 도움이 필요할 때 의지할 수 있는 관계였다.

통상 2월 말 퇴소를 앞두고, 1~2월경 자립지원전담요원의 주요 업무는 아이들이 살 집을 함께 알아보러 다니는 것이다. 고등학교 졸업을 앞두고 보호를 연장하지 않고, 자립지원전담요원·임상심리사·원장 등 다양한 직원들과 상담하여 퇴소를 결정하였으면 자립지원전담요원이 함께 거주지를 알아보고 이사를 돕는다. 2020년대 시설의 퇴소인들은 퇴소 후 LH공사의 지원을 받아 전세 주택에 입주하는 게 가장 보편적이다. 이사할 때는 직원들이 이삿짐 옮기는 것을 돕는다. 2023년 2월 21에는 아이들 4명의 퇴소식이 있었고 그 전후에 아이들은 차례차례 진학한 대학 근처의 원룸이나 직장 근처 숙소로 이사했다.

애들을 이사시켜 주고 혼자 두고 올 때가 마음이 제일 안쓰럽고 저도 마음이 안 좋고 그렇긴 한데, 예상은 했지만 C가 혼자 있는 걸 너무 힘들어해서, 그래서 그날 전화가 와서 너무 힘들다 엄마 집 가면 안 되냐 (…) 그래서 역으로 데리러 가서 같이 오면서 밥을 사 주고 저희 집에서 재우고 다음 날 아침에 이제 갔는데, 그날부터 계속 못 자겠다, 혼자 못 있겠다, 자기 이거 집 취소하면 안 되냐 (…) 애가 이제 워낙 시끌시끌하게 살다가 또 외로움을 많이 타는 성격이라서, 그랬는데 이제 그렇게 어떻게 버티다가 저희 집에서 하루 자고 뭐 또 오늘 이따 오기로 한 언니 집에서 또 하루 자고 그러니까 이틀인가 잔 것 같아요. (…) C는 조금 더 시간은 필요할 것 같은데, 여기 근처로 다시 이사 온대요. 그래서 어차피 2년 계약이고, 2년 동안 살아 보고 그때도 이사 오고 싶으면, 3학년 올라가기 전에 이사하자 제가 그랬거든요. 근데 보통 그때 되면 적응이 완벽하게 됐기 때문에 이사한단 말 안 할 거예요. 보통은 처음에 이사한다고 했던 애들이 많아요. 처음에 이제 타지로 가는 애들이. 근데 결국에는 다시 재계약하고 그러더라고요. 그 과정에서 조금 심하게 힘들어하는 케이스가 있는데, 최근에 퇴소한 아이 중에는 C가 가장 힘들어하는 거 같아요. 안타깝긴 한데 그래도 어쨌

돌봄의 공간들

든 자기 스스로 뭔가를 자꾸 해 나가야 돼서. 든 자기 스스로 뭔가를 자꾸 해 나가야 돼서. (A 시설 원장)

함께 방을 쓰고, 언제나 사람들 소리로 시끌벅적하던 시설과 달리 혼자 지내는 방은 유달리 더 조용하게 느껴진다. 이를 먼저 경험한 퇴소 선배들은 첫날은 친구를 초대해 함께 보내라고 조언하기도 한다. 1년 전에 먼저 시설을 나간 B는 혼자 보내는 밤이 얼마나 어색한지 알기에, 퇴소한 지 얼마 되지 않은 C의 집에서 며칠간 같이 밤을 보냈다.

또한 A 시설 직원들의 이직률, 특히 아이들과 한방에서 생활하는 생활지도원의 이직률은 매우 높은 편이다. 아이들은 어렸을 때부터 함께해 온 생활지도원을 '엄마'라고 부르는 경우가 많다. 여러 생활지도원을 엄마나 이모라고 칭하는 경우도 있지만, 특히 정을 준 소수의 '엄마'가 이직한 이후에는 '어차피 이렇게 정을 줘도 다 떠날 사람들'이라는 생각에 더는 누구도 엄마라고 부르지 않는 아이들도 있다. 아이들이 직원을 엄마라고 부르는 것은 일반적으로 '그런 호칭도 정이 있어야 할 수 있는 것'으로 인식되지만, 엄마라고 부르지 않는 것이 반드시 엄마라고 부르는 것보다 관계를 진지하게 여기지 않는다는 것은 아니다. 아이들이 시설로 오기 전, 그리고 오고 난 후에 매우 다양한 모습의 가정을 경험해 왔다는 점을 고려할 때, 친족 호칭의 사용 자체가 반드시 생활지도원과의 관계에서 느끼는 유대와 소속감을 드러낸다고 보기는 어렵기 때문이다. 또한 아이들은 많은 직원이 이직을 할 정도로 이곳이 일하기 힘든 직장이라는 것을 잘 이해하고 있다. "오랜 시간 일하면 건강에 좋은 직업은 아니니까요."라며 오랫동안 낮밤이 바뀌는 교대 근무를 하는 것이 건강에 좋지 않을 것이라고 우려하는 아이들이 있었다. 특히 2018년에 2교대에서 3교대 근무 체제로의 전환에 따라 직원들의 수도 늘고, 바뀌고 떠나는 빈도도 늘었는데, 직원들이 바뀌는 일은 퇴소인들이 시설을 다시 찾아오는 일을 더 어렵게 만들기도 했다. 이런 상황에서 몇몇 아이들은 직원들에게 자기가 퇴소할 때까지는 있어 달라고 청하며, 직원들은 아이들의 부탁을 진지하게 고려하며 직장 생활을 이어 간다.

저도 사람이니까, 높낮이가 있잖아요. 소진이 올 때도 있고 지칠 때도 있고 그런데 제가 그때마다 약간 힘을 얻었던 건 아이들이 저한테 했던 말이, 자기가 퇴소할 때까지 있어 주세요. …. 그전에 퇴소했던 애들한테도 제가 들었던 게, 자기가 퇴소한 집인데도 오면 어색하고 눈치 보이고 그런다는 얘기를 많이 들었어요. 그래서 아이들이 처음에는 이제 나이 많은 애가 그 말을 했는데 옆에 동생들이 들었는지 어쨌는지 해가 갈수록 "저 퇴소할 때까지 있어 주세요". 이 말이 저한테는 제가 이직을 하지 않고 여기에서 버틸

수 있었던 계기?(A 시설 원장)

현재 근무하고 있는 직원 중에 가장 오래 근무한 직원이기도 한 A 시설의 원장은 생활지도원으로 7년간 근무하다 다른 보직을 거쳐 2010년대 후반부터 원장으로 근무하고 있다. 원장은 자기가 퇴소할 때까지는 있어 달라는 아이들의 말이 17년 넘게 근무를 지속하게 한 계기가 되었다고 말했다. 하지만 '사람이니까' 찾아올 수 있는 이별의 순간을 아이들은 다양한 강도로 받아들인다. 생활지도원이 떠날 때 퇴사 약 일주일 전에 방에서 작은 송별회를 하고, 사무실 직원은 친하게 지냈던 아이들에게 개별적으로 떠난다는 사실을 말한다. 이처럼 시설에서 기원한 관계들은 다양한 방식으로 이어지며 자신이 할 수 있는 방법으로 서로를 신경 쓰고 걱정하며 돌본다. 여러 사람이 머무는 만큼 떠나고 떠나보내는 일도 많지만, 여러 사람이 있는 만큼 여럿의 관심과 애정을 받는 것도 가능한 곳이 시설이라는 돌봄의 공간이다.

3. 다양한 돌봄의 장소에 대한 받아들임이 필요하다

이 글은 한국의 아동양육시설이라는 돌봄의 공간이 어떻게 낙인의 공간이 되었으며 그렇게 부정적으로 인식되는 공간에서 어떤 돌봄이 수행되고 있는지 살펴보았다.

시설이라는 공간은 일제 식민지 시기, 전쟁과 분단, 경제 위기 등으로 이어지는 한국 현대사의 무수한 질곡과 변화 속에서 계속 '부끄러움'을 상기하는 공간으로 호명되어 왔다. 사회의 위기 속에서 가족의 중요성은 커져만 갔고, 그런 가족을 상실한 '고아'는 가장 비참한 존재로 자리매김했다. 대부분의 시설 안 '고아'가 전쟁고아가 아닌 부모로부터 '버려진' 아동이라는 점은 가족이 완전한 안정을 제공하는 장소가 아님을 그 무엇보다 여실히 드러내지만, 시설에 대한 재현들이 부모에 대한 윤리적 비난을 강조하고 개인화하면서 돌봄을 제공하기에 최적합한 장소로서 '가족'의 위치는 도전받지 않아 왔다.

'시설'에 대한 고정된 인상과 달리, 개별 시설들에는 무수히 다양한 일상이 존재한다. 시설의 직원들은 아이들이 자신이 살고 있는 장소에 대해 이야기할 때 부끄럽지 않기를 바라는 마음으로 시설을 숨기려는 아이들을 보조하고, 앞으로도 계속 숨기면서 살아가야 할 아이들이 시설에서 나가서도 잘 살 수 있도록 준비했다. 가정을 모방하고 가족을 가장하는 시설 직원들의 모습은 시설에 대해 부정적인 환경에서 구성원들을 지키기 위한 낙인과의 거리 두기이자, 아이들이 부끄러움으로 움츠러들지 않기를 바라는 아이들의 피어남에 대한 염려로서 그 자체로 시설의 중요한 돌봄 수

돌봄의 공간들

행이었다. 시설을 숨기지 않아도 되는 장소로 만드는 것은 개별 시설의 역량 바깥의 일로 여겨지기 때문이었다. 시설이 아닌 가정이 아동에게 더 좋은 장소로, 부모가 있는 아이들은 하루빨리 원가정으로 돌아가야 하는 것으로 여겨지지만, 정작 많은 시설의 아이들은 가정이 돌아갈 곳이라고 여기지 않았다. 오히려 시설을 퇴소하고 나서도, 원가정이 아닌 시설이야말로 원한다면 돌아올 수 있는 장소, 의지할 수 있는 장소였다.

'돌봄의 경험을 가족과 집 이외의 다른 공간에 위치 지을 수 있는 사회적 상상력이 결핍된 사회'(신경아, 2011: 88)에서 아동양육시설의 구성원들은 계속 부끄러움을 느껴 왔다. 사회와 가정의 굳건한 이분법이 때로 이들이 온정과 동정을 받을 수 있게 했으나, 이제는 동정이 아닌 받아들임이 필요하다. 미국의 돌봄 철학자 에바 페더 키테이(2023)는 돌봄에 대한 기술이 보통 돌봄 관계의 착수 단계, 즉 돌보는 자의 책무와 책임으로 시작하지만 돌봄을 수용 측면에서 살피는 것이 중요하다고 말했다. 돌봄은 대상자에게 수용될 때 돌봄으로서 완성되며, 돌봄 관계로서 성립된다. 시설 아이들이 자신을 향한 염려와 돌봄을 수용할 수 있도록, 돌봄의 완성을 위해서라도 아동양육시설과 그 생활인에 대한 인식 개선은 중요하다. 동정이 아닌, 응원을 건넬 차례이다.

제2부

제도의 틈에서, 돌봄의 권리를 묻다

― 돌봄노동자와 돌봄제도의 경계에서

제2부는 '제도의 틈에서, 돌봄의 권리를 묻다 : 돌봄노동자와 돌봄제도의 경계에서'를 주제로 한 글들을 묶었다. 제5장에서 김현미는 공공교육기관인 초등학교 내 '돌봄교실'이라는 제도화된 공간에서 시간제 여성 돌봄노동자들이 겪는 중층적 차별과 구조적 소외를 실증적으로 분석한다. 제6장에서 이준용은 전작인 『돌봄의 시간들』에서 세 명의 포기자로부터 새로운 돌봄과 의미를 발견하고자 했던 관점을 확장해, 생협·특수학교·선수행센터라는 세 가지 이질적 돌봄의 공간에 주목하고, 상호 연결하면서 대안적 돌봄의 형식을 모색한다. 제7장에서 김자경과 박서현은 '먹거리 돌봄'을 통해 먹거리를 상품이 아닌 커먼즈로 전환하는 실천의 가능성을 제시한다.

초등돌봄교실의 이중 구조와 시간제 돌봄노동자의 소외

김현미

1. 어디에나 있지만, 어디에서든 소외되는 노동

급격한 한국 사회의 변화 속에서 '돌봄'의 필요성과 의미가 확대되면서 시민은 물론이고 언론과 학계, 정치권 등 다양한 분야에서 앞다투어 중요성을 강조하며 서로 경쟁하듯 국가의 정책과 과제들을 제시하고 있다. 개인적으로 돌봄노동자와 연구자로 활동한 지 십수년째이지만, 변함없이 열악한 노동현실에 비추어볼 때 이런 풍경은 반갑지만 여전히 모순적이고 낯설 뿐만 아니라 의심마저 들 지경이다. 정작 돌봄노동을 수행하며 돌봄의 주체이기도 한 노동자들의 목소리는 찾아보기 어렵다. 돌봄의 중요성과 돌봄노동의 의미와 가치는 전혀 다른 것일까?

젊은 학부모들로부터 지지를 받았던 초등돌봄교실 사례를 살펴보자. 노무현정부에서 시작된 초등돌봄교실의 시행은 학부모들의 전폭적인 지지를 이끌어내고 확실한 정권의 '표'가 되면서 대통령이 바뀔 때마다 새로운 정책을 쏟아내고 있다. 역대 정권 중 가장 무능하다고 평가받는 윤석열정부마저 막대한 예산을 투입하여 늘봄학교 정책을 추진했고 이 과정에서 준비 없이 무리한 시행에 대한 반대 의견들은 묵살되었다. 결국 리박스쿨의 극우 역사관 주입 계획과 실행이 폭로되면서 이 정책을 지지했던 학부모들마저 분노하고 비판하는 지경에 이르렀다. 이 과정에서 언제나 그랬던 것처럼 학교현장에서 실제로 아이들을 보호하고 책임져 온 초등 돌봄노동자의 목소리는 외면되었다. 또다시 대통령과 정책이 바뀌고 예산이 축소되는 현재에 이르기까지.

그러나 묻고 싶다. 초등학교에서 수업이 끝난 후에 돌봄교실로 달려가는 아이들을 귀가 전까지 보호하고 책임지는 돌봄노동자는 누구인가? 지금까지 저학년 학부모들이 안심하고 노동할 수 있도록 그들의 아이들을 보육하며 일하는 사람들은 어떻게 일하고 있나? 어느덧 모두가 돌봄의 중요성을 이야기하며 여기저기 다양한 정책을 추진하며, 특히 정부가 바뀔 때마다 이전 정부보다 더욱 강력한 돌봄정책 수립과 시행을 예고한다. 하지만 한국 사회에서 돌봄노동자는 유령이 되어 버린 것일까? 돌봄의 중요성이 커지고 확대될수록 돌봄노동자는 오히려 자신의 노동 과정에서 소외되고 차별받는다.

이 글에서는 이제 한국 사회 어디에나 존재하지만 애쓰지 않으면 보이지도 들리지도 않는 돌봄노동자의 이야기를 하고자 한다. 다시 말해, 초등학교 내 돌봄노동의 주체인 돌봄노동자의 차별 경험과 노동 과정 소외에 대해 다룬다.

2. 돌봄노동의 사회화

그동안 노동과 결합되지 않았던 다양한 분야의 일들이 현대사회에서 '노동'의 영역으로 재편되고 있는데, 대표적인 사례가 바로 돌봄노동이다. 인간의 노동에서 '인간의 접촉과 상호작용'을 강조하는 노동이 새롭게 부각되고 있는 것이다. 이러한 노동은 기존의 노동 개념과 다른데 상품이나 생산물과 같이 눈에 보이는 결과물이 없는 특수한 형태의 노동이라고 볼 수 있다.

돌봄은 인간과 인간의 상호작용을 전제로 하여 한 사람이 다른 사람의 욕구와 필요에 진정으로 부응하여 배려하고 보살피는 개념으로 이해될 수 있다. 따라서 돌봄이 '노동'으로 자리 잡을 때, 그 속에는 육체적인 것과 정서적인 요소가 동시에 포함된다. 돌봄노동은 비교적 최근에 등장한 개념인데, 영어로 'care work'라고 표기되는 이 단어는 한국에서 돌봄노동 또는 보살핌노동으로 번역되어 쓰이고 있다. 그런데 돌봄노동은 기존에 여성이 담당해 왔으며, 지금도 여성이 대부분 담당하면서 상품화 가치가 낮게 책정되고 평가 절하되어 있다.

일반적으로 여성은 노동시장에서 낮은 임금을 받는 일자리에 있기 쉽고, 그중에서 상당수는 돌봄노동을 하는 일자리라는 것은 의심의 여지가 없다(문현아, 2012).

실제로 한국 사회에서 여성 노동의 급격한 양적 증가는 그동안 사적 영역에서 여성의 역할이었던 돌봄을 공적 영역으로 이동시 켰지만 돌봄의 재배치 및 사회화 과정 속에서도 여성들은 돌봄노 동의 소비자이면서 생산자로 위치하고 있다. 공적 영역에서도 돌 봄서비스의 생산 주체는 대부분 여성이며 기존 사적 영역에서의 성별 분업 체계가 반복되며 재생산되고 있는 것이다. 또한 돌봄노 동의 양적인 확대에도 고용의 질이 확보되지 못하면서 돌봄노동 자들은 낮은 임금과 불안정한 노동조건 속에서 돌봄노동을 수행 하고 있다(김현미·신지원, 2016).

이처럼 돌봄의 사회화를 위한 과정에서 돌봄노동이 시장에서 언제든지 교환 가능한 '싸구려 상품'으로 규정되고 확대되면서 여 성 노동의 비정규직화와 고용 불안도 사회적으로 확산되고 있는 것이다. 문제는 이처럼 돌봄노동의 가치를 저평가하고 고용 불안 과 열악한 노동조건을 확대하는 주체가 민간 기업이 아닌 국가에 서 운영하는 공공 기관이라는 것이다. 현재 정부 부처와 지방자치 단체 등에서 연령별, 대상별로 다양한 돌봄서비스를 시민들에게 제공하고 있는데 '나쁜 일자리'를 양산하는 운영 방식에 문제를 제 기하고, 돌봄노동자에 대한 고용 안정을 보장하고 노동조건을 개 선할 수 있도록 고용정책을 전환해야 할 것이다. 돌봄노동을 어떤 방식으로 사회화하느냐에 따라 이러한 현상이 강화되거나 약화될 수 있는 만큼 국가의 정책 수립 방향이 매우 중요하다.

즉 돌봄노동의 사회화는 돌봄 문제에 대한 국가의 개입 방식을 결정하는 것으로, 돌봄노동의 성격은 여성의 임금노동 접근권과 일자리의 질에 영향을 미치게 되는 것이다. 다른 국가들의 사례를 살펴보면 돌봄 전달 체계의 기본적인 틀이 공공화되어 있는 국가들이 시장화되어 있는 국가들에 비해 돌봄노동의 임금수준이 높은 것으로 나타났다(장지연, 2011). 또한 돌봄노동의 공공성이 강화되면서 노동 가치가 정당하게 평가되고 사회적으로 인정받을 때 돌봄의 질도 상승하게 될 것이다.

3. 초등돌봄교실의 도입과 이중 구소 운영

한국 사회에서 여성의 경제활동 증가와 가족 구조의 다양화로 학령기 아동의 돌봄 공백이 사회적 문제로 부각되면서 정부는 초등돌봄교실을 통해 보육과 교육을 제공하고 있다. 초등학교 내에서 방과후 돌봄이 필요한 초등학생을 대상으로 한 보육프로그램은 초기에 '방과후 교실, 에듀케어반' 등의 명칭으로 운영되다가 1990년대 이후 '방과후 보육프로그램'으로 변경되었으며, 2004년 노무현 정부의 '공교육 정상화를 통한 사교육 경감 대책'의 주요 과제로 추진되어 '방과후 초등보육교실, 방과후 종일돌봄교실' 등으로 다시 변경되었다. 이어 2010년 이명박 정부에서는 '초등돌봄교실'로 명칭을 통합하였고 2014년 박근혜 정부에서 초등돌봄교실을 대폭 확대하였다. 이후로도 정부의 사교육비 경감 정책과 여성계의 돌봄의 사회화 의제 속에서 문재인 정부를 거쳐 현재의 윤석열 정부에 이르기까지 학부모들의 압도적인 지지를 받고 있는 초등돌봄교실은 매번 대통령의 중요한 공약 사항으로 선정되며 대상 학생 및 교실 수의 확대가 추진되어 왔다.

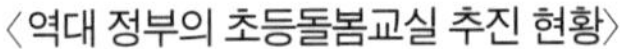
〈역대 정부의 초등돌봄교실 추진 현황〉

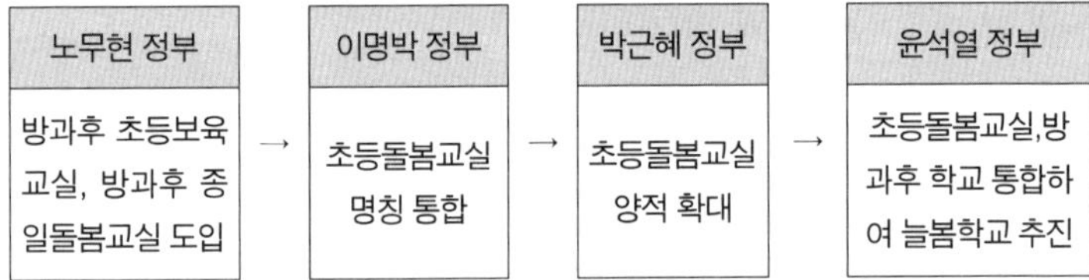

초등돌봄교실은 돌봄이 필요한 저학년 학생들에게 학교 정규 수업이 끝난 후 또는 방학 기간 동안 학교 내 가정과 같은 환경으로 구성된 공간에서 초등돌봄전담사의 책임하에 보호와 교육을 제공하고 있다. 학생들은 정규 수업이 끝난 후에 초등돌봄교실에 와서 가방을 내려놓고 돌봄전담사의 보호 속에서 다양한 놀이와 교육 활동을 친구들과 함께 경험하면서 안전하고 건강하게 발달하며 성장할 수 있다. 이를 통해 사회적으로도 돌봄과 교육의 격차를 줄이고 사교육비가 경감되는 긍정적인 효과가 발생한다. 교

육부(2023)의 통계도 이를 뒷받침하는데, 자료에 의하면 돌봄교실을 이용하는 학부모의 전반적인 만족도에 대하여 긍정 응답이 무려 96.1%였으며, 97%는 학부모의 사회 진출에 도움이 된다고 응답하였다.

이처럼 초등돌봄교실의 특수하면서도 긍정적인 역할은 특히 코로나 팬데믹 시기에 빛을 발했는데 전국의 초등학교와 학원 등 모든 교육기관이 폐쇄된 상황 속에서도 초등돌봄교실은 문을 열고 학생들에 대한 긴급돌봄을 멈추지 않으면서, 한국 사회의 중요한 초등돌봄 주체로 우뚝 서게 되었다. 우리 사회에서 '돌봄' 없이는 '교육'도 이루어질 수 없는 현실을 핵심적으로 보여준 것이다(김현미, 2024).

초등돌봄교실에서는 기본적으로 8~9세의 학생들과 정서적인 교감을 통한 보육이 진행되면서 교육프로그램이 병행되는 특수한 성격이 있으며, 책임 주체인 돌봄전담사의 전문적인 역할과 능력이 요구된다. 그렇기 때문에 유·초·중등 교원자격증 소지자나 보육교사 2급 이상의 자격이 필수적으로 요구되며, 학생의 돌봄 및 보호, 안전 관리, 프로그램 관리와 교실 관리, 그 외 돌봄교실과 관련한 업무 등을 전담(교육부, 2023)하고 있다. 또한 교육부와 지역교육청에서는 돌봄전담사의 역량을 강화하기 위하여 정기적인 연수를 시행하고 있다.

그러나 이처럼 높은 한국 사회의 초등돌봄 요구와 학부모들의 만족도에도 불구하고 현장에서 헌신적으로 돌봄 업무를 수행해 온 돌봄교사(돌봄전담사 또는 늘봄전담사)[*] 중 상당수는 학교 내에서 시간제 노동자로서 차별과 배제를 경험하며 자신의 노동 과정에서 소외되고 있다. 이것은 여성 비정규직에 대한 사회적 차별과 배제가 확산되면서 공공 영역인 학교에서도 그대로 나타나고 있는 것이다. 여성 노동력의 비정규직화는 비정규직화된 여성 노동력을 저임금, 비숙련 노동자화함으로써 여성 노동에 대한 저평가로 이어지며 노동시장에서 차별받고 사회 배제를 경험하게 되는 배경이 된다.

또한 교원 외 노동의 저평가로 인해 학교 비정규직 노동자들은 계약 문제, 노동 과정에서 불이익과 차별을 받고 있으며 이는 정규직 교사와 교장, 교감 및 행정실장의 위계적 통제 및 사회 배제 속에서 더욱 악화된다(윤민재, 2013).

학교 내 비정규직 직종인 도서관의 사서, 급식실의 조리원, 과

---

[*] 아침 또는 저녁, 오후 등 정규수업 시간 외 돌봄이 필요한 초1~6학년 학생을 돌보기 위하여 별도의 채용 절차를 통해 고용된 인력(교육부 늘봄학교 운영 길라잡이, 2025)을 늘봄전담사라고 한다. 하지만 '늘봄전담사'라는 호칭이 보편화되어 사용되지 않고, 초등돌봄교실에서 교육과 보육이 제공되는 특수성을 반영하지 못하므로 본 글에서는 교육현장에서 일반적으로 호칭되는 '돌봄교사'와 '돌봄노동자'를 혼용하여 사용한다.

학실의 과학실무사 등은 이러한 차별과 배제를 일상적으로 경험해 왔다. 그런데 돌봄노동자는 여기에 교육청 및 교원들의 '학교 내 돌봄' 또는 '시간제 노동'에 대한 부정적인 인식과 정서가 가중되면서 중층적 차별과 배제를 경험하게 된다.

돌봄교실의 제도화를 통해 사적 영역에서 담당해 온 돌봄이 가정을 벗어나 사회화된다 하더라도 돌봄노동을 수행하는 주체는 여전히 여성이 주가 되는데, 공적 영역의 돌봄노동은 저임금과 불안정 고용으로 특징지어지며 저평가되는 것이다(김경희, 2009; Folbre 2001).

광주광역시의 경우 2013년에 학교비정규직 노동자들은 노동조합의 투쟁을 통하여 전원 무기계약직으로 전환되었고, 2004년부터 시간제로 근무하던 돌봄노동자들도 전원이 8시간 전일제로 전환되면서 고용 안정과 돌봄교실의 안정적 운영이 가능해졌다. 그러나 2014년 박근혜 정부의 돌봄 확대 정책은 교육청 및 교원들에게 '돌봄'이 '교육'이 아닌데도 사회적 여론 때문에 부당하게 학교에서 떠맡고 있다는 인식과 정서 속에서 집단적인 반발을 불러일으켰다. 이러한 인식은 고스란히 정책에 반영되어 확대된 돌봄교실에 주 15시간 미만 노동자를 대거 신규 채용하면서 초등돌봄교실의 비극적인 이중적 구조 운영과 고용이 시작되었다. 이 과정에서 광주시교육청은 돌봄교실은 동일하게 운영하면서 노동자들에게 4대 보험과 퇴직금을 지급하지 않기 위해 불법적인 무료 자원 봉사를 강요하였다. 결국 이러한 불법행위와 학교 내 노동조건에서의 차별과 배제, 돌봄의 질 저하 문제들이 연이어 폭로된 후에야 노동조합과 시민사회단체의 요구로 2017년에 직접 고용으로 전환하게 되었다(시민의소리, 2017). 교육을 담당한 공공 기관이 임금을 줄이기 위해 비정규직 노동자에게 불법적인 행위까지 시행한 것은 1990년대 후반부터 본격화된 노동시장의 유연화 정책이 정부의 교육정책마저도 뒤흔든 대표적인 사례일 것이다. 하지만 이후로도 광주시교육청의 정책은 바뀌지 않았고 2025년 2월 현재까지 광주 지역 초등돌봄교실은 8시간 전일제로 운영되는 169교실과 5시간 10분 운영되는 136교실로 분리되어 운영 중이며, 이에 따라 돌봄전담사도 8시간 전일제와 5시간 10분 시간제 노동자로 이중 고용되어 있다. 광주시교육청에 소속된 50여 개의 학교비정규직 직종 중 유일하다.

이처럼 초등돌봄교실이 전일제와 시간제로 분리되어 운영되고 돌봄전담사가 고용되면서 교실의 물리적 환경이 다르게 적용되고 임금, 노동조건에 불합리한 차별이 발생하면서 노동환경이 악화되며 돌봄전담사들도 고용 형태에 따라 서열화되고 있다. 학교 내에서 돌봄 교사를 분리하여 차별적으로 관리하고 운영하는 것은 돌봄교실의 공공성을 훼손하고 원래의 목적인 안정적인 교육과 보육의 제공도 어렵게 하는 요인이 된다. 또한 돌봄교실을 이용하는 학생들도 전일제 교실과는 다른 차별적 서비스와 교구를 제공받는 차별 속에 놓이게 된다.

4. 첫 번째 차별과 배제—학교비정규직 노동

한국 사회에서 비정규직 노동의 급격한 확대는 노동시장의 유연화와 밀접하게 관련되어 있으며, 한국만의 특수한 현상은 아니다. 신자유주의 노동시장은 생산성과 효율성을 극대화하기 위하여 노동의 개념과 성격을 변화시켰으며, 노동의 유연화 정책 속에서 비정규직 고용을 급속히게 확산시켰디(김현미, 2016).

또한 노동시장의 유연화는 업무를 핵심 업무와 주변 업무로 이분화하여 핵심 업무에는 기능적 유연성을 주고 주변 업무에 대해서는 외부화, 임시직화를 통해 수량적 유연성을 증대시킨다. 기능적 유연성은 기업 내적 유연성으로 노동자가 다양한 능력과 지식을 갖추고 생산 변화에 대응하는 것이며, 수량적 유연성은 외주·하청·용역·파견 근로·임시직·시간제 고용 등과 같이 노동자의 수를 조절해 생산 변화에 대처하는 전략이다. 이러한 이중화는 분배 구조를 악화시키고 노동시장의 분절화와 양극화를 심화시켜서 사회 통합을 저해한다(윤민재, 2013).

공공 기관인 학교도 예외가 아니며, 노동 과정의 재편 속에서 비정규직 노동자들의 노동조건이 악화되고 고용 불안정이 심화되면서 노동자 내부에서도 불평등과 양극화가 발생된다. 게다가 비정규직이라는 고용 형태는 열악한 노동조건으로 인해 차별과 배제, 인간적 모욕 등을 받을 가능성이 높아지는데, 특히 학교비정규직 노동자는 여성이 대부분을 차지하면서 여성 노동에 대한 평가절하와 각종 차별을 심화시키는 기제로도 활용될 수 있다.

학교 내에는 정규직인 교사와 행정직인 공무원(교원)뿐만 아니라 다양한 직종의 학교비정규직 노동자들이 함께 근무하고 있다. 학교에서 비정규직 노동자가 증가한 것은 사회적 변화 속에서 학교가 기존에 담당해 온 교육 기능 이외에 보육과 복지의 기능이 추가적으로 요구되면서 고용이 확대되었기 때문이다. 그런데 문제는 변화된 정책을 수행하는 데 필요한 노동자 대부분을 비정규직으로 채용하여 운영해 온 것이다. 학교비정규직 노동자들의 채용자는 초기에 학교장이었으나 현재는 교육감이며, 근무지와 근무 형태, 처우 수준 등은 각 교육청이 정한 조례와 기준, 규칙 등에 따라 정해진다.

「초·중등교육법」에서는 정규직인 교원에 대하여 학생들을 가르치는 '교원(교사)'과 학교 운영에 필요한 행정직원 등 '직원'을 '교직원'으로 정하고, 정원에 필요한 사항은 대통령령으로 정하고 있다. 반면에 학교에서 근무하고 있으나 법령상 근거가 없는 노동자들이 존재하는데, 이 노동자들을 통상적으로 '학교비정규직'이라고 부른다. 학교비정규직은 사회적으로 통용되는 개념으로 「초·중등교육법」이 적용되는 학교 또는 교육부에서 근무하는 정규직이 아닌 노동자'로 정의할 수 있다(박홍근, 2015). 이들이 노동조합을 통하여 대거 무기계약직으로 전환되면서 교육청에서는 교육공무직으로 호칭하는데, 교육공무직은 '각 교육기관(학교 및 직속 기관)에서 교육 업무 지원을 위해 일정 업무에 종사하는 학교비정규직'을 일컫는다. 그동안 교육공무직 노동자들을 뒷받침하는 법제화 시도가 몇 차례 있었으나 번번이 학교 내·외부의 반대에 가로막혀 통과되지 못했다. 2023년 4월 기준 교육공무식 노동자는 전국에서 170,261명(교육부, 2023)의 규모로 전체 학교 교직원의 41%를 차지하는데 급식실·교무실·과학실·도서실·돌봄교실 등 학교 곳곳에서 근무하며, 공공 부문 비정규직 노동자의 약 절반가량을 차지하고 있다(이우연, 2024).

그런데 교원 외 직종에 대한 낮은 가치 평가와 비정규직 노동 차별은 학교 내 노동 유연화 전략의 효과이며 긴밀한 관계를 맺고 있다. 정규직인 교원 외의 학교 내 노동에 대하여 비정규직 노동자로 채용하고 신분을 보장하는 법률조차 입법을 반대하며 저임금, 열악한 노동조건 속에 방치하는 이유는 교원의 업무만이 전문성이 있는 핵심 업무라는 인식과 관련되어 있는 것이다. 정규직 교원의 업무를 교육과정으로 한정 짓고 직접적인 교육 활동 외의 업무는 간접적이면서 보조적인 업무로 평가 절하하는 것이다. 학교 내 정규직 교원들은 비정규직 노동자들이 자신들을 위하여 교육 활동에 전념할 수 있는 여건을 조성하며 교원의 업무 경감과 사기 진작을 위한 행정 업무 역할을 한다고 보는 것이다(이만정, 2012).

또는 정규직인 교원의 업무는 핵심 업무·상시 업무·전문 업무라 여기고, 비정규직은 지원 업무·부수적인 업무·일시 업무·단순 업무라 인식하며 교원 외의 노동을 저평가하는 기준으로 삼는다(송영민, 2010). 그러나 학교 현장에서 스포츠 강사, 돌봄전담사, 조리원, 사서, 특수실무사, 교육복지사 등은 각자 다른 전문적인 영역에서 업무를 진행하고 있으며 이를 뒷받침하는 전문 자격이 필수적이다. 또한 사회적 변화 속에서 학교에 요구되는 교육의 내용은 점차 다양해지는 추세이며 이에 대한 학교교육의 질을 높이기 위한 전문성과 함께 이를 수행할 인력의 확보 및 유지가 반드시 필요하다.

5. 두 번째 차별과 배제—시간제 노동

시간제 노동자란 직장(일)에서 근무하도록 정해진 소정의 근로시간이 동일 사업장에서 동일한 종류의 업무를 수행하는 근로자의 소정 근로시간보다 1시간이라도 짧은 근로자로, 평소 1주에 36시간 미만 일하기로 정해져 있는 경우가 해당된다(한국노동연구원, 2024). 한국에서는 시간제 노동이 비정규직이며 노동시장에서 비정규직 가운데서도 가장 낮은 지위를 차지하고 있고, 전일제 정규직과의 차이가 아주 커서 '나쁜 일자리'로 낙인이 찍혀 있다(한국노동연구원, 2010).

특히 비자발적 시간제는 임금과 경력을 인정받지 못하는 대표적인 나쁜 일자리이며 여성 노동의 불안정성과 주변화를 강화하는 요소이다. 일반적으로 시간제 일자리는 전일제와 비교하여 상대적으로 낮은 임금과 처우가 특징이며 노동자의 권리도 보장되기 어려운데, 결국 한국 사회 내 성별 임금격차와 노동시장 젠더 불평등을 강화하고 확대시키게 된다.

이는 시간제 일자리의 자발성과 관련된 논의와도 관련이 있다. 공공돌봄·보육 서비스 지원이 약하고 육아의 일차적 책임이 여전히 여성에게 귀속된 성별 분업 체제하에서는 여성 노동자들의 상당수가 낮은 임금과 취약한 사회적 보호, 낮은 경력 전망이 불이익을 감수하면서도 시간제 노동에 의존할 수밖에 없기 때문이다. 그렇다면, 전일제 대신 시간제로 일하는 것이 표면적으로는 일과 가정의 양립을 위한 자발적 선택으로 보일 수 있지만, 그 이면에는 성별 분업에 의한 육아 책임 등의 요인들이 비자발적 동인으로서 작동하고 있다고 볼 수 있다(권혜원, 2021).

즉 초등돌봄교실의 이중 구조와 고용은 비정규직인 전일제와 시간제 돌봄전담사가 고용 형태만 다를 뿐 노동 과정이 동일한데도 노동 과정에서 분절되며, 시간제 돌봄전담사가 더 나쁜 일자리로 서열화되며 동일한 직종과 비정규직 내부에서도 차별과 배제를 경험하게 되는 것이다.

6. 돌봄노동 과정에서 소외된 돌봄노동자

공공 영역인 초등학교 내에는 고용 형태별로 정규직인 교사·공무원(교원)과 비정규직인 교육공무직(무기계약직), 방과후 학교 강사(계약직) 등이 고용되어 있다. 교원 업무 외의 노동에 대한 저평가 속에서 학교비정규직 노동자들은 고용 불안정, 저임금, 열악한 노동조건과 차별을 경험하고 있으며, 이러한 차별과 배제는 한국 사회의 노동 양극화와 불평등을 강화시키고 있다. 그런데 광주 초등돌봄교실은 노동 과정이 동일하고 서로 연관되어 있음에도 광주광역시교육청의 예산 절감 정책 속에서 이중 구조 즉 비정규직 8시간 전일제와 5시간 10분 시간제로 분리되어 운영되고 고용되고 있다. 이 과정에서 학교비정규직 노동자로서의 차별과 시간제 노동자로서의 차별이 상호작용하고 교차하며 중층적 차별과 배제가 발생한다.

광주 초등돌봄교실의 이중 구조로 인하여 시간제 돌봄전담사는 먼저, 돌봄 업무의 의사결정 과정과 주요 회의에서 배제되며 노동 과정으로부터의 소외를 경험한다. 둘째, 전일제 돌봄전담사에 비교하여 상대적으로 더 낮은 임금과 근속수당에서의 불이익을 경험하며 저임금과 근로빈곤에 빠질 위험에 놓여 있다.

셋째, 휴게 공간의 부재로 쉬지 못하고 공짜 노동을 하게 되며 업무 피로와 심리적 소진을 경험한다. 넷째, 학부모의 전일제 교실 배치 요구로 자존감이 저하되고 갈등이 발생할 수 있다. 학교 비정규직으로서의 차별과 시간제 노동자로서의 중층적 차별이 상호작용하여 교차되면서 노동 과정의 소외와 업무 스트레스의 가중은 주체성과 창의성을 약화시키며 단순한 생계 수단으로 전락하게 만든다. 또한 저임금 구조에 단시간 노동이 결합되어 경제적 불평등이 심화되고 시간제 노동자의 낮은 사회적 지위가 결합되어 직업적 자존감과 소속감이 저하되고 이직률을 증가시킨다. 또한 학생과 학무모와의 관계에서도 시간제 교실의 제한된 돌봄 시간과 환경은 차별 경험으로 이어지며 직업 만족도에 부정적 영향을 미칠 수 있다. 이처럼 중층적 차별은 단순히 두 차별의 합이 아니라 서로 교차하여 더 심화된 불평등과 배제를 초래하게 된다.

7. 돌봄노동에 대한 존중과 권리 보장

그런데 이렇게 열악한 노동환경 속에서 왜 시간제 돌봄노동자는 초등돌봄교실을 떠나지 않는 것일까? 그 이유는 먼저, 정책의 책임자인 자칭 진보 교육감조차 "좋은 일자리가 아닌데도 그 자리라도 찾으려고 해(장휘국, 2017)."라고 인정할 만큼 불평등한 한국 사회의 여성 노동 현실에 있다. 또 다른 답은 돌봄노동의 과정에 있다. 돌봄노동은 단순히 물질적인 생산 활동이 아니라 아동과 돌봄노동자가 언어와 몸짓을 통하여 정서적으로 교감하고 상호작용하며 복합적 관계가 형성되는 과정으로 결코 일방적이지 않다. 학생들의 발달과 성장, 또는 직간접적인 관계 속에서 획득되는 것은 아이들의 환한 웃음, 삐뚤빼뚤 쓴 '사랑해요' 쪽지 같은 급여명세서에서는 도저히 발견할 수 없는 보람과 기쁨이다. 이렇게 돌봄노동자는 대상자인 학생들로부터 소소하지만 '감사'나 '사랑' 같은 감정의 선물을 받으며, 한편으로 노동 과정에서의 착취를 감수하고 있다.

열악한 노동환경 속에서도 시간제 돌봄전담사들은 학생과 학부모의 존중과 인정을 받으며 업무에 대한 자부심으로 헌신하고, 돌봄노동의 사회적 기여에 대하여 높은 자긍심을 갖고 있다. 이러한 자긍심은 이직에 대한 고민 속에서도 업무를 지속할 수 있는 원동력이 되어 긍정적으로 작용하고 있는 것으로 해석할 수 있다.

이 글의 정책적 함의는 광주 지역 초등돌봄교실의 이중 구조로 인해 시간제 돌봄노동자에 대한 중층적 차별과 배제가 발생하며 노동자 내부의 불평등이 형성되므로 제도와 정책의 정비가 필요하다는 것이다. 이러한 중층적 차별을 해소하기 위해서는 돌봄교실을 전일제 단일한 구조로 운영하고 시간제 돌봄전담사를 전일제로 전환하여 동일가치노동-동일임금 원직을 실현하고, 돌봄전담사의 고용 안정과 복지 혜택을 보장하며 돌봄노동의 가치를 사회적으로 인정해야 한다. 또한 학교와 교육청의 인식 개선과 공정한 보상 체계를 통해 중층적 차별을 해소하고 노동자가 존중받는 노동환경을 조성해야 한다.

학교와 초등돌봄교실은 시장에서 이윤을 창출해야 하는 기업이 아니라 국가에서 책임지고 운영하는 공공 영역인 만큼 설립 취지와 학생 및 학부모의 요구를 반영하여 안정적으로 운영되어야 한다. 이 과정에서 돌봄노동의 중요한 주체인 시간제 돌봄전담사들이 자유롭게 일할 권리가 보장되고 쟁취되어야 할 것이다. 이를

학년이 끝나면서 돌봄선생님께 보내온 학생의 감사편지

위하여 시간제 돌봄전담사들이 적극적인 주체가 되어 소통과 연대를 통해 문제를 공유하고 권리 찾기를 위한 공동 대응이 요구된다. 시간제 돌봄전담사들의 조직화된 행동은 자신들의 권리 찾기뿐 아니라 돌봄노동의 사회적 가치에 대한 지역사회의 관심과 참여를 촉발할 수 있는 중요한 계기가 될 수 있다. 이 과정에서 학교 비정규직 노동자들이 가입한 3개 노동조합뿐만 아니라 그동안 광주시교육청의 정책에 의해 분절되었던 전일제 돌봄전담사들과의 소통과 연대 노력을 통하여 차별을 해소하고 돌봄교실의 질을 개선하기 위한 노력을 함께 진행하여야 할 것이다.

이 글은 초등돌봄교실의 이중 구조와 시간제 돌봄전담사에 대한 차별과 배제를 분석함으로써 시간제 고용이 불평등을 심화시킨다는 점을 실증적으로 보여주며 정책적 근거를 제시한다. 그러

돌봄의 공간들

방학이 끝나고 돌봄선생님께 보내온 돌봄교실 학생들의 편지

나 광주광역시를 중심으로 초등돌봄교실의 이중 구조와 고용을 분석했다는 지역적 한계가 있다. 따라서 향후 전국에서 상이하게 운영되는 돌봄교실의 연구를 통해 전국적으로 균등하고 안정적인 초등돌봄 체계가 구축될 수 있어야 할 것이다.

8. 지금 돌봄노동 존중사회로 한걸음

처음에 이 글을 시작하며 던진 질문을 기억하는가? 다시 되새겨 보면 초등학교에서 수업이 끝난 후에 돌봄교실로 달려가는 아이들을 귀가 전까지 보호하고 책임지는 돌봄노동자는 누구인지, 지금까지 저학년 학부모들이 안심하고 노동할 수 있도록 그들의 아이들을 책임지는 사람들은 어떻게 일하고 있는지 물었었다. 이 글

제5장/ 초등돌봄교실의 이중 구조와 시간제 돌봄노동자의 소외

이 잠시나마 그들의 노동을 이해하고 권리 찾기에 함께 하는 계기가 되기를 희망한다. 일방적인 늘봄학교의 추진 과정에서 '초등돌봄교실'은 이제 그 이름마저 잃었고 '선택형 돌봄'으로 전환되고 축소되며 비정규직 노동의 온상으로 전락하며 학교 내 차별과 배제는 더욱 강화되었다. 우리의 아이들을 책임지는 노동자들의 열악한 노동환경과 조건에 대해 무관심하고 부정하면서 양육자의 노동과 양육 권리만 지지받고 질 높은 돌봄이 시행될 수 있을까? 현재 한국사회의 뜨거운 화두인 돌봄 담론과 정책 속에서 돌봄노동의 의미와 가치에 대해 생각해 보자. 우선 소외된 다양한 돌봄노동자들의 모습이 더 잘 보이고 목소리가 더 잘 들리도록 주변을 세심하게 살펴보고 귀 기울여 보자. 현재의 소외된 노동, 우리의 작은 저항과 연대가 있어야만 '돌봄노동을 존중하는 사회'를 향해 한 발이라도 내딛을 수 있을 것이다.

돌봄의 공간들을 재조립하기

이준용

전작인『돌봄의 시간들』에서 필자는 세 명의 '포기자'를 따라가며, 포기가 무능력이나 무책임의 이름이 아니라는 점을 보여주고자 했다. 어떤 이는 사회적 압박 속에서 생존하기 위해 연애와 결혼을 포기했고, 어떤 이는 가족의 병간호를 하기 위해 직업 경력과 삶의 경로를 내려놓았으며, 또 어떤 이는 출가라는 급진적 결단을 통해 세속적 욕망을 포기했다. 세 인물의 삶은 각기 달랐지만, 그들의 포기는 모두 삶을 다시 조율하고자 하는 전략적·윤리적·종교적 선택이었다. 필자는 그들의 포기를 단순한 개인적 후퇴나 도피로 보지 않았다. 오히려 오늘날 사회가 강요하는 자기계발·정상성·생산성이라는 이름의 도덕규범들에 의문을 던지고, 미래를 향한 강박적 계산을 멈추며, 다른 형식의 삶과 돌봄을 여는 실험으로서 해석하고자 했다. 다시 말해, 이들은 무엇이 중요한지 선택하고, 무엇을 기꺼이 내려놓을 것인지 매 순간 고민하는, '자기돌봄'하는 포기자들이었다.

그러한 시간의 윤리를 탐색한 전작과 자연스럽게 이어지는 작업이 이번 책의 공간 연구다. 앞선 세 포기자들의 삶의 맥락은 각기 다른 세 현장과 연결되어 있다. 생존주의적 포기자 A의 이야기

를 따라가며, 필자는 함께 살아남기 위한 돌봄의 기술을 고민하게
되었고, 이는 소비자생활협동조합(이하 생협)에서 실천되는 지역돌
봄의 형태를 분석하는 계기로 이어졌다. A가 직면했던 경쟁과 자
기계발의 압박은, 협동조합이라는 공간에서 공동체적 포기의 윤
리로 변환되면서 구성원들 간의 협력을 구성하고 있었다. 또한,
신체적 장애를 가지게 된 어머니를 오랫동안 간병해 온 포기자 B
의 삶은 돌봄의 윤리를 좀 더 구조적으로 조망하게 했다. B가 거
쳐 온 일상의 고투는, 특수학교라는 제도적 공간에서 정상성의 기
준을 포기하며 장애인의 자기돌봄 역량을 확장하려는 교육적 실
천과 맞닿아 있었으며, 그렇게 B의 개인적 윤리는 특수교육 현장
이라는 공적 실천의 분석으로 이어졌다. 그리고 출가한 포기자 C
의 수행 경험은 돌봄의 개념 자체에 대해 근본적으로 질문하게 만
들었다. 고통에 저항하기보다는 받아들이고 삶을 통제하기보다
는 비워 내고자 한 C의 태도는, 간화선 수행을 중심으로 운영되는
한 선수행센터에서의 무위(無爲)의 돌봄, 혹은 자의식이 부재한 자
기돌봄의 실천으로 연결되었다.

이처럼 필자는 세 명의 포기자들이 직면한 삶의 전략과 윤리를
하나의 통로로 삼아, 생협·특수학교·선원이라는 세 개의 다르면
서도 유사한 돌봄의 공간들로 걸어 들어갈 수 있었다. 각기 다른
제도적 환경·목적·언어를 지닌 이 세 공간은 겉보기에 서로 무관

돌봄의 공간들

한 듯 보이면서도, 그 내부를 들여다보면 하나의 공통된 흐름이 떠오른다. 바로 자기 자신을 다르게 돌보려는 사람들, 그리고 서로를 다시 돌보기 위해 기존의 체계를 의심하고 새롭게 재구성하려는 실천들이다.

이 글의 제목인 '재조립(reassembling)'은 철학자 브뤼노 라투르에게서 빌려온 개념이다. 그것은 인간·제도·구조라는 고정된 분석 단위를 넘어, 수많은 관계의 양상과 연결의 실천들을 추적하는 시선을 뜻한다. 필자는 이 개념을 바탕으로, 생협의 물류 체계와 활동가 급여, 특수학교의 수업 방식과 사제 간의 협업, 선원의 수행 지침과 공동체 윤리 등 일견 관련 없어 보일 수 있는 돌봄의 구성 요소들을 함께 엮어내 보고자 한다. 그 연결점들을 따라가나 보면, 돌봄은 어느 특정 공간이나 직군의 전유물이 아니라, 그야말로 끊임없이 재배열되고 재정의되는 네트워크임을 알 수 있다.

이 네트워크는 단순히 누군가를 돌보기 위한 수단적 서비스 체계가 아니다. 돌봄은 그 안에서 살아가는 사람들 자신을 바꾸고, 조율하고, 다시 살아 내게 만드는 자기수양의 기술이기도 하다. 이러한 관점은 철학자 미셸 푸코가 말한 '자기돌봄(care of the self)' 개념과도 깊은 연관이 있다. 푸코는 말년에 이르러, 통치성의 시대에 요구되는 '자기계발'의 윤리를 비판하면서, 그것과는 다른 삶의 실험으로서의 '자기수양(askēsis)'을 주목했다. 이 책에서 다루는 공간들 역시, 자기돌봄의 세 가지 다른 형식을 실험하고 있는 장소들이라 할 수 있다. 이 글이 궁극적으로 묻고자 하는 질문은 바로 이것이다. 우리는 누구를, 어떻게 돌볼 것인가? 그 돌봄은 우리 자신을 어떻게 다시 만들게 되는가? 그러한 자기돌봄은 어떻게 우리 모두가 함께 살아갈 수 있는 방식으로 확장될 수 있을까?

1. 생존을 넘어 협력으로 나아가는 공간—Z생협 제주의 사례

전작에서 다룬 생존주의적 포기자 A는 치열한 경쟁 사회에서 살아남기 위해 스스로를 몰아붙여야 했던 청년이다. 그는 가족사와 구조적 불안정 속에서 연애와 결혼을 유예하거나 포기해야 했고, 그 포기야말로 자신에게 주어진 유일한 전략이라고 믿었다. 매 순간 고된 삶의 계산에 임해야 했던 A의 삶은, 개인주의적 생존을 넘어서는 다른 길이 있는지 묻게 했다. 필자는 그 질문을 안고 생존의 논리를 넘어 협력의 가능성을 실험하는 공동체를 찾기 시작했다. 그리고 전작의 기획자였던 고 신승철 선생님의 감사한 소개로, 제주에서 지역돌봄을 실천하고 있는 Z생협 제주 현장을 만날 수 있었다.

제주도 제주시 월광로에 위치한 Z생협 제주의 센터는, 필자가 연구 현장으로서 약 1년간 참여관찰을 수행하면서 깊이 있게 탐색한 공간이다. 이 건물의 외벽에는 'Z'라는 생협의 공동 명칭보다 '제주담을'이라는 고유 명칭이 더 크게 붙어 있다. Z연합 측은 이 명칭을 '제주 도민을 담아 내겠다'는 의지로 해석한 반면, Z생협 제주 측은 '기존의 담을 넘어 나아가 제주 도민과 연결되겠다'는 뜻이라고 설명했다. '담을'이라는 표현에 대한 해석의 차이는 곧 기존 조합원 중심 생협의 작은 원을 넘어서, 제주도 전체를 아우르는 더 큰 원을 그리고자 하는 Z생협 제주의 방향성을 상징적으로 보여준다.

Z생협은 본래 소규모 유기농 직거래 매장 운동에서 출발했다. 이후 10년 만에 경기도에 물류 센터를 설립하며 전국적 확장을 추진했고, 다시 10년 후에는 지역 생협과 생산자 연합회를 아우르는 'Z연합'을 조직했다. 전국 매장 수는 200여 개에 달하며, 그중 과반이 수도권에 집중되어 있다. 자연히 물류와 수익의 중심도 수도권으로 쏠릴 수밖에 없었다. 연합 물류의 운영비는 지역별 수수료로 충당되었고, 이는 제주와 같은 주변부 생협에게 실질적 부담으로 작용했다. 그 구조는 누군가를 배제하거나 착취하려 한 결과는 아니었고, 오히려 효율성 계산을 중심으로 한 자연스러운 분업의 결과였다. 하지만 그 계산은 의도치 않게 중앙과 주변의 경계를 만들었고, Z생협 제주는 물류 체계상의 중심과 주변부라는 보이지 않는 첫 번째 담과 마주하게 되었다.

두 번째 담은 훨씬 더 정서적이고 지역적인 것이었다. 제주도는 역사적으로 고립된 환경 속에서 '○○당'이라 불리는 강한 혈연·지연 네트워크를 발달시켜 왔고, 외지인에 대한 경계심 또한 뿌리 깊다. Z생협 제주 매장은 외부 자원 없이 도민 중심으로 설립되었지만, 'Z'라는 외지 브랜드를 등에 업고 있다는 사실 때문에 도민의 신뢰를 얻기까지 오랜 시간을 들여야 했다. 또한, 조합원 가입과 지역 내 안착은 수많은 설득·현장 활동·노동을 필요로 했고, 그 비용은 고스란히 Z생협 제주 내부의 몫으로 남았다. 이것이 두 번째 담, 제주라는 섬의 공동체적 문턱이었다.

마지막으로 Z생협 제주가 부딪힌 세 번째 담은 역설적으로 Z생협이 지켜 온 철저한 친환경성 그 자체였다. Z생협은 국가 인증을 넘어선 자체 '자주기준'을 설정했고, 생산과정 전반에 걸친 환경적 규제를 강조해 왔다. 그러나 이 기준은 결과적으로 중소농, 고령 농가, 자원이 부족한 생산자들에게 진입 장벽이 되었다. 생산자연합회의 실무자는 이를 두고 이렇게 말했다. "소비자에게 전달되는 이미지와 실제 현장 사이에 괴리가 점점 커지고 있어요."

이처럼 Z생협 제주가 마주한 세 가지 담은, 물류 체계의 중심과 주변부·지역공동체·친환경성의 명분으로, 서로 다른 층위에서 생협의 비가시적 경계를 형성하고 있었다. 하지만 Z생협 제주는 이 담들을 그대로 받아들이지 않았다. 오히려 그 너머로 나아가기 위한 조용하고도 고된 실험을 시작했다.

먼저 Z생협 제주는 물류 경로와 인증 기준을 바꾸는 과감한 결정을 내렸다. Z연합의 물류 시스템은 '중앙 집중식'으로 운영되고 있었고, 전 이사장의 말에 따르면, 모든 지역 물품은 수도권 물류 센터를 거쳐 다시 각 지역으로 재분배되는 구조에 놓여 있었다. 제주처럼 섬에 위치한 지역의 경우, 물류가 섬을 빠져나갔다가 다시 돌아와야 하기에 타 지역보다 훨씬 더 큰 비용과 시간이 소요되었다. 이는 단지 경제적 손실의 문제가 아니라, 중앙과 지역 사이에 놓인 경계를 더욱 공고히 하는 구조적 장치이기도 했다. 이에 Z생협 제주는 장기적 비용 절감을 내세우며, 자체 물류 센터를 직접 설립하는 고위험 전략을 선택했다. 이는 큰 차입과 구조적 리스크를 감수해야 하는 일이었지만, 자기결정권과 지역 자립의 첫걸음이었다.

동시에 Z생협 제주는 지역 소농과 고령 농가의 자생을 실질적으로 돕기 위해 자회사 '밥상'을 설립했다. 사회적 기업 인증을 받은 밥상은, 기존의 중앙 연합 체계로부터 일정 정도 거리를 둔 채, 직접 생산자들과 거래하고 유통을 조정하는 중간 매개 조직이다. 이 법인은 생산자의 품종을 적절히 분배하고 사전 수매를 진행함으로써 경쟁을 줄이고 지속 가능한 생산 기반을 구축하려 했다. 즉 기존의 시장 구조가 요구하는 경쟁 가능한 생산자가 아니라,

제6장 / 돌봄의 공간들을 재조립하기

협력 가능한 생산자들로 이루어진 생존의 공동체를 만들어 가려 했던 것이다.

또 하나의 중요한 전환은 '로컬푸드 인증' 제도의 도입이었다. 이는 기존 Z생협의 자주 기준에 비해 완화된 기준으로서 소규모 농지에도 적용 가능하도록 설계되었다. 이로써 자원이 부족해 원 바깥에 머물던 생산자들도 점진적으로 친환경 농법으로 전환하면서 생협 내부로 들어올 수 있는 발판을 마련하게 되었다. 이처럼 담을 넘어 나아가는 일은 기존의 기준을 낮추거나 해체하는 것이 아니라 새로운 기준을 구성하는 것을 통해서도 이루어질 수 있다.

한편, 물류와 인증 체계를 지역에 맞게 전환하는 일은, 단순한 기술적 개혁이 아니었다. 그것은 누구의 생존을 우선순위에 둘 것인가를 묻는 정치적 결정이자, 계산 가능한 생존의 규칙을 일부 포기하려는 윤리적 선택이었다. 자회사 '밥상'이 지역 생산자들과 맺은 계약은 그 자체로 한 편의 애달픈 돌봄 서사였다. 생산물 계약은 철저히 신뢰에 기반해 이루어졌다. 표준 계약서가 있긴 했지만, 그것은 어디까지나 형식이었고, 실제 거래는 대부분 구두 협의에 의존했다. 공식적으로는 생산자가 가격을 제시하는 구조였지만, Z생협 제주 매장에서 판매되는 만큼 아무래도 Z연합 물품과의 암묵적 가격 비교가 없을 수 없었다. 예컨대, 밥상의 지역 생산 두부는 12%의 이익밖에 남지 않았지만, Z연합의 두부는 20%의 이익을 제공했다. 생산자의 가격을 지지하기 위해 Z생협 제주와 밥상은 연합 물품의 공급을 중단하는 방식으로 대응했지만, 이는 사실상 마진을 줄이는 결과로 이어졌다. 지역돌봄을 위한 포기의 부담은 중간자 역할을 맡은 밥상 직원들의 복잡한 감정과 감내로 고스란히 전가되었다.

Z생협 제주는 이 돌봄의 피로가 내부 갈등으로 번지지 않도록, 내부 구성원의 임금 체계 역시 근본적으로 재구성했다. 초기에는 전국 생협 구조에 따라 '활동가'와 '실무자'를 구분하고 그에 따라 임금도 달리 책정했기 때문에, 매장 조합원 응대를 담당하는 활동가는 시급제, 회계나 총무 등 대외 업무를 담당하는 실무자는 월급제였다. 그러나 실제 업무 분장은 그렇게 명확하지 않았다. 활동가라고 해서 생협 운동에 특별한 '운동성'을 품고 일하는 것도 아니었고, 실무자라고 해서 모두가 관리직인 것은 아니었다. "활동가와 실무자 구분이 과연 지금도 유효한가?" Z생협 제주의 이사회는 이 질문을 놓지 않았다. 이 질문은 2년 넘게 내부 회의와 공동 논의로 이어졌고, 마침내 구성원들은 구분 자체가 무의미함에 도달했다. 그리고 감동적이게도 실무자들이 월급 일부를 자발적으로 포기함으로써 매장 활동가에게도 고정 급여를 보장할 수 있게 되었다. 이는 돌봄을 위한 포기 사례였고, 이익의 분할이 아닌 감정의 연대였다.

임금 체계를 평등하게 재편한 후에도, Z생협 제주는 내부의 보이지 않는 피로를 줄이기 위한 방법을 고민했다. 누가 어떤 가치를 만들어 내고 있는지, 어떻게 하면 공정하게 인정하고 분배할 수 있을지, 이 질문은 곧 '사회적 가치 측정'이라는 새로운 도구의 도입으로 이어지게 되었다. 이 도구는 단순한 평가가 아니었다. 이윤 중심의 경제적 계산 대신, 협동과 생태, 관계 형성을 수치화해보고자 하는 '사회적 계산'의 시도였다. 사회적 계산은 표면적으로는 바람직해 보였다. 내부 형평성을 가시화할 수 있었고, 조합원·생산자·실무자 간의 역할을 재조명할 수 있었다. 하지만 기대와는 다른 결과 또한 기다리고 있었다. 측정 지표를 만들고 수치를 정리하고 문서를 작성하는 일이 예상보다 훨씬 방대했다. 정작 돌봄의 현장에서 일하는 사람들에게는 평가 지표에 맞춰 자신의 가치를 정당화해야 하는 심리적 압박이 가중되었고, 업무 만족도는 오히려 하락했다. 즉 아무리 좋은 의도를 가진 사회적 계산도, 자동화되지 않는 한 계산하는 누군가의 몸과 마음을 소모시킨다. 이것이 바로 Z생협 제주의 구성원들이 마주한 또 다른 역설이었다.

이사회는 이 정당화된 피로를 단순히 감내할 것을 요구하지 않았다. 노무사의 자문을 받아 임금 인상과 복지 확대를 결정했다. 이는 '사회적으로 좋은 일'을 하는 조직이 감당해야 할 최소한의 윤리라는 내부 합의에 따른 조치였다. 그러나 그러한 선택은 재정

돌봄의 공간들

적 부담이라는 또 다른 무게로 되돌아왔다. 규모가 크지 않은 지역 생협으로서, 지속 가능성은 언제나 불확실했다. 내부를 평등하게 돌보기 위한 제도화와 장치화는 정당한 선택이지만, 동시에 감당 가능한 한계를 시험하는 일이기도 했다.

Z생협 제주의 사람들은 경험적으로 알고 있었다. 원 안의 사람들을 지키기 위한 모든 장치는, 결국 원의 바깥을 설정하거나 또 다른 담을 쌓는 결과로 이어지지 않을 수 없다는 것을. 그럼에도 그들은 물러서지 않았다. 내부 생존의 한계에 부딪히는 바로 그 순간, 그들은 새로운 형식의 돌봄의 공간을 꿈꾸기 시작했다. 내부의 경계와 자원이 한계에 이르렀을 때, Z생협 제주는 방향을 우회했다. 원 안의 생존을 지키기 위한 투쟁 대신, 오히려 원 바깥으로 나아가 새로운 연결점을 찾고 새로운 원들을 그려 내기로 한 것이다. 그 시도는 때로는 정치적이었고, 때로는 제도적이었으며, 때로는 감정적 연대의 형식이었다.

먼저 Z생협 제주는 제주 강정 해군기지 반대운동·후쿠시마 오염수 방류 반대 행진·기후정의 시위 등의 사회운동에 참여하며 연대했다. 이런 행보에 대해 내부의 우려도 없지 않았고, 정치적 색채가 조직에 해가 되지 않겠느냐는 질문도 반복되었다. 하지만 Z생협 제주는 자신들을 정치조직이라기보다는 '삶의 터전을 지키는 생활공동체'라고 규정했다. 그들에게 연대란 정치적 메시지 이

전에 공존의 윤리를 실천하는 감각적 선택이었다. 정치적 활동과 동시에, 생협 내부 조합원의 생애주기별 돌봄 수요를 사업화하는 작업도 추진했다. 처음에는 생협 내부의 작은 돌봄 활동에서 출발했지만, 점차 공공 기관과의 협업을 통해 지역 취약계층을 위한 먹거리 돌봄으로 돌봄의 외연이 확대되었다. 이후, Z생협 제주는 비영리법인 '제주모심회'를 설립하고, 공동체 기반의 지역 의료 돌봄 활동에 본격적으로 뛰어들기에 이르렀다. 최근에는 '제주담을 의료사회적협동조합'을 추가로 설립하며, 생협의 원 너머 돌봄의 원들을 또 다른 방식으로 제도화하기 시작했다.

물론, 이러한 시도들이 항상 순탄하지만은 않았다. 새로운 법인을 설립하고 조합원을 모으는 과정은 언제나 시간·자본·노동을 필요로 했고, 내부 구성원들의 피로와 불만 역시 뒤따랐다. 내부의 생존과 외부의 연대는 언제나 긴장 관계에 놓일 수밖에 없었다. 그럼에도 Z생협 제주는 이 모든 실험을 단순한 서비스 확장이나 사업 다각화로 보지 않았다. 그것은 긴축을 위해 경계를 다시 설정하지 않으면서도 연결의 방식 자체를 바꿔 보는 실험이었다.

공저자이자 Z생협 제주 활동의 책임자인 김자경 선생님은 이렇게 말한다. "우리는 안에를 동그랗게 그리지 않았어요. 점, 점, 점, 점. 그렇게 찍었어요. 나중에 무게중심이 어디로 갈지 몰라요. 나머지가 커져서 독립될 수도 있겠지만, 하나의 정체성을 가진 복합

돌봄의 공간들

체로 존재할 수도 있겠다 싶어요." 이 말은 Z생협 제주의 새로운 원이 기존처럼 내부와 외부를 나누는 형식이 아니라, 점과 점의 관계 속에서 가변적으로 형성되는 유기적 복합체임을 보여준다. 그러한 돌봄의 원에는 중심도, 주변부도 없다. 계산적으로 더 돌봐야 할 내부도, 돌보지 않아야 할 외부도 없다. 그것은 중심 없는 돌봄, 또는 활동가들 각자의 자기돌봄의 실험장이기도 하다.

이처럼 Z생협 제주의 실천은 단순히 하나의 생협이 지역 기반 사업을 확장한 사례가 아니다. 그것은 생존의 논리를 넘어, 공존의 감각을 조직하려는 윤리적 실험이었다. Z생협은 늘 물었다. 우리가 이 생협을 유지하기 위해, 무엇을 포기할 수 있을까? 그것이 물류의 효율성일 수도 있고, 마진 이익의 일부일 수도 있으며, 체계의 간명함이나 행정의 편의일 수도 있었다. 그리고 그 포기는 새로운 돌봄의 감각과 존재 방식의 선택을 가능케 했다.

또한, 그들은 생존을 위한 정밀한 계산 대신, 서투른 연결을 감내하기로 했다. 누군가의 이익을 따지기보다, 누군가의 지속을 함께 짊어지기로 한 것이다. 그 선택은 언제나 균열을 동반했고, 피로를 요구했으며, 갈등과 손실의 반복 속에서 조용히 가라앉곤 했다. 그러나 그 가라앉음 속에서, 다시 떠오른 것이 있었다. 바로 자기 자신을 다시 조율하는 감각이었다. 그리고 그 감각은, 혼자가 아니라 타인과의 관계 속에서 확장되고 있었고, 그 확장은 더 이상 누군가를 돌보는 일에 머무르지 않았다. 그것은 계산하지 않음의 훈련이었고, 함께 살아남기 위한 느린 기술이었으며, 무엇보다 삶을 다시 짜는 집합적 자기수양의 형식이었다. 이곳에서 돌봄은 역할이나 의무가 아니라, 삶 그 자체의 방식으로 흘러가고 있었다. 서로를 구성하며, 그 안에서 자기 자신을 다시 짓는 느리고 단단한 작업이었다. Z생협 제주의 사람들은 그렇게 돌봄을 통해 스스로를 돌보는 새로운 질서를 그려 내고 있었다.

2. 장애를 넘어 자기돌봄으로 나아가는 공간―특수학교의 사례

전작에서 만난 포기자 B는 생존을 넘어서는 평정, 일종의 달관을 보여주는 인물이었다. B는 젊은 나이에 어머니를 간병하며 결혼·출산·직업·경력 같은 사회적 기대를 하나씩 내려놓았으며, 그 포기가 누군가에겐 실패로 보일 수 있겠지만, 그는 그 평가도 겸허히 받아들이고 있었다. 효자라는 정당화된 이름조차 거부한 B의 태도는, 돌봄을 윤리적 선택이자 자기 감각 전반에 대한 깊은 성찰로서 살아 내고자 했던 고대 철학자 디오게네스의 실천처럼 느껴졌다. 그가 보여준 느린 호흡의 돌봄은, 더 이상 특정 목적에 조급해하지 않고 관계를 희생시키지 않으면서 현재에 정주하는 존재 양식을 제안했다. 그 양식은 필자로 하여금 일상의 속도와 감각을 존중하는 돌봄의 공간을 찾도록 이끌었고, 그 탐색의 여정은 한 특수교육 연구자 선생님의 감사한 제안 덕분에 특수학교 현장에서의 공동 연구로 이어졌다.

이 연구는 10년 이상 특수학교에 몸담아 온 교사들과 20년 이상 교육을 이어 온 교장들의 심층 인터뷰를 기반으로 진행된 작업이다. 참여자들은 저마다 다른 학교에 있었지만, 모두가 발달장애 학생과 함께한 시간 속에서 형성된 실천적 감각과 돌봄의 지혜를 가지고 있었다. 연구자들은 그들의 말을 따라가는 동안 돌봄이 단순히 교사와 학생 사이의 인격적 상호작용이 아니라, 환경·제도·정서·기술·문화예술 같은 다양한 매개를 경유하면서 촘촘하게 구성된다는 사실을 깨닫게 되었다. 즉 돌봄은 단일한 시점에서 관찰되거나 측정될 수 없었으며, 각기 다른 관점과 감응의 층위가 연결되면서 구성되는 중층적 실천이었다.

특수학교 현장에서 관찰된 돌봄은 크게 세 가지의 층위에서 구성되어 있었다. 가장 가시적인 것은 사회적 시선과 제도적 인정이라는 3인칭의 층위였다. 교사들은 장애를 부정하거나 능력의 차이를 은폐하기보다는, 그 차이를 정직하게 인정하면서 함께 살아가는 길을 찾고자 했다. 사회적 낙인을 단순히 규범적으로 저항하거나 해체하려 하기보다는, 그것조차 삶의 일부로 수용하면서 서로 다른 속도를 인정하는 새로운 문화 감각을 구성하려 하는 것에 가깝다. 다음으로 교사와 학생 사이의 상호작용이라는 2인칭의 층위였다. 교사들은 단순한 지식의 전달자가 아니라, 아이의 일상 감각에 가까이 다가서되 어느 지점에서는 다시 한 발 물러서기도 하는 존재였다. 아이에게 필요한 것은 '무엇을 배우는가'보다 '어떻게 배울 수 있게 되는가'였고, 교사는 그 '어떻게'를 위한 틈새와 리듬을 구성하는 존재였다. 마지막 층위는 장애 학생 당사자의 신체와 감정이 드러나는 1인칭의 세계였다. 여기서 돌봄은 화장실에 가고 싶다고 말할 수 있는 언어, 울고 싶을 때 울 수 있는 감정 표현, 싫다고 말할 수 있는 자기표현과 관련되어 있었다. 학생의 욕구불만은 이상행동이 아니라 아직 표현되지 못한 감각일 수 있었다. 그리고 교사들은 이 감각을 억압하거나 교정하는 대신, 어떻게 하면 이 아이가 자기 안의 흐름을 표현해 나갈 수 있을지를 고민했다. 이러한 고민은 예술이라는 매개 경로를 통해 새로운 흐름으로 이어졌다. 음악·미술·뮤지컬은 아이가 말로 표현하지 못한 것을 심신으로 드러내도록 이끌었고, 교실은 일시적으로 하나의 무대가 되어 학생이 자신의 1인칭 세계를 재구성하는 공간이 되었다. 그들의 풍부한 표현 연습은 단순한 주입식 교육을 넘어 학생이 구체적으로 어떻게 자기돌봄 및 형성의 기술과 연결될 수 있는지를 보여주는 장면이었다.

이때 자기돌봄은 인간 행위자만으로는 완성되지 않았다. 디지

돌봄의 공간들

털 기기·반려동물·교실 구조와 같은 비인간 요소들 또한 중요한 매개로서 관여했다. 이들은 비인칭적 객체처럼 보이지만 돌봄의 흐름을 매개 및 확대하는 데 실질적 주체였다. 즉 돌봄은 인간과 인간 사이의 도덕적 계약만이 아니라, 환경과 기술, 매체와 신체 사이의 미묘한 얽힘 속에서 작동했다. 그렇게 인간과 비인간이 상호 긴밀하게 연결되는 과정에서, 돌봄은 누가 누구를 일방적으로 보살피는 차원을 넘어, 함께 살아가는 존재들이 서로를 의존하는 동시에 각자의 자기돌봄을 돕는 네트워크가 되어 갔다.

물론 이러한 돌봄이 언제나 조화롭고 유연하게 작동하는 것은 아니었다. 현장의 교사들은 입을 모아 "긴 흐름이 필요하다."고 말했다. 급한 기대·과도한 의욕·정상하라는 목표가 강해실수록, 아이는 자신만의 느린 시간을 빼앗기고, 돌봄은 다시 훈육과 처방의 도구로 돌아갈 수 있다. 교사는 아이를 밀어붙이기보다 기다리고, 때로는 실수를 허용하며, 아이의 표현이 미완의 상태로 남아 있어도 괜찮다는 신호를 지속적으로 보내야만 했다. 부모 역시 아이를 위한 목표를 조율하고, 서로 다른 속도를 존중하며, 무엇보다 그 시간에 함께 있어 주는 존재가 되어야 했다. 이처럼 돌봄이란 결국 특정한 완성이나 정상 상태로 이끄는 기술이 아니라, 오히려 미완의 삶을 감당하는 태도이자, 감당해야 할 무게를 함께 짊어지는 책임에 가까웠다.

이러한 관점에서, 장애는 단순히 결핍이나 손상의 상태가 아니라, 돌봄의 기술을 재구성하도록 만드는 하나의 사건이었다. 이 책의 공동 저자 권범철 선생님은 장애를 '경로 없는 삶의 존재 방식'으로 볼 것을 제안한다. 누구나 대학·직장·결혼·가정이라는 예측 가능한 경로를 따라가도록 기대받는 이 사회에서, 장애인은 어두운 경로 바깥을 묵묵히 살아간다. 그 바깥의 삶이란 돌봄이 필수적인 삶이자 동시에 돌봄을 다시 발명하도록 이끄는 삶이기도 하다. 바로 그 지점에서 새로운 감각과 연결, 의존과 자율의 윤리는 만들어질 수 있다. 따라서 장애는 혼자 살 수 없음을 드러내는 존재가 아니라, 함께 살아가는 방식의 가능성을 보여주는 존재일 수 있다는 것이다.

이 장에서 말하고자 하는 특수학교에서의 돌봄은 완결된 기술이 아니다. 그것은 특정한 치유나 성취를 약속하지 않으며, 어떤 이상적 자립 상태를 목표로 삼지도 않는다. 오히려 이들의 돌봄은, 지금 이 순간 서로의 리듬과 정동을 조율하며 살아가는 감응의 기술에 가까우며, 그 기술은 인간과 비인간, 표현과 침묵 사이를 오가며 다층적 네트워크를 구성해 간다. 그리고 이 네트워크는 돌봄을 받는 존재와 돌보는 존재, 주체와 객체의 경계를 흐리게 만든다. 그렇게 우리는 아이가 스스로 돌봄의 주체가 되는 순간을 목격하게 되고, 교사와 부모 역시 서로에게 돌봄의 대상이 되는 시간을 맞이하게 된다. 정상성의 목표를 잠시 내려놓고, 여기 이 자리의 관계를 위한 감응적 태도를 선택할 때, 우리는 돌봄의 또 다른 출발점에 서게 된다.

3. 출가수행자의 자기돌봄 공간─A 선원의 사례

전작에서 만난 포기자 C는 사회의 경로로부터 완전히 이탈한 인물이었다. 한 차례 큰 수술을 겪은 그는 삶의 방향 자체에 근본적인 회의를 품게 되었고, 결국 출가라는 거대한 전환을 택했다. 출가 후 그는 "과거에는 어떻게든 나를 증명하려 했다."고 회고하며, 이제는 "그럴 필요가 없다는 것을 조금씩 알아 가고 있다."고 말했다. 그는 기존의 이름을 버리고서 이제 스스로를 '크게 비운 사람'이라고 불렀다. 그가 한 말들을 토대로 돌봄을 정의하면, 돌봄은 무언가를 해 주는 행위라기보다, 자기 자신을 중심으로 삼지 않는 태도에서 자연스레 흘러나오는 응답의 흐름이다. 거기에는 '해야 한다'는 의무도, '남을 돕는다'는 과시도 없고, 너무 앞서거나 너무 물러서지 않는 거리에서 조용히 존재하는 마음만이 있을 뿐이다.

필자는 그가 제시하는 이른바 '무위(無爲)의 돌봄'이 실현되는 구체적 공간을 찾아 나섰고, 그렇게 A 선원을 연구하게 되었다. A 선원은 시끄러운 도심 한복판에 있으면서도 항상 고요하며, 이곳에서 만난 신도들 또한 항상 절제된 태도를 보여준다. A 선원에서는 누구나 무상으로 참여할 수 있는 일주일간의 간화선 집중수행 프로그램이 정기 운영되고 있다. 프로그램이 시작되면, 그동안 개인의 사회적 경력·지위·역할은 모두 잠시 접어 둔 채로, 오직 '본래 마음자리'를 찾기 위한 여정이 시작된다.

프로그램의 첫날 아침, 법당 안에는 무언의 긴장이 감돌고 있었다. 오랜만에 몸을 쉬려는 사람, 삶의 결정을 앞둔 사람, 그저 친구를 따라온 사람까지 모두가 다른 이유를 품고 앉아 있었지만, 수행이 무엇인지 알고 경험하려는 마음은 같았다. 이윽고 선원장인 S 스님이 등장했고, 조용한 법문 끝에 단 한 마디의 화두를 던졌다. "손가락을 한번 튕겨 보십시오. 무엇이 나로 하여금 그렇게 하게 합니까? 내가? 손가락이? 마음이? 지금의 나도 나고, 송장도 나라고 할 수 있는데 왜 이렇게 못 합니까? 모르면 알려고 하십시오. 의심할 수 있게끔 문제는 던졌습니다. 한번 찾아보시기 바랍니다." 질문은 짧았지만, 그 여운은 길었다. 참가자들은 아리송해하면서도 누구 하나 웃거나 섣불리 입을 열어 질문하지 않았고, 침묵 속에서 각자의 내면으로 향하기 시작했다. 그렇게 그 질문은 A 선원의 공간을 관통하는 자기돌봄의 조건으로 자리 잡았다.

'화두'라고 불리는 이 질문은 단순한 철학적 장치가 아니다. 그것은 기존의 자아를 구성하는 믿음·기억·반응 일체를 스스로 해체하도록 이끄는 존재론적 장치이다. 내가 했는가, 손가락이 했는가, 마음이 했는가, 이 질문은 자아·신체·의지 사이의 의심할 여지 없이 단단하던 연합에 점차 틈새를 형성한다. 수행자들은 그 질문을 안고서 그저 기약 없는 시간 속에 앉아 있다. 그리고 그 앉음의 시간 속에서, 견디기 힘든 감정들이 올라온다. 분노·결핍·질투·불안·슬픔·기억의 잔상들까지. 간화선 집중수행이 중반을 지나면서, 일부 참가자들은 숨이 막히는 불안, 몸이 떨릴 정도의 긴장, 이유 없는 눈물과 같은 감정적 반응을 경험하기 시작한다. 그럴 때면 선원 안팎에서 돌봄을 도맡고 있는 신도회장 M 보살은 조용히 그들을 데리고 나가, 이렇게 말해 준다. "늘 편하게 이 몸뚱이가 하자는 대로 했거든. 이제 한 생각으로 딱 집중해서 찾아 들어가니까, 안 놀아 주니까 내 편만 들던 많은 생각이 막 달려드는 거야. 숨구멍까지 막힐 정도야. 그럴 때는 옛날 친구들이니까 그냥 무시하고 그렇게 겁낼 거 없다. 안 놀아 주는구나 싶으면 이제 안 달려든다." 이러한 돌봄은 참신했다. 상담의 언어도 아니고, 수행의 권유도 아니었다. 그것은 단지 '안 놀아 주는' 새로운 관계 맺기 형식이었다. 망상을 없애려 하지도, 감정을 정화하려 하지도 않는다. 다만 그 감정들이 스쳐 지나가도록 그저 앉아 있는 것이다. 그 시간 속에서, 참가자들은 언제나 반응하고 설명하고 성과를 보여주려 애쓰던 자아의 맨 얼굴을 보게 된다. 그리고 참가자들은 S 스님의 질문에 답변할 만한 특정 상태를 체험하기에 이른다.

개인적으로 S 스님의 점검을 받고 나면, S 스님은 조용히 당부한다. "그만하면 되었습니다. 이제 거문고 줄 고르듯이, 조용히 자기 시간 보내십시오." 하지만 자기 시간을 보내는 방법은 구체적으로 지시되지 않는다. 또한, 그 누구도 대신 거문고 줄을 골라 주지 않는다. 그것은 오직 자기 자신의 리듬을 스스로 구성하는 일이며, 바로 그 지점에서 A 선원의 자기돌봄은 시작된다. 이 자기돌봄은 비록 철저한 개인적 체험으로부터 시작되지만 관계적 층위로 나아간다. 매일 특정 시간마다 울리는 목탁 소리·공동 좌선·공동 식사·침묵의 규칙이 묵묵히 흐르고, 그러한 공동생활 안에서 신도들은 각자의 방식으로 조용히 자기 자신을 조율한다.

A 선원의 생활에서는 출가수행자와 재가수행자 모두가 동일한 회색 옷을 입고, 외형을 꾸미지 않으며, 큰 소리를 내며 걷거나 뛰어 자신의 존재감을 드러내지 않는다. 출가수행자들이 종종 언급하는 '여법(如法)하다'는 표현은 곧 본래 마음자리에서 비롯된 행동을 의미하는 반면, '머트럽다'는 표현은 자아의 외피에서 비롯된 혼탁한 행위들을 일컫는다. 이러한 규범들·표현들로 어렴풋하게 구현되는 선원의 에티켓은 구성원들로 하여금 내가 남보다 낫다거나 못하다거나 혹은 동등하다는 비교 의식 일반을 내려놓도록

돌봄의 공간들

유도한다. 그런데 정말 흥미로운 점은 이 규범들이 도덕적 명령으로써 강제되지 않는다는 것이다. S 스님과 제자들은 언제나 부드러우면서도 단호하게 말한다. 그건 해도 되고 안 해도 되는 것이며, 본래 마음자리에 머무르게 되면 저절로 그렇게 행동하게 된다고.

즉, A 선원의 자기돌봄은 특정 행위를 구현하기 위해 감정을 억제하거나 명상적 평온을 연출하는 기술이 아니다. 오히려 떠오르는 생각 ·감정·집착·조급함을 있는 그대로 인식하며 그 속으로 빠져들지 않고 조용히 멈추는 일이다. 예컨대, 구성원들 앞에서 머트러운 행위로 실수한다 하더라도, 자신을 책망하는 도덕적 감정에 빠질 것이 아니라, 그저 조용히 본래 미음자리로 돌아가는 것이다. 그런 의미에서 이곳에서 강조되는 윤리는 대응과 해결의 윤리가 아니라 안 놀아 주고 거문고 줄을 고르는 윤리이다. 그렇게 이 선원은 엄격하지 않지만 느슨하지도 않으며, 친절하지만 개입하지도 않는다. 이 공간에서 수행자들은 더 이상 돌보는 자와 돌봄 받는 자로 나뉘지 않는다. 모두가 조용히 자신만의 본래 마음자리를 지킬 뿐이다. 그 자리는 선원의 특정 신성한 공간이 아니라 자신이 항상 들고 다니는 그 공간이다. 이러한 A 선원의 자기돌봄은 공저자 송재홍 선생님이 말한 것처럼 '자기-돌아봄(self-respect)'이며, 어쩌면 그것이야말로 가장 깊은 자기-존중일 수 있다.

이때 자기-존중은 자기애적인 것과는 명백하게 구분된다. 그것은 '나는 이것이다'라는 허망한 말들이 도무지 가닿을 수 없는 그 텅 빈 공간을 직시하고 인정하는 것이다. 그렇게 자기를 다시 보기 시작할 때, 타자를 보는 시선 또한 함께 전환된다. 설령 타자의 고통에 대해 내가 할 수 있는 일이 적더라도, 그 고통에 빠지거나 끌려가지 않으면서도 곁에 조용히 머무를 수 있다.

결국, A 선원의 자기돌봄은 누군가를 돌보기 위한 규범적 의무나 누군가에게 돌봄을 받기 위한 조건을 만드는 일과는 무관한 것이다. 그저 자기 자신을 다시 온전히 바라봄으로써 본래 마음자리로 돌아가는 것, 그것으로 시작되고, 그것으로 끝난다. 이처럼 재정의되는 자기돌봄 아래, A 선원의 간화선 수행은 우리에게 묻는다. 과연 우리는 지금 자기 시간을 제대로 보내고 있는가? 우리의 시간은 무언가 허망한 것들을 위해 수단화되고 있지는 않는가? 어떤 삶을 살고자 하든, 그 삶을 어떠한 논리로 정당화하든, A 선원에 따르면 우리가 가장 먼저 해야 할 일은 본래 마음자리로 다시 돌아오는 일이다. 그 공간은 바깥 어딘가가 아니라, 바로 지금 이 자리에서 조용히 자신을 직시하는 감각 속에 있다. 그리고 그 공간이야말로 A 선원이 제시하는 돌봄의 공간이다.

4. 자기돌봄의 원을 다시 그리며

이 책에서 살펴본 세 개의 돌봄 공간은 외견상 서로 다른 형식을 따르고 있다. 하나는 공동체의 협력을 실험하고 있었고, 다른 하나는 교육의 일상 속에서 새로운 돌봄의 언어를 찾아내고 있었으며, 또 다른 하나는 수행의 고요함 속에서 자기 자신을 다시 구성하고 있었다. 각기 다른 조건, 다른 제도, 다른 사람들로 이루어진 실천들이었지만, 그 밑바탕에는 한 가지 공통된 흐름이 있었다. 그것은 돌봄이 늘 주어진 자리를 넘어서려 했다는 것이다. 주어진 관계의 형식, 역할의 틀, 그리고 무엇보다 자기 자신에 대한 익숙한 자아 감각까지도 말이다. 그리고 그러한 넘어서기는 결국 다르게 살아 보기라는 실천으로 구체화되고 있었다. 타인을 돌보기 위해 혹은 나의 생존을 지키기 위해 시작된 일들이, 어느새 삶 전체를 다시 조율하려는 실천으로 이어지고 있었다.

Z생협 제주의 활동은 단순한 생협의 공간을 넘어섰다. 이곳의 실천은 비용과 기준을 포기함으로써 새로운 연대를 가능하게 했다. 수익을 줄이고, 복지를 늘리고, 내부 질서를 흔들어 가며 공동 생존을 위해 재구성하는 그 공간은, 더 많은 이들을 감싸는 유동적인 커먼즈의 원으로 진화하고 있었다. 특수교육 현장은 또 다른 방향에서 정상성 기준을 문제화하고 있었다. 발달장애 아동은 종

종 돌봄의 수혜자로만 여겨지지만, 교사·부모·비인간적 매개 사이의 섬세한 연결 및 조율이 이루어짐으로써, 장애 아동은 스스로를 돌보는 주체로 떠올랐다. 교육 목표와 제도적 규범이 주어진 상황에서도, 정답을 섣불리 제시하지 않고 아이가 자신만의 리듬을 찾도록 기다리는 형식의 돌봄은, 기존 교육의 공간을 넘어서는 조용한 혁명이었다. A 선원은 이러한 돌봄의 가능성을 가장 급진적인 형태로 밀어붙인다. 여기에는 돌보는 자도, 돌봄 받는 자도 없다. 다만 자신을 다시 바라봄으로써, 본래 마음자리라는 자기돌봄의 공간에 도달하여 조용히 시간을 보내는 존재들만이 있다.

지금까지 함께 들여다본 이 세 공간은 각기 다른 방식으로 자기돌봄의 형식을 제안한다. 필자는 무엇을 왜 돌보는가를 문제화하면서 이 여정을 시작했다. 그 질문의 끝에서 발견한 것은 거창한 전략이나 장기적 비전이 아니라, 곁에 있는 사람들과 조금 더 오래, 천천히, 깊이 연결되는 일상의 방법이었다. 그리고 자기돌봄은 단지 나를 위한 실천이 아니라, 세계의 실을 다시 엮어내는 느리지만 확실한 감각의 기술이었다. 자기돌봄은 이제 전문가의 처방이나 제도의 관리만으로는 설명될 수 없다. 그것은 각자의 속도와 마음의 공간에 따라 구성되는 작은 책임이며, 멀지도 가깝지도 않은 거리에서 서로를 바라보고 기다리는 느린 훈련이기도 하다. 그리고 바로 그런 훈련이, 작은 윤리의 공동체들을 새롭게 재조립해 나갈 수 있는 실마리가 되어 줄 것이다.

그러므로 지금 이 책을 넘기는 독자 여러분께도 조심스럽게 질문을 던지고 싶다.

당신은 지금 자기 시간을 잘 돌보고 있는가?

당신 곁에는 조용히 자기 시간을 보낼 수 있는 누군가가 있는가?

그리고 당신은 누군가에게 그런 사람이 되어 줄 준비가 되어 있는가?

자기돌봄은 그렇게 삶의 끝이 아니라 시작에서부터 이미 존재하고 있었다. 우리는 다만, 그 감각을 조금 잊고 있었을 뿐이다. 그리고 이 책이, 그 감각을 다시 불러내는 하나의 호칭이 되기를 바란다.

제7장

먹거리 돌봄*
— 돌봄 공간의 확장와 먹거리 커먼즈의 생성

김사경 · 박서현

*　이 글은 저자들이 쓴 다음의 글을 요약·수정·보완한 것이다. 김자경·박서현, 2025, 「먹거리 돌봄: 먹거리 커먼즈 형성과 대안 먹거리 운동의 확장」, 『경제와 사회』 145, 398-429.

1. 세계 식량 체계와 먹거리 위기

현대의 먹거리 체계는 초국적 농식품 기업이 지배하는 세계 식량 체계로 발달했다. 장기 보관이 가능하여 장거리 이동이 쉬운 향신료와 커피, 설탕 등을 제외한다면 대체로 농산물은 교역하기 어렵다고 이해되었다. 또한, 국가별 먹거리 문화의 차이가 농산물 무역의 진입 장벽으로 작동할 것으로 여겨졌다. 그러나 교통수단이 발달하고, 냉동·냉장의 저장 기술이 눈부신 발전을 했고, 농산물에 다자간 무역 협상이 시작되었다. 1986년에 시작된 우루과이 라운드(UR)는 자국의 식문화를 반영한 농산물조차도 협상 테이블에 올려놓아 대부분의 비관세 장벽을 허물어뜨렸다. 1995년에 설립된 세계무역기구(WTO)는 강제력을 갖고서 전 세계 농산물을 교역할 수 있는 상품으로 만들었다. 그 배후에는 초국적 농식품 기업이 존재했다(보베·뒤푸르, 2002; 김철규, 2008; 윤병선, 2015; 하우터, 2020). 초국적 농식품 기업은 농업 생산 영역뿐 아니라 농약과 비료 등 투입 자재, 농산물 가공과 제조, 유통에 이르는 전 영역을 수직계열화하거나 기업 간 인수합병 등을 통해 거대해지면서 먹거리 체계를 장악했다. 이렇게 세계 식량 체계는 만들어졌다.

세계 식량 체계 속에서 거대해진 농축산업은 인수공통의 감염병을 전 세계로 확산시키고 있다(월러스, 2020). 한국에서도 소해면상뇌증(일명 광우병), 쓰레기 만두, 중국발 멜라민 우유 파동 등은 여전히 기억에 선명한 먹거리 안전사고였다. 2024년 10월 미국에서 또다시 햄버거를 먹고 사망한 사건이 발생했다(임온유, 2024). 햄버거와 맥도날드로 대표되는 패스트푸드와 세계 식량 체계는 여전히 먹거리 안전 문제를 숨기고 있다. 오늘날 먹거리 위기는 현대의 먹거리 체계가 세계 식량 체계로 발달한 결과임을 거듭되는 먹거리 안전사고가 증명하고 있다(김철규·윤병선·김흥주, 2016: 16).

먹거리 위기의 원인은 더욱 복잡해지고 있다. 감염병, 식중독, 유해 식품 등의 사회 재난뿐 아니라 자연재해, 기후위기 같은 자연재난까지 빈번하게 나타나고 있기 때문이다(김성아·서다람·김상효·김기랑, 2022: 321). 특히 코로나19 이후 세계 식량 체계 속에서 먹거리 공급망이 불안정해지면서, 곡물 수급 상황이 세계적으로 불안정해졌다. 이러한 상황이 장기화하면 취약계층의 먹거리 불안정성은 커질 수밖에 없을 것이다(황윤재·박성진·김상효·차원규, 2021).

2. 대안 먹거리 운동의 진화와 한계

세계 식량 체계에 대응하여 지역 먹거리 체계로의 전환을 꾀하는 대안 먹거리 운동이 다양한 형태로 전개되었다. 1980년대에 시작한 생협 운동과 유기농업 운동은 공히 생명 농업 운동을 추진하면서 친환경 농업을 제도화*했다. 2000년대 학교급식 운동은 「학교급식법」 개정을 통해 학교급식 지원 센터를 설치하여 학교마다 직영으로 운영하는 급식실을 지원했다. 급식 식단에는 주로 지역의 친환경 농산물을 사용하고 있다.

2010년대 들어 활발해진 로컬푸드 운동은 로컬푸드 직매장, 농민 장터, 공동체 지원형 농업, 공동체 텃밭 등 다양한 형태로 전개되었다. 특히 로컬푸드 운동은 '푸드플랜' 즉 국가 및 지역 먹거리 체계 수립을 위한 먹거리 정책으로 확대되면서 민관 거버넌스를 강조하고 있다(송원규, 2020; 윤병선, 2020). 2020년에는 '국가식량계획 수립 및 지역 내 자급체계 조성'을 위한 먹거리 정책이 발표되기도 했다(황윤재 외, 2021: 222). 한국의 먹거리 정책은 대안 먹거리 운동의 정책 제안을 일정 부분 제도로 수용하면서 현재에 이르렀다고 평

---

* 1997년 「친환경농업육성법」 제정, 2012년 「친환경농어업 육성 및 유기식품 등의 관리·지원에 관한 법률」로 전면 개정.

가할 수 있다.

동시에 대안 먹거리 운동에 본래부터 있던 문제점이 드러나면서 '관행화'의 길을 걷고 있다(윤병선, 2020: 7). 대안 먹거리 운동은 생산자와 소비자의 물리적·사회적 거리를 좁혀 관계 시장을 형성하고, 지역 순환 먹거리 체계를 통해 지역공동체를 강화하는 운동이었다. 가령 학교급식은 무상급식으로써 보편적 복지를 실천해 온 중요한 사례였다. 이와 더불어 학생들에게는 좋은 먹거리와 건강을 지원하고, 농민에게는 안정된 판로와 소득을 보장하며, 지역 생태적으로는 친환경 농산물, 지역 농산물을 공급함으로써 지역 순환 경제에 도움이 되기도 했다.

잘 알려진 바와 같이 학교급식은 2010년 무상급식 논쟁을 통해 정치적 쟁점이 되었고, 이때 선별적 복지와 보편적 복지에 대한 논의를 통해, 보편적 복지로서 학교급식의 가치를 확인할 수 있었다. 그러나 현재 학교급식 조리사의 구인난이 매우 심각한 상황이다(JTBC, 2024). 이는 학교급식 운동을 추진할 때 관계되는 모든 이들을 돌아보지 못했기 때문이다. 급식 조리사는 학교급식을 제공하는 돌봄노동자이다. 이들에 대한 처우가 열악한 만큼 향후 학생들에게 제공되는 학교급식의 질이 떨어질 가능성이 크다. 아울러 학교급식에 공급하는 친환경 농산물 가격 역시 제대로 보장받지 못하거나, 농민이 학교급식 지원 센터의 의사결정 과정에서 소외되는 등 학교급식 운동이 '관행화'되고 있다(강선일, 2019). 학교급식 운동으로 대표되는 대안 먹거리 운동이 보편적 복지를 지향했지만, 정작 그 안에서 일하는 농민이나 급식 조리사 등을 제대로 돌아보지 못했다고 할 수 있을 것이다.

3. 먹거리 지원 정책의 한계

먹거리 취약계층이 지속적으로 증가하고 있다. 통계청 자료에 따르면 '기초생활보장 수급 가구가 증가'하고 있으며, 질병관리본부 자료에 따르면 '중위소득 30% 미만일 경우 식생활 불안정 비중과 영양 섭취 부족사 비중이 높고, 식생활 관련 질병 유병률이 다른 소득 가구에 비해 높은 것'으로 나타났다(황윤재 외, 2021: 226-227). 2019년부터 취약계층을 대상으로 보건, 의료, 돌봄을 결합한 '지역사회 통합돌봄'을 추진하고 있으나 먹거리를 매개로 하는 돌봄은 보편화하지 못하고 있다(황영모·전희진·이인우·문지영·정호중·이병훈, 2021: 4).

먹거리 돌봄은 양질의 먹거리를 제공하는 것에 그치지 않고, 다양한 복지 서비스와 결합되어야 그 효과가 높다(김흥주·이현진, 2013: 42; 전희진·황영모·최지훈, 2021: 15). 현재 취약계층을 위한 먹거리 지원 사업은 결식아동 지원 프로그램, 결식 우려 노인 급식 프로그램,

영양플러스 사업[*], 저소득층 지원 프로그램(푸드뱅크, 푸드마켓), 농식품 바우처 사업[**] 등이 있다. 이들 사업은 대체로 취약계층의 먹거리를 보장하지만, 돌봄은 부재한 사업이다.

기존 먹거리 보장 프로그램은 '낙인 효과' 등과 같은 부작용도 유발한다. 결식아동 지원 프로그램 중 '꿈나무카드[***]'라는 아동 급식 지원 카드가 있다. 카드 디자인 자체가 일반 IC 카드와 달라 낙인감을 줄 수 있으며, 사용처가 한정되어 편의점이나 제과점 등에 편중되어 사용되고 있다.[****] 지자체별로 사용할 수 있는 급식 금액이 다르며, 1일 사용 횟수 및 구매할 수 있는 품목도 제한되어 있다. 이에 시민들이 자발적으로 결식아동에게 무료로 음식을 제공하는 '선한 영향력 가게'도 나타나기 시작했다(김하늘, 2019). 푸드뱅

---

[*] 영양플러스 사업은 '임신, 출산, 수유 등으로 인해 영양 상태가 취약한 임산부와 수유부, 영유아를 대상으로 체계적인 교육 및 상담을 지원하고, 일상에서 부족하기 쉬운 영양소를 보충할 수 있도록 식품 패키지를 지원하는 사업'이다(보건복지부 · 한국건강증진개발원, 2024).

[**] 농식품 바우처 사업은 "취약계층의 균형 있는 식품 섭취를 보장하기 위해 양질의 신선 농산물을 구매할 수 있는 '농식품 바우처'를 월 단위(1인 가구 월 4만 원/4인 가구 월 10만 원)로 지원하는 사업"으로, 2024년까지 시범 사업이었으나, 2025년부터 본 사업이 되었다(한국농수산식품유통공사, 2024).

[***] 서울시는 꿈나무카드, 경기도는 G드림카드 등 지자체별로 서로 다른 명칭을 사용하고 있다.

[****] 현재는 카드 디자인도 일반 IC카드와 동일하게 바뀌었으며, 모든 식당을 사용할 수 있으나, 지자체별로 지원하는 금액과 액수는 여전히 다르다. 또한, 도입하지 않은 지자체도 있다.

크도 한계는 명확하다. 복지 제도 안에 들어간 취약계층*만 푸드뱅크를 사용할 수 있다. 취약계층이 지원받을 수 있는 먹거리의 양도 한정되어 있다(김흥주·이현진, 2013: 34). 특히 푸드뱅크를 통해서는 이웃을 돌보는 관계가 형성되지 못한다는 문제가 있다.

취약계층 실태 조사에 따르면 "먹거리 취약계층이 건강한 식생활을 하지 못하는 원인으로 음식의 부족보다는 그 가정 내 형편에 따른 조리할 사람이나 돌봄노동을 해 줄 사람이 없다는 것이 더 크게 작용한다."라고 지적했다(전희진 외, 2021: 74). 먹거리 보장 프로그램을 통해 농산물을 지원하더라도, 이를 제대로 요리해서 먹을 수 없는 상황에 놓여 있는 이들(먹거리신빈곤층)이 많다는 것이나. 먹거리 위기를 극복하기 위해서는 취약계층의 믹거리를 보장하는 정책만으로는 한계가 클 수밖에 없다. 먹거리의 양과 질을 보장하는 지원 사업에, 지역사회 구성원들에 의한 돌봄서비스가 결합하는 '먹거리 돌봄' 정책으로 나아갈 필요성이 제기되는 것은 이 때문이다.

---

* 「국민기초생활보장법」상 기초생활수급자와 차상위계층을 말한다.

4. 먹거리를 커먼즈로 바라보기

먹거리 커먼즈 체계는 지역에서 취약계층을 포함한 '먹거리신빈곤층'(김소연·김순영, 2019)의 건강한 먹거리를 상품이 아니라 커먼즈이게 하는, 먹거리 돌봄이 삶을 생산*하는 다양한 활동 중 하나이다. 먹거리 돌봄은 그동안 미처 돌아보지 못한 이들을 돌봄 대상으로 확장했고, 복지의 사각지대에 있는 사람들을 지역사회에 드러나게 했다. 기존 먹거리 정책은 소득 기준에 맞춰 복지 대상을 선정하는데, 먹거리신빈곤층은 거주의 불안정, 시간과 조리 기술의 부족, 질병이나 거동의 불편, 문화적 차이 등 다양한 요인에 의해 발생한다(김소연·김순영, 2019: 146).

먹거리 커먼즈 체계에서 제공되고 가공되는 먹거리가 공공성을 띠는 이유는 복지 제도에서 규정한 취약계층뿐 아니라 우리 사회에서 드러나지 않았던 먹거리신빈곤층에게 먹거리를 매개로 돌봄을 제공했기 때문이다. 이러한 점에서 먹거리 커먼즈 체계는 '돌

---

*   원래는 '재생산'이라는 단어를 사용했으나, 계명대 여성학연구소와 교류하면서 재생산 보다는 '삶의 생산'이라는 단어가 적절하다고 판단했다. 여기서 '삶의 생산'이란 상품 생산 중심의 사회를 비판적으로 성찰하며, 인간의 존엄성을 유지하고 공동체를 지속 가능하게 하는 다양한 활동을 포괄적으로 지칭하는 개념이다. 먹거리를 상품이 아니라 커먼즈이게 하는 먹거리 돌봄은 삶을 생산하는 다양한 활동 등 하나이다.

봄'에 토대를 둔 커먼즈 체계라고 할 수 있다. 유의할 점은 돌봄 기반 먹거리 커먼즈 체계는 복지 영역을 먹거리로 확장하는 것과는 다르다는 점이다. 다음 절에서 살펴볼 먹거리 돌봄의 사례가 국가 복지를 먹거리까지 확장하는 것이 아니라는 점은 어렵지 않게 이해할 수 있을 것이다. 시민 공동체가 먹거리를 커먼즈로서 함께 관리하기 위한 제도를 만들고 먹거리를 공동으로 관리했기 때문이다. 이는 먹거리 돌봄이 공동체 돌봄의 성격을 띤다는 것을 의미한다.

공동체 돌봄은 국가가 제공하는 복지와 다르다. 우선 국가 복지의 경우 그것의 주체가 국가인 것과 달리 공동체 돌봄의 주체는 시민 공동체와 다르지 않은 지역의 주민들이다. 물론 공동체 돌봄과 국가 복지의 차이는 그 주체가 다르다는 것만으로 한정되지 않는다. 공동체 돌봄으로서의 먹거리 돌봄은 국가 복지의 사각에 놓여 있는 지역의 취약계층과 먹거리신빈곤층의 건강·영양에 초점을 맞추기 때문이다. 국가의 복지 대상은 지역 취약계층이지만 이들은 지역사회 구성원과 구분되어 있다. 먹거리 돌봄도 취약계층을 돌보지만 먹거리 돌봄은 이들을 시혜의 대상으로 보지 않는다. 먹거리 돌봄은 지역에서 이들과 함께 살아가기 위한 노력을 포함하기 때문이다. 또한, 먹거리 돌봄 대상을 먹거리신빈곤층까지 확장하고 있다는 점에서도 먹거리 돌봄은 국가 복지와 구분된다.

아울러 먹거리 돌봄은 생존에 필수적 재화인 먹거리에 대한 돌봄을 기본권으로 보장하려는 사회운동 진영의 활동과도 분명한 차이를 보인다. "돌봄의 영역은 시민들의 생활 영역 전반에 걸쳐 있어 기본법 제정이나 법의 역할이 제한적일 수밖에 없다(백영경, 2024: 306)." 기본권으로 먹거리에 접근할 경우, 학교급식 조리사 사례와 같이 먹거리 기본권을 실현하기 위해 최소한의 급여로 이를 감당해야 했다. 먹거리 돌봄을 실천하는 이들에 대한 낭만화를 최소화하기 위해서, 또 먹거리 돌봄노동자의 취약성을 개선하기 위해서, 먹거리에 대한 인식과 먹거리 체계를 커먼즈로 전환하는 것은 필수 불가결하다.

분명한 것은 먹거리 체계를 커먼즈로 전환하기 위해서는 먹거리 돌봄이 필수적이라는 점이다. 물론 먹거리 돌봄은 이러한 돌봄을 실천하는 '주체', 시민 주체가 먹거리를 매개로 지역의 취약계층과 먹거리신빈곤층을 돌보는 '활동', 그리고 돌봄 활동을 위한 '공간' 등이 없다면 가능하지 않다. 그런데 세계 식량 체계에서 상품으로 존재하는 먹거리를 커먼즈로 전환하는 것 혹은 먹거리 커먼즈 체계를 구축해 나간다는 것은 먹거리 돌봄만으로 가능하지 않다. 즉 먹거리 돌봄은 필수적이지만 먹거리 돌봄이 이러한 전환을 위해 충분한 것은 아니다. 시민 공동체에 의한 먹거리 돌봄을 지원하는 공공 영역의 지원과 공동체의 지지가 없다면 위와 같은 전환이 실질적으로 이루어지기는 어렵다. 물론 공공의 지원 없이도 먹거리 돌봄을 실천한 '어린이 식당'의 사례처럼, 이러한 지원이 필수적이라고 할 수는 없다. 즉 공공의 지원이 없다고 먹거리가 커먼즈가 될 수 없는 것은 아니다. 그러나 세계 식량 체계에서 이미 상품으로 존재하는 먹거리를 공공의 지원 없이 커먼즈로 전환하기는 결코 쉬운 일이 아니라는 것은 분명하다. 오히려 이러한 지원은 지역에서 먹거리 커먼즈 체계를 구축하는 데 중요하고 필요한 것이라고 할 수 있다. 그럼에도 의심할 수 없는 사실은 먹거리 돌봄은 먹거리에 대한 어떤 공적 지원이 아니라, 공동체의 지지에 기반하여 시민 공동체가 실천하는 공동체 돌봄이라는 점이다.

5. 청년 식당―청소년자립학교

2019년 7월 설립된 사회적협동조합 청소년자립학교는 학교 밖 청소년을 대상으로 주거 지원, 진로 교육, 직업 체험, 기초 학습 보장, 자기계발 지원, 취업 및 창업 지원 사업을 수행하면서 이들의 자립을 지원하기 위해 설립된 사회적협동조합이다. 청소년자립학교는 코로나로 등교하지 못해 굶는 아이들을 위해 도시락을 배달하기 시작했다. 이후 청소년자립학교는 2020년에 청년 식당 1호점을 개소했고, 2021년에는 2호점을 개소했다. 2022년에는 사회적기업으로 인증을 받았으며 익산 로컬푸드 직매장 내 '청년 식당 반찬코너'도 입점했다.

청년 식당은 코로나19를 계기로 먹거리 돌봄 활동을 시작하면서 지역사회에 알려졌다. 사업 시작에 앞서 청소년자립학교는 지역 고등학교에 다니는 학생 중 부자(父子) 가정을 중심으로 관계를 형성했고 부자 가정에 도시락 10개를 나누었다. 10개로 시작한 도시락 나눔 활동이 2021년과 2022년 굿네이버스, 월드비전 등 8개 기관과의 협업을 통해 도시락 17,380개를 전달하는 데까지 성장했다(기획재정부, 2023).

청년 식당은 도시락을 만들고 배달할 때 식재료 사용부터 전달까지 지역사회와 함께할 수 있는 방식을 고민했다. 우선, 모든 먹거리를 지역산 먹거리(로컬푸드)로 제공하는 것을 목표로 했다. 지역 농산물을 사용하는 것이 지역사회 경제에 도움이 되기 때문이었다. 둘째, 주로 학교 밖 청소년들이 중심이 되어 도시락을 만들었다. 이 청소년들은 지역사회에서 드러나지 않는 존재였다. 이들과 함께하는 활동을 통해 직업 훈련, 인턴십, 일자리 창출, 경제적 자립을 위한 직업 역량을 개발하는 장으로서의 청년 식당의 가능성을 확인할 수 있었다. 셋째, 취약계층 역시 돌봄 주체가 되는 방식을 고민했다. 취약계층도 지역사회에 기여할 수 있는 방식을 고민한 결과 이들이 지역 자활 센터에서 도시락 배달을 담당하기로

돌봄의 공간들

했다. 자활에 참여하는 이들은 복지의 대상자로서 수혜자라는 인식이 강했다. 이들이 수혜자가 아닌 지역사회의 돌봄 주체로 드러나게 하려고 청년 식당은 도시락 전달 체계를 만들 때 '서로돌봄'을 의식하면서 도시락 배달에 참여하도록 이들을 의도적으로 배치했다. 청년 식당의 활동은 먹거리를 매개로 지역을 돌보는 체계를 만들 수 있다는 가능성을 확인하는 계기가 되었다.

또한 청소년자립학교는 2023년에는 사회복지공동모금회에서 추진하는 '다정밥상'* 배분 사업에 응모하여 선정되었다. 청소년자립학교는 〈취약계층의 건강권 보장과 사회관계망 회복을 위한 밥상 공동체 구축〉이라는 주제로 지역에서의 사회관계망 회복에 방점을 두고 프로그램을 기획했다. 세부 사업은 먹거리 취약계층의 영양·건강 증진을 위한 식사 지원, 건강한 식생활 관리를 위한 교육·보건 서비스 제공, 지속 가능한 먹거리 돌봄 체계 마련을 위한 네트워크 구축으로 나누어 진행했다. 사업의 핵심 주체는 청년 식당 2호점이 위치한 익산시 신동의 통장들이었다. 통장은 주

---

* 사회복지공동모금회에서 2023년 기획 사업으로 추진된 '다정(多精)밥상'은 〈먹거리 취약계층을 위한 지역 기반 먹거리 돌봄 체계 구축 사업〉의 사업명으로, 3년간 장기적으로 지원하는 배분 사업이다. 지역 내 먹거리 돌봄 체계를 구축하기 위해 2개 기관 이상의 컨소시엄을 구성해야 하며, 컨소시엄당 연간 2억 원 이하를 지원하는 대규모 사업이다(사회복지공동모금회, 2024).

로 행정복지센터를 중심으로 활동하다 보니 행정의 전달자라는 이미지가 강했다. 그러나 2019년부터 도시락 나눔 활동, 고립 청년을 발굴하기 위한 주민 모니터단 활동 등을 하면서 청소년자립학교와 활동했기 때문에 다정밥상 사업에도 자연스레 함께하게 되었다. 통장들과 조합원들이 동네에서 함께 살면서 이웃 관계가 깊어져 통장들이 먹거리 돌봄의 다양한 프로그램(공유 부엌, 마을식당 등)에도 적극적으로 참여하게 되었다. 통장들은 특히 먹거리 문제를 겪고 있는 동네 사람들을 알음알음 데려오는 역할을 담당했다.

〈먹거리 취약계층의 영양·건강 증진을 위한 식사 지원〉 프로그램은 80~90대 암 환자와 당뇨·고혈압 같은 식이성 질환자를 대상으로 도시락을 환자식과 특별식으로 만들었다. 도시락 용기는 환경을 위해 다회용의 친환경 용기를 사용했다. 또한, 먹거리 취약계층을 취약계층 어르신·아동·청소년에서 1인 가구·유학생·다문화 가정·장애인 등으로 확장하여 이들을 위한 음식 공동체를 구축하고자 했다. 공유 부엌 사업은 20~34세 미만의 대학생·직장인·은둔 청년·연고 없는 청년 등이 모여 메뉴를 정하고, 요리의 가능 여부를 떠나 모두 참여하여 함께 만들어 먹는 프로그램이었다. 공유 부엌은 저녁 식사를 함께 준비하고 나눠 먹으며 다양한 감정을 공유하는 자리였다. 아울러 마을식당은 주로 어르신들이 함께 식사하는 자리였다.

먹거리 돌봄 사업을 추진하는 데에는 생각지 못한 어려움이 따른다. 먹거리 돌봄의 중요한 매개체는 먹거리 자체인데 지역 농산물을 이용하는 데 제한이 있기 때문이다. 다정밥상 사업을 위한 컨소시엄을 맺을 때 익산시 푸드통합지원센터와 지역자활센터가 참여했다. 익산시 푸드통합지원센터는 직영 로컬푸드 매장이 있어 이곳의 식재료를 사용했고, 지역자활센터는 배달을 기획·담당했다. 그러나 컨소시엄 체결로 인한 내부거래로 판명되어 로컬푸드 직매장의 지역 농산물을 사용하지 못하게 되었다. 이에 다른 매장의 농산물을 사용할 수밖에 없었다. 또한, 영수증 처리를 반드시 해야 해서 지역 소농가와의 직거래도 불가했다.[*]

한편 청년 식당이 자리한 위치에는 원주민도 살고 있으나 청년 식당이 대학 근처 번화가에 있어 임대료가 비싼 편이었다. 그럼에도 불구하고 주민들과 청년들이 쉽게 접근할 수 있어 현재의 자리를 유지하고 있다. 청년 식당은 먹거리 돌봄을 계기로 동네 부엌이자 사랑방이 되어 지역의 중요한 공동체 자산이 되고 있다. 그리고 청년 식당의 경험을 바탕으로 먹거리 돌봄을 제도화하려고

---

[*] 사회적협동조합 청소년자립학교 이사장의 인터뷰에 따르면, 결국 사회복지공동모금회와 조정을 하여 일정 금액 한도 내에서 로컬푸드 직매장을 이용할 수 있게 되었다.

'먹거리 돌봄 조례' 제정을 준비하고 있다(노동영, 2023).

6. 나눔 냉장고—한살림제주

2008년에 설립된 한살림제주 생협은 친환경 먹거리 사업을 추진해 왔다. 현재는 유기농 농산물 유통과 매장 사업 이외에 가까운 먹거리 사업과 돌봄 사업에 초점을 두고 있다. 이 두 가지 목적 사업을 위해 2019년 ㈜밥상살림과 2020년 한살림제주모심회라는 가족법인(자회사)을 만들었다. 가까운 먹거리 사업의 경우 제주라는 지리적·기후적 조건의 한계 속에서 건강한 먹거리를 안정적으로 공급하기 위해 지역의 소농 생산자를 조직하고, 지역 산지와 물품을 개발하고자 했다. 이를 위해 로컬푸드 직매장과 물류 센터를 만들었다. 돌봄 사업의 경우 조합원들의 수요 조사를 통해 돌봄 수요가 많다는 것을 확인하고 비영리단체를 설립하여 조합원 이외에도 제주 시민들을 회원으로 가입시켰다.

돌봄 사업은 어린이 공부방이나 육아 소모임 등으로 추진되었다. 육아 소모임은 조합원 활동 차원에서 소소하게 모였고 아이들이 크면 해체되었다. 어린이 공부방 사업은 제주 동부 지역에서 추진했다. 이 지역은 한살림 매장이 없어서 지역 활동을 통해 조합원을 확대하고자 했다(한살림제주, 2022: 31). 어린이 공부방은 공간

계약이 종료되면서 더 이상 추진할 수 없었다. 한살림제주의 돌봄 활동은 장기적으로 지속되지 못했으나, 나눔 냉장고를 설치하면서 먹거리 돌봄 사업으로 이어지게 되었다.

한살림제주는 2019년에 돌봄 TF를 구성하여 물류 센터가 있는 마을의 주민자치센터와 업무협약을 맺고 '솜뽁살레'[*]라는 별칭의 나눔 냉장고를 주민자치센터 내에 설치할 수 있도록 제안했다. 당시 다른 공유 냉장고 사례들을 살펴보면서 가공품이나 냉동식품으로 냉장고가 채워지는 것을 우려하여 조합원 자원봉사를 조직하고 신선한 농산물로 반찬을 직접 만드는 식으로 나눔 활동을 시작했다(한살림제주, 2022: 31). 나눔 냉장고 활동은 2020년에 제주시 소통협력센터의 리빙랩에 참가하면서 예산을 획보힐 수 있있나. 당시 먹거리 돌봄은 한살림제주모심회를 중심으로 한 조합원 자원봉사를 통해 반찬을 만들어 주민자치센터 내에 설치된 나눔 냉장고에 채워 넣는 방식이었다. 그러나 한살림제주모심회에서 먹거리 돌봄에 대한 반성이 이루어지고 비판이 제기되었다. 먹거리 나눔이 일방향적이었기 때문이었다. 일방적 시혜는 일방적 수혜를 낳았으며, 서로 나눈다는 돌봄의 의미를 확인할 수 없었다(한살림제주, 2022: 38). 한살림제주가 공유 냉장고를 나눔 냉장고로 바꿔

---

[*]　솜뽁살레는 (먹거리가) 수북한 찬장이라는 제주어임.

부른 이유도 여기에 있다.

이에 한살림제주는 2022년 주민참여예산을 신청하면서 '서로돌봄' 할 수 있는 구조를 갖추기 위해 먹거리 돌봄 사업의 방향을 '시혜와 수혜를 넘어, 서로 돕는 공동체 먹거리 돌봄 체계의 구축'으로 잡았다. 사업은 신도심과 구도심으로 나누어서 진행했다. 신도심의 경우 한살림 매장과 인근 주민자치센터와 자생 단체를 중심으로 나눔 냉장고를 3개소에 설치했다. 구도심의 경우 주민자치센터 등의 협력을 받지 못해 시민사회단체와 함께 나눔 냉장고를 2개소에 설치했다.

신도심에는 한살림제주 매장 입구, 주민자치센터 내, 아파트 경로당에 나눔 냉장고를 설치했다. 특히 아파트의 부녀회에서는 나눔 냉장고를 계기로 경로당에 나오지 못하는 이들을 위해 먹거리를 소분하여 직접 나누어 주는 일을 했고, 경로당에서 한 달에 한 번 제공하는 식사를 늘렸다. 이를 계기로 마을 사람들이 서로의 사정을 살필 수 있었다. 구도심에는 나눔 냉장고를 계기로 소외된 이들이 지역사회에 작게나마 참여하는 기회로 삼기를 기대하면서 소통협력센터와 학교 밖 청소년 문화공간에 설치했다. 소통협력센터에 설치된 나눔 냉장고는 이주노동자를 돕고 있는 나오미 센터와 연계하여 나눔 대상자를 찾았다. 이주노동자들은 소통협력센터의 나눔 냉장고를 이용하면서 이웃들과 교류할 수 있는 계기를 마련했다. 학교 밖 청소년들을 위해서는 한살림제주 매장의 농지에 공동체 텃밭을 조성하여 활동할 수 있는 프로그램을 만들기도 했다(한살림제주, 2022; 윤형근, 2023; 이현진·김홍주, 2024).

7. 먹거리 돌봄의 함의

1) 이웃을 돌아봄, 커먼즈의 생성

누구도 배제해서는 안 되는 생존의 필수 요소가 커먼즈라면, 먹거리 자체가 커먼즈일 수 있다. 현재 먹거리 체계는 먹거리를 상품으로 유통하고 소비하며 소득이 없는 이들은 먹거리 관련 복지 제도를 통해 먹거리 문제를 해소하고 있다. 그러나 코로나19를 세기로 먹거리 위기가 심해지면서 복지 사각지대에 놓인 이들에게 정책적 지원이 제대로 닿지 못하고 있다. 이런 상황에서 먹거리를 매개로 돌봄을 시도하는 실험들이 등장하고 있다. 다름 아닌 청년 식당, 나눔 냉장고 등이 그 사례이다. 코로나 이전부터 존재해 온 사례이지만 코로나를 계기로 먹거리 돌봄의 중요성이 더욱더 강하게 두드러졌다.

먹거리 돌봄은 이웃을 돌아보면서 생겨났다. 코로나19가 확산했을 때 정부와 지자체는 공공시설을 먼저 폐쇄했으며 공공 무료 급식소, 푸드뱅크도 폐쇄했다. 노인정에서 어르신들이 함께하던 식사도 중단했고 지역아동센터의 급식 제공도 중단했다. 그러나 먹거리가 필요한 이들은 분명히 존재한다. 이러한 상황에서 먹거리 돌봄은 이들을 돌보기 위한 자발적 활동으로 등장했다. 청년 식당은 코로나 때문에 등교하지 못해 학교급식을 제공받지 못하고 굶는 아이들을 위해 도시락을 배달하기 시작하면서 만들어졌다. 그리고 한살림제주 생협의 나눔 냉장고를 통해 이주노동자들이 지역사회와 교류할 수 있는 계기를 마련하였다. 이웃과 주변을 돌아보면서 지역 먹거리 문제를 알아보게 되고 이를 해결하기 위해 다양한 방식으로 이들을 돌보면서 먹거리는 커먼즈가 되고 있다.

중요한 것은 먹거리 돌봄이 그동안 미처 돌아보지 못한 이들을 돌봄 대상으로 확장했다는 점이다. 복지의 사각지대에 있는 사람들인 먹거리신빈곤층을 지역사회에 드러나게 한 것이다. 청년 식당은 혼자 밥을 챙겨야 하는 1인 가구에서 유학생, 다문화 가정, 장애인, 은둔 청년, 연고 없는 청년 등이 함께 식사할 수 있도록 프로그램을 진행하고 있다. 먹거리 돌봄을 통해 먹거리신빈곤층과 같이 그동안 알아보지 못한 이웃들의 사정이 지역사회에 드러난 것이다.*

---

* 청년 식당 외에도 공동체 식당 사례는 어린이 식당이나 마을 부엌(또는 공동체 부엌)도 존재한다. 이 사례에서도 돌봄 대상의 확장을 확인할 수 있다. 예를 들어 마을 부엌의 한 사례인 서울의 갤러리카페 봄봄은 부엌이 없어 조

돌봄의 공간들

2) 돌봄 주체의 재구성

일반적으로 복지는 전문가가 제공하는 영역이라는 인식이 강하다. 그러나 먹거리 돌봄은 국가가 인증한 자격증이 없어도 복지 전문가가 아니어도 지역 이웃들을 돌봄 주체로 등장시켰다. 나눔 냉장고는 시민들이 자발적으로 먹거리를 기부하면서 돌봄을 실천한다. 나눔 냉장고를 관리하는 일도 큰일이기에 자원봉사자들이 이에 나서고 있다. 수원의 공유 냉장고 사례에서는 '공유 냉장고 시민 네트워크'까지 만들면서 체계적으로 운영하고 있다. 2023년에는 먹거리 기부조차도 외부 의존보다 마을 내 자원을 통해 대부분 이루어지고 있다. 공유 냉장고를 계기로 마을 내 먹거리 관계망이 형성된 것이 무엇보다도 중요하다(고경호, 2023: 64). 한살림제주 생협은 조합을 넘어서 지역사회와 함께하기 위해 한살림제주 모심회를 만들어 회원의 영역을 지역사회로 넓혔다. 먹거리 관계망에 연결된 시민들이 먹거리 돌봄의 주체가 된 것이다.

공동체 식당도 동네 주민들이 돌봄 주체가 되어 이웃의 어린이들을 돌보는 사례이다. 청년 식당은 학교 밖 청소년들이 도시락을 만들어 어려운 이웃에게 전달하고 있다. 음식을 준비하는 이들

리나 식사에 어려움을 겪는 인근 고시원 거주자들과 월 1회 이웃 나눔 밥상을 실천하고 있다(김소연·김순영, 2019: 139).

은 특별한 재능이 없어도 자신이 할 수 있는 만큼 조리를 담당하고 있다. 복지 영역에서 이들은 돌봄의 대상이었지만 청년 식당에서는 돌봄 주체로서 활동하고 있다. 청년 식당의 사례처럼 돌봄의 수혜 대상으로 바라보았던 이들이 먹거리 돌봄의 새로운 주체가 되기도 했다.

3) 먹거리를 커먼즈로 만드는 돌봄의 성격

국가의 제도적 복지는 복지 전문가가 돌봄서비스를 취약계층에 일방적으로 제공한다. 그러나 먹거리 돌봄은 수혜와 시혜를 넘어 상호적으로 주고받는 서로돌봄을 지향한다. 서로돌봄을 통해 지역사회의 일원으로 살아간다는 긍정적 의의가 부여된다. 서로돌봄은 청년 식당, 나눔 냉장고에서 공통으로 확인할 수 있다.

청년 식당에서는 동네 주민들과 청년들이 서로 어울려 함께 식사하면서 관계를 형성한다. 이 관계는 결코 일방적이지 않다. 청년들 역시 공유 주방에서 함께 식사하는 동시에 재미와 공감, 힘듦을 서로 나누고 있다(노동영, 2023: 81). 또한, 청년 식당은 지역 어르신에게 도시락을 전달할 때도 자활에 참여하는 이들이 돌봄 주체가 되는 방식을 고려했다. 나눔 냉장고의 경우 먹거리를 가져갔던 이들이 나눔 냉장고에 기부하기도 한다. 이를 통해 수혜자로만 남아 있는 것이 아니라 어떤 식으로든 다른 이들을 돌보고 있음을 확인할 수 있다. 한살림제주는 일방향적인 돌봄이 아니라 서로돌봄을 위해 돌봄 사업의 방향성을 재검토했다. 서로돌봄은 시민들의 자발성에 근거한다. 먹거리를 기부하는 것도 도시락을 만드는 것도 도시락을 전달하는 것도 함께 식사하는 것도 모두 자발적으로 모였기 때문에 가능한 것이었다.

서로돌봄이 중요한 것은 그것이 '자기돌봄'의 토대가 되기 때문이다. 시민 공동체에 의한 먹거리 돌봄은 노인들의 정서적 고립감을 해결하는 데 도움을 준다. 정해진 시간에 마을 부엌에서 함께 식사한다는 것 자체에는 나름의 중요한 의미가 있다. 함께 식사하면서 노인들은 식사 배식 자원봉사를 한다. 무료 급식소의 단순 수혜자가 아닌 서로돌봄을 수행히는 동시에 자신감을 회복하며 자신을 돌보는 활동을 하는 것이다(김소연·김순영, 2019: 145). 먹거리 돌봄과 먹거리 관계망 속에서 지역사회의 일원으로 자기 존재를 긍정하게 되는 것이다.

4) 다양한 먹거리 돌봄의 공간

먹거리 돌봄을 통해 다양한 '돌봄 공간'이 만들어지고 있음을 확인할 수 있다. 국가의 제도적 복지는 주로 지정된 복지시설에서 시행되고 있다. 그러나 먹거리 돌봄은 공동체 식당에서도, 공유 부엌에서도, 나눔 냉장고에서도 이루어질 수 있다. 복지시설에서 벗어나 지역사회 구석구석이 돌봄 공간으로 활용될 수 있다. 공동체 식당은 개인 주택에서 공공시설까지 매우 다양한 곳에서 운영되고 있으며 '환대와 돌봄, 고립되지 않은 공간'을 지향하고 있다. 청년 식당 역시 이러한 지향을 유지하면서 시민들의 접근성을 위해 비싼 임대료를 지불하고 있다. 나눔 냉장고 역시 행정복지센터 같은 공공시설만이 아닌 다양한 공간에 설치되고 있다.

먹거리를 매개로 시민들이 자발적으로 서로돌봄을 실천하는 돌봄 공간은 지역에서 관계망 형성의 토대가 되는 동시에 공동체의 자산이 되고 있다. 이와 관련하여 청년 식당이 먹거리 돌봄을 통해 지역 순환 먹거리 체계를 구축하고 있다는 점에 유의할 필요가 있다. 나눔 냉장고 역시 지역 자원들을 활용하여 먹거리를 조달하는 경향을 보인다. 세계 식량 체계 안에서 지역의 관계 시장을 형성하여 지역 순환 먹거리 체계를 구축하려는 시도는 주목할 필요가 있는 논점이다. 지역 농산물을 사용하고 시민들이 기부에 참여할 때 먹거리 돌봄의 매개가 되는 먹거리는 더는 상품이 아니게 된다. 중요한 것은 지역 순환 먹거리 체계에서 먹거리 돌봄 공간은 지역 먹거리의 소비와 돌봄이 동시에 이루어지는 곳이기에 공동체 자산으로 기능할 가능성이 크다는 점이다.

5) 커먼즈 기관과 공공 협력

돌봄 기반 먹거리 커먼즈 체계, 먹거리를 커먼즈로 만드는 돌봄은 지역에서 살아가는 각각의 취약계층, 먹거리신빈곤층이 누구이며 이들의 필요가 무엇인지를 알 때만 가능할 수 있다. 먹거리를 커먼즈로 만드는 돌봄에는 취약계층 주민을 포함하여 지역에서 제공할 수 있는 먹거리 및 이러한 먹거리를 제공하는 방법 등과 같은 지역 현실을 잘 아는, 지역사회 구성원의 참여가 필수적이다. 먹거리 돌봄을 실천하는 데 지역의 시민 공동체에 참가하여 활동해야 것은 이 때문이다.

먹거리 돌봄은 지역에서 돌봄이 있어야 하는 주민과 이러한 주민을 돌보는 시민 공동체 구성원 사이의 상호 관계의 발전을 노노한다. 이러한 발전은 지역의 먹거리신빈곤층에 관심을 갖고서 이들을 시민 공동체가 함께 돌보기 위한 협력의 제도를 만드는 것에서 시작한다. 이는 협력을 제도화하여 먹거리를 제공하는 먹거리 커먼즈 기관, 이른바 지역 혁신 기관이 없다면 가능하지 않다. 이러한 지역 혁신 기관으로서의 커먼즈 기관의 역할은 나눔 냉장고의 사례에서 중요했을 뿐 아니라(고경호, 2023: 70), 청년 식당에서도 마찬가지로 중요했다.

먹거리를 제공하기 위해 지방자치단체 등의 공공 영역과 협력하는 체제를 갖추어야 하는 경우도 많다. 취약계층에 제공하는 먹거리가 공공성을 띠는 커먼즈라는 점에서 공공 영역의 지원은 바람직할 수도 있다. 그러나 이러한 지원 이전에 자율성이 있는 먹거리 커먼즈 기관의 활동과 존재가 전제되어야 한다. 즉 공동체의 지지가 선행되어야 할 것이다. 그다음 먹거리 돌봄 활동을 실질적으로 지원하기 위한, 커먼즈 기관과 공공 영역의 '공공 협력(public-commons partnerships)'이 이루어질 때 공공 영역의 지원은 비로소 유의미할 수 있다. 먹거리 커먼즈 기관의 존재와 활동이, 국가 복지를 통해 먹거리라는 공공재를 공급하는 것이 아니라, 먹거리 돌봄의 실천을 통해 먹거리를 커먼즈로 공급하기 위한 전제이기 때문이다. 국가 복지 차원의 공공성과 먹거리 돌봄이 구현하는 공공성의 차이가 여기에 있다.

8. 먹거리를 커먼즈로 만드는 돌봄

먹거리 돌봄은 이웃을 돌아보는 자발적 활동에서 시작하여, 지역사회의 먹거리 문제를 해결하고 커먼즈를 형성하는 새로운 관점이다. 청년 식당과 나눔 냉장고 사례는 먹거리 돌봄을 통해 먹거리가 커먼즈로 된다는 것을 보여준다.

먹거리 돌봄은 공동체 돌봄의 성격이 있으며, 국가 복지를 먹거리 영역으로 확장하는 것과 다르다. 첫째, 이웃의 역할이 확대되면서 전문가가 아닌 지역 주민들이 먹거리 돌봄의 주체가 되었기 때문이다. 지역의 사정을 소상히 알고 있는 시민 공동체가 국가 복지의 사각지대에 있는 주민들에게 관심을 가지고 먹거리 돌봄을 실천하는 것이 먹거리 커먼즈의 필요조건이다. 둘째, 소득 외에도 다양한 요인에 의해 발생하는 먹거리신빈곤층을 인식하게 되었기 때문이다. 먹거리 돌봄은 복지 사각지대에 있는 먹거리신빈곤층도 지역에서 함께 살아가는 구성원임을 드러냈다. 또한 먹거리 돌봄은 서로돌봄을 통해 자신감을 회복하고 스스로를 돌볼 수 있게 하면서 먹거리신빈곤층이 먹거리 관계망 속에서 지역사회 일원으로 자신의 존재를 긍정하게 하는 효과가 있음을 보여주었다. 셋째, 지정된 복지시설을 넘어 다양한 공간에서 이루어졌기 때문이다. 이러한 공간들은 지역 내 관계망을 형성하고 공동체 자산으로서 중요한 역할을 하고 있다. 분명한 것은 먹거리 돌봄이, 지역에서 먹거리 돌봄이 필요한 주민은 누구인지, 이러한 돌봄을 위해 동원할 수 있는 자원은 무엇인지 등을 포함한 지역에 관한 관심과 사랑이 없다면 가능하지 않다는 점이다. 이와 같이 지역에 관한 관심과 사랑이 바탕이 된다는 점에서 먹거리 돌봄은 세계 식량 체계하에서 일반적으로 수익을 창출하기 위한 상품으로서 먹거리를 이해하는 것과는 분명히 구분된다.

이 글에서 살펴본 사례는 공통적으로 '먹거리는 상품이 아니[라]'

는 이해를 바탕으로 먹거리 돌봄을 구체적으로 실천해 온 현장이었다. 삶을 살아가는 데 상품이기만 해서는 안 되는, 그로부터 누구도 배제되어서는 안 되는 커먼즈의 대상을 먹거리 돌봄으로 확장하였다. 기존과는 다른 먹거리 인식을 바탕으로 먹거리 돌봄을 실천해 왔다는 점에서, 이 사례들은 분명 세계 식량 체계가 초래한 먹거리 안전, 먹거리 위기에 대한 대안을 모색하고 실천한 활동이었다. 물론 돌봄 기반 먹거리 커먼즈 체계는 세계 식량 체계를 대체하는 것이 아니라 지구화된 먹거리 체계를 '재지역화'하는 식으로, 세계 식량 체계의 일부를 지역에서 전환하는 것을 의미한다. 물론 지구화된 먹거리 체계의 재지역화에 대한 구상은 푸드플랜과 같은 먹거리 대안 운동에서도 확인할 수 있지만(송원규, 2020: 128-129), 유의할 것은 여타의 재지역화와 돌봄 기반 먹거리 커먼즈 체계에 입각한 재지역화는 초점이 다르다는 점이다. 핵심적 차이는 전자가 먹거리를 상품으로 이해하면서 경제적 생산과 소비를 증진하는 데 초점을 맞추는 것과 달리, 후자는 먹거리 돌봄을 필요로 하는 주민과 이들을 돌보는 시민 공동체 구성원들 사이의 관계를 심화하는 동시에 먹거리의 생산·유통·가공·소비의 통합적이고 상호적인 순환 체계를 만드는 데 초점을 맞춘다는 점이다. 이것이 공동체 돌봄에 바탕을 둔 먹거리 커먼즈 체계가 세계 식량 체계에 대한 대안의 모색이자 실천이라는 의미가 있는 이유이다.

분명한 것은 코로나19 이후 먹거리신빈곤층을 포함한 먹거리 취약계층의 먹거리 위기가 더욱더 심각해졌다는 점이다. 먹거리 돌봄이 한층 더 필요해진 것은 이 때문이다.

제3부

돌봄을 확장하다, 미래를 상상하다

— 존중, 연대, 자유를 위한 감각

세3부는 '돌봄을 확장하다, 미래를 상상하다 : 존중, 연대, 자유를 위한 감각'이라는 주제로 한 글들을 묶었다. 제8장에서 송재홍은 힙합 문화에서 래퍼들이 실천하는 '리스펙트(respect)'의 표현을 통해 돌봄을 재정의하고자 한다. 제9장에서 한경애는 일본 도쿄에서 실험된 공동육아 커먼즈인 〈침몰가족〉 사례를 통해, 억압적 제도와 가족주의를 넘어서는 새로운 상호 의존과 돌봄의 인프라를 상상할 수 있는 가능성을 탐색한다. 제10장에서 손수경은 2018년 이후 중국 미투 운동에 참여한 청년 여성들의 실천을 통해, 돌봄을 기존의 의학적·가족주의적 틀에서 벗어나 상호 의존과 연대의 정치로 확장해 해석한다.

존중(respect)이라는 돌봄

─ 래퍼가 만드는 관계의 공간들

송재홍

1. 존중으로 돌봄을 다시 보기

전 세계 힙합 문화에서 래퍼들이 자주 주고받는 '리스펙트'라는
표현은 단순한 인사 이상의 무게감이 있다(Condry, 2006; Pardue, 2008;
Morgan, 2009; Lee, 2016; Song, 2019). 존중(respect)은 래퍼들 사이에서 일
종의 선물처럼 작동한다. 무대나 작업실, 혹은 또 다른 현장이나
작품 속에서 래퍼들은 서로를 '리스펙트'하거나 '디스(diss)*함으로
써 자신과 타인의 존재를 빚어낸다. 필자는 이 글에서 '돌봄의 공
간들'이라는 문제를 '존중의 공간들'이라는 문제로 바꾸어 묻고자
한다. 누군가를 존중한다는 것은 돌본다는 것과 어떻게 연결되는
가? 그러한 존중의 실천은 어디서 어떻게 가능한가?

돌봄(care)에 대한 논의는 오랫동안 가려져 있던 사회적 실천들
—재생산, 감정노동, 그림자 노동, 요양, 관계의 유지 등등—에 주

---

* 디스(diss)란 '디스리스펙트'(disrespect)의 줄임말로, 힙합 문화 내에서 힙합
인들이 각자의 가치관에 따라 옳지 못하다고 여겨지는 특정 상대방에 대해
공격적으로 실토하는 행위를 뜻한다. 디스전(diss war)은 그러한 태도와 행
위들이 마치 하나의 전쟁처럼 벌어지는 일련의 사건을 뜻한다.

목해 왔다. 그러나 여기에는 그만큼 중요한 또 다른 행위 유형이 추가되어야 한다. 그것은 바로 관계를 생산하는 표현이다. 물론 여기서 관계가 단지 연극적 행위로 만들어 내는 사교적 관계에 국한되어 읽히면 곤란하다. 힙합에서 표현은 창작이나 공연에 국한되는 것이 아니라, 실존적인 자기 진술과 타자와의 관계를 생산하는 기술이라 할 수 있다.

오늘날 래퍼들은 항상적인 경쟁 상태에 놓인 채 존중을 '획득'해야 하면서도 서로 간에 존중을 '표현'해야 하는 독특한 실천적 갈림길에 서 있다. 한편으로 래퍼는 공격과 회피를 반복하는 경기장에서 살아남는 자만이 존중의 자격을 얻는다는 규칙을 체화하지만, 다른 한편으로 프리스타일 랩 사이퍼(cipher)*와 같은 공간은 래퍼들이 상호 인정의 표현 기술을 숙련하고 극대화하는 현장이 된다. 여기서 존중은 타인을 환영하면서 자기 자신을 드러내는 섬세한 행위로 실천된다.

그렇기에 래퍼는 후기 자본주의사회에 이르러 타자를 인정하는 기술의 가치가 중요하게 고려되지 않는 작금의 현실(세넷, 2004)에 새로운 시각을 던져 주는 발견적 존재로 자리매김할 수 있다. 대

---

* 사이퍼는 특정한 공간에 여럿이 둥그렇게 모여 랩이나 춤의 즉흥적인 프리스타일을 펼치는 행위이다.

중매체는 래퍼를 자기 소신을 솔직하게 밝히는 멋진 캐릭터로 비추곤 한다. 하지만 이렇게 자존을 뒷받침하는 것은 관습에서 종종 벗어나는 공격적이고 종잡을 수 없는 성격이다. 대중은 래퍼들의 솔직함에 매력을 느끼면서도 그들의 우발적 성격이 예의가 없다고 느끼기도 한다. 그래서 래퍼들에게 존중이 중요한 도덕적 문제라는 사실은 다소 역설적인 현상처럼 보인다. 하지만 어쩌면 이는 존중 자체가 현실에서 역설적인 문제가 되었기 때문일 수도 있다. 가령 봉준호 감독의 영화 〈기생충〉(2019)이 오늘날 한국 사회에서 집단 간의 존중이 얼마나 어려운지를 여실히 보여주었듯 말이다. 만나 본 적도 없는 대기업 총수들을 향해 '리스펙트'를 외치는 동시에 서울 지하철 1호선에서 풍기는 악취에 눈을 흘기며 원인을 찾는 우리의 일상 속에는 〈기생충〉의 그림자가 드리워져 있다. 어쩌다 우리는 존중의 대상을 이렇듯 차별적으로 고려하기에 이르렀을까? 애초에 존중의 성격 자체가 '높고 낮음' 또는 '향기와 악취'와 같은 위계적 구별이나 질적 차이를 전제하는 것일까?

　한자어 존중(尊重)에는 '상대를 높이어 중히 여긴다.'는 뜻이 강하지만, 영어 존중(respect)에는 '돌아보다 또는 다시 보다'라는 행위가 자리하고 있다. 돌아보는 행위는 수직적으로 나보다 높은 존재를 공경하거나(존경) 나보다 힘들고 연약한 존재를 중히 여기는(보살핌) 뜻과 더불어, 수평적으로 고개를 돌려 타인을 다시 보는 행위까지 포함한다. 실은 尊重(존중)이라는 한자어와 care라는 영어를 차치하자면 '거듭 돌아보는' 몸짓이야말로 돌봄의 원천이라 할 수 있다.*

이 글은 돌봄의 의미를 존경과 보살핌의 영역까지 포괄하면서 더 넓게 확장하고자 한다. 이를 위해 돌봄-리스펙트-케어의 의미론적 삼각관계 속에서 '돌봄의 공간'을 어떻게 새로운 대안 공간으로 상상할 수 있을지를 고려해야 한다. 특히, 이는 사회적 관계를 만들어 냄으로써 모종의 가치를 생산하는 돌봄의 '표현' 영역을 발굴하기 위함이다. 이와 관련해서 필자는 석사 논문을 작성하기 위

---

* 과학철학자 해러웨이(Donna Haraway)는 '반려종'이란 개념을 발명하기 위해 반려(companion)와 종(species)의 어원을 탐구하면서 반려종을 위한 윤리로서 '존중'을 발견한다. 영어권에서 종은 '보다, 응시하다'라는 뜻의 라틴어 스페체레(specere)에 뿌리를 둔다. 그녀는 철학자 데리다(Jacques Deridda)가 자신을 빤히 바라보는 작은 고양이의 시선으로부터 내린 결론, 즉 인간은 자신의 반려묘를 '어떻게든 다시 봐야 한다는 응답의 윤리를 육성하는 존재'로 이해할 수 있음을 언급하면서, 스페체레에 '다시, 거듭'이라는 접두사 're'가 붙은 레스페체레(respecere)에 주목하여 종과 종이 만날 때 중요한 윤리로서 '존중하기(repsect)'를 제시한다(해러웨이, 2022[2008]: 16-23). 사회철학자 프롬(Erich Fromm)은 인간의 부모 자녀 관계에서 '사랑'이라는 이름으로 나타나는 존중의 두 의미(권위적 의미와 관계적 의미)를 다루면서, 권위와 위계에 기반한 존중만으로는 부모 자녀 간의 사랑이 제대로 표현되지 못하고 관계가 병들 수밖에 없음을 논증했다(프롬, 2009[1956]: 47). 이처럼 인간과 비인간이 하나의 종 안에서나 종과 종 사이에서 서로를 돌보는 문제는, 사회에서 다소 필연적인 위계의 작동과 함께 끝없이 서로를 '다시 보는' 존중의 문제로 파악될 수 있다.

돌봄의 공간들

해 2021년 초부터 2022년 초까지 대구에서 활동하는 래퍼들과 함께한 현장 연구, 그리고 한국 힙합에서 나타나는 존중의 표현 문제를 사례로 살펴보고자 한다.

2. 한국 힙합에서 나타나는 존중의 이중성

최초의 한국 힙합 다큐멘터리 영화 〈투올드힙합키드〉(2011)의 감독 정대건은 한 인터뷰에서 한국 힙합의 담론 속 존중이 어떻게 '얻어 내야만 하는 것'이 되고 있는지 이야기한다. "힙합에서는 열심히 노력하는 만큼 벌고 성공하는 것을 미덕으로 여긴다. 시간 낭비나 게으름을 죄악시하는 래퍼들은 아무것도 없는 밑바닥에서 내 힘으로 일궈 냈다는 가사를 많이 쓴다. (…) 끊임없이 자신의 성공을 노래하는 힙합에 불공정한 출발선은 지워져 있다. 오히려 불공정한 출발선에서 이뤄 낸 자수성가를 예찬한다." 그는 한국 힙합의 '능력 만능주의적인 면모'가 사회적 곤궁에 처해 있는 다른 래퍼들에 대한 존중을 어렵게 만들고 있음을 지적한다. "아무것도 없는 밑바닥에서 성공을 이뤄 낸 사람의 사례는 충분히 존중받아 마땅하나, 모두에게 '너도 똑같이 하면 되잖아.' 하고 말하는 것은 문제가 있다."[*]

2018년에는 유명한 한국 래퍼 12명이 참여한 다큐멘터리 영화 〈리스펙트〉가 방영되었다. 영화에 출연한 래퍼 타이거 JK는 힙합에서 중요한 가치인 '리스펙트'가 팬과 스타의 관계처럼 위계적인 존중("팬이에요, 존경해요.")보다는 평등한 관계에서 나타나는 래퍼 간의 '서로에 대한 존중'이라고 이야기했다. 그렇다고 해서 래퍼 간의 존중이 자연스럽게 일어나는 건 아니다. "누군가와 악수를 주고받는다면 '당신을 존중한다는 뜻도 있지만, 내가 그런 만큼 날 존중하는 게 좋을 거야.'라는 의미, 다시 말해 '까불지 말라는 뜻'이기도 하다."[**]

정대건과 타이거 JK에 따르면, 힙합에서의 존중은 한편으로 위계 경쟁을 통해 개인이 얻어 내야만 하는 것이면서도, 다른 한편으로 상호 간의 대화적 교환으로 시작해야만 하는 것이다. 한국 힙합을 평론하는 작가 김봉현은 '존중의 이중성'에 대해 다음과 같이 설명한다. "힙합이 존중과 무례(disrespect)라는 두 가지 성향을

---

* 《한겨레》, '[삶의 창] 힙합과 능력주의의 연결 고리' 2021. 05. 07일자, https://www.hani.co.kr/arti /opin ion/column/994281.html (2023.01.05. 접속)

** 《중앙일보》, "리스펙트가 뭐냐고 타이거 JK에게 물어보니…" 2018. 11. 28일자, https://www.joong ang.co.kr/article/23161651 (2023.01.05. 접속)

동시에 지니는 것은 모순이 아니다. 이 둘은 마치 동전의 앞뒷면 같다. 어떤 래퍼가 누군가를 '디스'했다고 치자. 이유는 자신의 확고한 기준을 상대방이 위배했기 때문이다. 그렇다면 반대로 자신의 확고한 기준을 잘 지켜 내고 있는 사람을 그 래퍼는 어떻게 대하겠는가? 적극적으로 '리스펙트'하게 되지 않을까. 실제로 무례한 래퍼들은 존중하는 대상도 뚜렷한 경우가 대부분이다."* 그는 래퍼가 서로를 깎아 내리는 이유는 래퍼마다 기준이 다르기 때문이라고 설명한다. 디스의 이유는 곧 존중의 이유이다. 이때 래퍼는 자기만의 소신으로 무장한 '솔직한 개인'을 표상한다. 힙합과 랩의 솔직함이라는 형식이 래퍼 사이에서 존중과 무례를 모두 일으켜도 래퍼들은 결국 도덕적 평형을 이룰 것이다.

이 같은 논지에 따르면 래퍼의 무례가 낳는 갈등은 또 다른 존중으로 등가 교환되어 해소될 수 있다. 하지만 한국 래퍼에 관한 사회학적 연구들에 따르면, 래퍼의 소통은 주로 경쟁과 갈등, 차별과 배제 등의 타자를 존중하지 못하는 폭력적인 모습으로 나타나고 있다(김인숙·하홍규, 2020; 김수아·홍종윤, 2017; 성연주·김홍중, 2015). 사태가 이렇다는 것은 래퍼의 소통에서 존중이 표현의 영역에서

---

* 《오마이뉴스》, "음악평론가 김봉현, '왜 힙합이 대중화돼야 하나'" 2014. 08. 31일자, http:// omn.kr/a17q (2023.01.05. 접속)

제8장/ 존중(respect)이라는 돌봄

활성화되기보다는 서로 쟁취하기 위해 경쟁하는 영역에서 활성화되고 있음을 방증한다. 도덕적 평형은 자연스럽게 이루어지지 않는다.

우리는 힙합 문화에 대한 긍정이나 부정에 치우치는 것을 유의하면서도 래퍼들이 존중과 관련해 구체적으로 어떠한 곤궁에 처해 있으며 그것에서 벗어나거나 그것을 바꾸기 위해 어떤 노력을 하고 있는지 파악할 필요가 있다. 이 탐색은 단순히 미국의 힙합 문화를 한국 사회의 정서에 맞게 번역하는 일로 수렴되지 않고, 현대인이 자신과 타인을 돌보고 존중하는 대안의 방식을 힙합과 래퍼의 실천으로부터 찾는 것으로 확장될 수 있다. 래퍼들이 타인을 대하는 태도에서 보이는 존중과 비존중의 미묘한 결합은 오늘날 우리가 맺는 인간관계 전반에서도 나타나기 때문이다.

힙합의 발원지, 미국의 게토 중 하나인 시카고의 카브리니 그린(Cabrini Green) 공공주택 단지에서 자라나, 이후에 교수가 되면서 급격한 계급 상승을 경험한 바 있는 사회학자 리처드 세넷은 자신의 생애 궤적에서 그리고 현대 일상의 여러 측면에서 나타나는 '존중의 품귀 현상'에 주목했다.

존중의 결여는 드러내 놓고 하는 모욕보다 덜 공격적이기는 하지만 똑같은 상처를 줄 수 있다. 상대방에게 어떤 모욕도 하지 않지

돌봄의 공간들

만, 그렇다고 인정하지도 않는다. 상대방은 보이지 않는다. 한 사회가 소수만을 선별해 인정하고 다수 대중은 이런 식으로 대우하는 경우에, 그 사회에는 마치 존중이라는 소중한 물질이 모두에게 고루 돌아가기에는 충분하지 못하다는 듯이 존중의 품귀 현상이 창출된다(세넷, 2004: 16).

그는 현대사회의 지배적인 관념, 즉 '상대방을 동등한 존재로 대우함으로써 서로에 대한 존중을 확인한다는' 관념만으로는 이러한 문제가 해결되지 않음을 지적한다. "현대사회를 살아가는 사람들은 대부분 (여러 다양한 불평등의) 경계선을 넘어서 서로에 대한 존중과 인정을 전달하지 못한다." 요컨대 현대사회에는 나와 동등하지 않은 다른 사람을 존중하고 인정해 주는 적극적인 표현이 결여되어 있다(ibid: 12).[*]

존중을 강조하는 힙합 문화에서 래퍼들은 관습적으로 자신의 곡에 선배와 동료를 언급함으로써 그들에 대한 존중을 표현한다(김봉현, 2017). 하지만 세넷의 지적과 마찬가지로 래퍼들도 '존중받을 만한 자격'이란 관념을 체화하고 있다. 특히, 랩 대결을 즐기는

---

* 세넷이 어쩌다 신자유주의적 자본주의 사회에서 나타나는 불평등에 의한 존중과 협력의 축소와 그 재발명에 주목하게 되었는가에 대해서는 다음을 참고하라(김홍중, 2013: 7-13; 유승호 2015).

래퍼들은 존중을 언쟁의 매개체로 삼기도 한다. 랩 대결은 패배의 위험을 동반하지만, 승리한다면 래퍼는 존중을 얻게 된다(브래들리, 2017: 259). 그런데 존중 자체가 귀중해지면 '존중의 이중성이 자연스럽게 균형이 맞춰지는 현상'은 일어나기 어렵다. 존중받을 만한 소수가 되지 못한 다수는 오히려 '누군가를 모욕하고 경멸하면서 나의 존재감을 확인하는 모멸의 감정'을 느끼기 쉽다(김찬호, 2015). 이러한 맥락에서 래퍼들이 말하는 존중은, 솔직함과 자수성가(self-made)라는 '갈등과 경쟁의 당위성'이나 타이거 JK의 생각에서 엿보이는 상호 인정을 기반으로 한 '대화와 협력의 필요성'이 뒤엉킨 모습으로 나타난다.

이렇듯 모순적인 존중의 한 측면을 더 명확하게 보여주는 것이 바로 래퍼들의 디스전이다. 디스전은 래퍼들이 참여하는 일종의 결투장이 되고 미디어를 통해 대중들은 손쉽게 스펙터클의 관중이 될 수 있다. 디스전의 결과에 따라 승패가 결정되며 그에 따른 상징자본의 획득이 결정된다. 이로써 상대에게 얼마나 심한 무례를 범했건 간에 존중받을 만한 대상과 존중받을 필요가 없는 대상이 정해진다. 반면에 사이퍼는 디스전과 똑같은 랩 대결의 범주에 속하지만, 더 유연하고 개방적인 형식을 취하며 '존중의 테크닉'을 필요로 한다. 물론 사이퍼도 끝에 이르렀을 때 누가 더 잘하고 못하는 지가 정해지긴 하나 디스전과는 전혀 다른 맥락에서 존중이

제 역할을 한다. 사이퍼는 상대에게 무례를 범하지 않는 선에서 (범하더라도 선 안으로 다시 되돌아오는) 재치와 유머를 활용하여 참여자 전체가 즐거운 상황을 도출하는 것이 중요한 데, 이때 갈등을 다른 무엇으로 전환하는 이차 표현들이 요구된다(송재홍, 2024). 이처럼 사이퍼와 디스전을 비교할 때 나타나는 차이에서 우리는 '얻어내야만 하는 존중'과 '표현해야만 하는 존중'을 파악할 수 있다.

그런데 존중이라는 동전의 양면은 한국 힙합의 양분된 시공간을 따라 정해지는 경향이 있다. 존중의 이중성을 분석하기 위해서는 래퍼들의 실존이 위치한 이중적 시공간을 따라가야만 한다.

3. 힙합장과 힙합씬

오늘날 대구에서는 사이퍼와 더불어 언더그라운드 랩 공연이 꾸준하게 열리고 있다. 공연장 클럽 헤비(Club Heavy)에서 열리는 힙합트레인(Hip-Hop Train) 공연은 20년이 넘는 역사를 자랑하며 지역의 상징으로 살아 있기까지 하다. 대구의 국채보상운동기념공원(이하 '국채보상공원')은 2000년도부터 언더그라운드 래퍼들이 둥글게 모여 사이퍼를 즐기는 장소로 자리매김한 지 오래다. 대구에 힙합씬이 자리 잡는 역사적 과정에서 대구 래퍼들은 두 층위의 '힙합 무대'를 인식해 왔다. 하나는 주로 〈쇼미더머니〉와 온라인 소통으로 확장되고 투명해지는 디지털 매체의 장이고, 다른 하나는 래퍼들 자신이 살아가는 동네 환경과 그곳에서 나타나는 씬이다. 대구 래퍼들은 한국 힙합장과 대구 힙합씬을 동시다발적으로 인식하고 경험할 수 있다. 대구 래퍼들이 처한 상징적 배경은 이 두 층위의 무대에서 굴절되어 나타난다.

　이 글에서는 '힙합장(hip-hop field)'과 '힙합씬(hip-hop scene)'을 구분한다. 이러한 구분은 사회학적 개념 틀을 비판적으로 재구성한 것이다. 요컨대 힙합장은 사회학자 에밀 뒤르켐과 피에르 부르디외를 따라, 힙합 문화를 실천하는 행위자들이 구성한 독특하고 자율적인 사회 공간이자 그곳에 참여한 래퍼들이 끊임없는 경쟁을 통해 획득한 상징자본의 함수로 재현된 사회 공간을 가리킨다(성연주·김홍중, 2015: 173). 반면 '힙합씬'은 래퍼들의 수사적(rhetoric) 표현으로 남겨진다. 하지만 본 연구에서 힙합씬은 수사뿐이 아닌, 래퍼들의 실제 생활세계를 반영한 사회 공간을 포함한다. 대구를 비롯한 전 세계 젊은이들은 일련의 음악 창작, 연습, 공연, 음반 발매 등의 행위들로 도시 곳곳을 채우고 있다. 지역 예술가들의 음악적·문화적 실천에 관한 연구들은 이들의 역사적 '흐름'을 연구 주제로 삼기 위해 '무대'라는 은유를 활용하여 실천이 일어나는 구체적 장소들을 '씬(scene)'이라고 명명했다(Bennett·Peterson, 2004). 이로써 래퍼가 힙합과 관련하여 주로 '인식하고 인식되는 사회 공간'과

'살아가는 사회 공간'의 상징적 층위를 구분하되 둘을 동시에 포착하려는 것이다. 이러한 구분은 디지털 매체 기술이 일상생활 세계 곳곳에 깊숙이 침투하면서 전 세계가 '이미지'를 통해 확장하는 현실에서 역설적이게도 그로 인해 줄어드는 실제 생활공간의 범위를 반영한다(오제, 1991). 이를테면 디지털 매체로 확장되고 투명해지는 전자가 힙합장이고, 그 역효과로 줄어드는 불투명한 후자가 힙합씬이다.

상징이 표상과 환기로 나뉜다고 했을 때* 대구 래퍼는 자신의 동네에서 현재까지도 물질적으로 건재한 공연장 클럽 헤비와 국채보상공원을 중요한 상징적 표상으로 인식할 수 있다. 하지만 그와 동시에 디지털 매체를 통해서 대중의 인식 속으로 투명하게 확장하는 힙합장의 래퍼들이 스펙터클하게 연출하는 더 광범위하고 일반적인 상징적 표상이 존재하고 있다. 이들의 존재는 계속해서

---

* 세넷(2013: 157)은 인간 사회에서 경쟁과 협력을 아우르는 의례적 교환의 현대적 의미를 재발견하려는 시도에서 의례의 동기이자 결과인 '상징'에 대해 학계가 이해해 온 두 가지 방식을 다음처럼 요약한다. "정지신호 같은 상징은 위험을 경고하며 어떻게 행동할지를 직설적으로 말한다. 시인 T. S. 엘리엇이 '한 줌의 먼지'에서 만들어 내는 상징은 더 문제적인 방식으로 우리의 관심을 끌어들인다. 플라톤 이후 철학은 표상으로서의 상징과 환기로서의 상징 간의 관계를 붙들고 씨름해 왔다. 기호학자 롤랑 바르트는 우리가 충분히 생각한다면 모든 정지신호는 한 줌의 먼지로 변한다고 믿었다. 말하자면 겉으로 드러난 표상의 직접성이 해체되어 환기의 망령으로 용해되어 버린다는 것이다."

제8장 / 존중(respect)이라는 돌봄

대구 힙합씬의 상징을 환기한다. 대구만의 무엇이라 할 만한 힙합적인 것은 이러한 인식 체계 속에서는 부차적이고 하위적인 것이 된다. 대구 래퍼가 경험해야 하는 일종의 '신성함' 혹은 의미심장함은 힙합장의 그것으로 덧칠해지고, 대구와 같은 자신의 동네에서 래퍼가 흠뻑 빠질 만한 상징으로서 랩과 힙합이 약해져 간다. 힙합장과 힙합씬의 중첩은 행위자의 상징 인식에 위계를 불어넣어 자신의 위치에 대한 감각을 새롭게 부여한다. 대구 힙합씬의 역사와 상징의 숲은 한국 힙합장의 영향으로 환기되어 가물어 간다.

이 글은 힙합씬과 힙합장의 상호작용 자체에 대한 분석을 다루지는 않는다. 이는 더 본격적인 탐구가 필요한 작업이다. 그 대신에 래퍼들이 자신과 타인을 돌보는 과정에서 핵심적인 역할을 하는 존중의 표현이 공간적 차이에 따라 어떻게 다르게 나타나는지를 살펴보고자 한다. 힙합장에서 존중은 대체로 능력주의에 기반한 승자독식의 교환을 통해 가까스로 얻어 내는 귀중한 상품이다. 래퍼들이 종종 자기를 과시하기 위해 명품 전시 효과를 활용하는 행태는 힙합장에서 귀중한 존중을 얻기 위한 시도라고 볼 수도 있다. 그러나 필자는 이처럼 공론장에서 흔하게 유통되는 래퍼의 이미지를 반복해서 강조하기보다는 그 이면에서 래퍼에게 엄연히 중요한 실천들에 주목하고, 이로써 힙합장과 함께 힙합씬에 주목할 필요가 있음을 제안한다.[*] 래퍼들은 온라인과 오프라인을 오가며 서로에게 필요한 관계를 생산하기 위한 여러 공간을 창출해 왔다. 공연장과 공원 그리고 작업실이 바로 그 대표적인 공간들이다. 특히 공연장-공원-작업실은 물리적으로 서로 분절되어 있으나 래퍼들은 계속해서 세 곳을 가로지르는 여정을 떠나면서 일종의 그물망(meshwork)을 구축해 왔다(잉골드, 2024b: 168-174).[**]

---

[*] 힙합장과 힙합씬의 상호배제적이면서도 상호구성적인 중첩 관계는 원시사회가 자리 잡은 '들판'이라는 인류학적 유비인 '필드(field)'를 다시 생각해 보게 한다. 필드는 말 그대로 들판이자 사회과학자들이 너무 당연하게 사용하는 물리학적 은유인 '중력장'을 뜻한다. 가령 대표적인 인류학자 말리노프스키와 모스의 서술에서 나타나는 사회적 관계의 역학에 대한 유비적 표현들에는 두 의미가 종종 중첩되는 '필드'가 전제되어 있음을 알 수 있다 (Needham, 1976). 사실 이렇듯 '현장'의 복잡성은 그것에 대한 우리의 인식론과 존재론에 내재한 문제일 수도 있다. 현장은 연구자에게 인식되어야 하고 존재해야 하는데, 현장을 인식하거나 재현하는 순간 존재론적 차이가 두드러지고 현장이 존재하는 순간 인식론적 차이가 두드러진다. 오늘날 한국 래퍼들이 겪고 있는 시공간의 이중적 역설은 사실 사회과학자들 모두가 피할 수 없는 인식과 존재의 난국을 가리키고 있다.

[**] 인류학의 연구 대상이 농촌 사회에서 점차 도시 사회로 넘어가면서 복잡해진 사회관계를 분석하기 위해 연결망(network)이라는 개념이 등장했다. 이는 당대 수학과 통계 이론을 친족 이론에 적용한 인류학자들의 발명품이었다. 하지만 잉골드(2024b)는 친족 가계도의 '허구적 선'과 살아 움직이는 선의 운동은 분명히 다름을 논증하면서 분석자의 인식상에서 점과 점 사이를 잇는 방식의 연결망이 아닌, 점과 점 사이를 가로지르며 서로를 묶어 내는 실제 삶의 과정을 분석하기 위해 그물망(meshwork)이라는 개념을 발명했다. 그러나 필자는 잉골드의 그물망 또한, 어느 정도는 허구적임을 인정하면서도 연결망으로는 포착하기 어려운 현실을 파악하는 데 도움이 됨을 강조

4. 힙합씬에서 서로를 다시 보는 공간들의 그물망

필자가 처음으로 대구 힙합씬에 발을 들인 곳은 국채보상공원에서 열린 사이퍼였다. 사이퍼는 형식적으로 언제 어디서나 열릴 수 있는 집단적 행위이지만, 최소 두 명 혹은 세 명 이상의 모임이 결성되어야만 개최된다. 사람들이 모두 모이고 힙합 비트(beat)가 흘러나오면 사이퍼가 시작된다. 각자 정해진 시간은 없다. 한 명씩 돌아가면서 즉흥적으로 자기 생각과 마음을 각운에 맞춰 표현하면 된다. 서로 자신에 대한 일정한 고백을 공유하는 과정은 래핑의 실력과는 별개로 서로의 언어를 듣고 느끼는 감응적(affective) 과정으로 경험되며, 참여자들은 솔직함과 즐거움의 긴장 속에서 서로의 존재를 굉장한 차이에도 불구하고 인정하는 방법을 배우게 된다. 이렇듯 래퍼들은 사이퍼에서 관계를 생산하는 방법을 배우면서 '서로를 래퍼로 생산하고 성장시키는' 인격적 상호작용에 참여하며 힙합씬을 의미 있는 장소로 만들어 간다(그레이버, 2016: 133-134; 잉골드, 2024a: 228-245).

사이퍼의 기본적인 역할에도 불구하고 '공연과 공연장' 또한 힙합씬이 지역에 자리 잡는 과정에서 아주 중요한 역할을 했다. 래

하고자 한다.

퍼들은 공연 안에서 상호 주관적 시공간을 창출하고 관객과 공연자의 경험을 구축한다. 여기서 나타나는 강한 의례적 응집력은 공연이라는 사건에 개입된 모두를 '힙합인'으로 변형시킨다. 강렬한 경험으로 인해서 공연이 입소문을 타며 유명하게 되고, 나아가 대구에 '힙합트레인'이라는 공연 브랜드가 창출될 수 있었다. 뒤르켐이 보았듯 사회적 응집은 존중의 도덕적 평형을 이루는 데 중요한 역할을 한다. 공연의 형식 자체가 사람들을 '한마음'으로 만들기 때문이다(Durkheim, 1984; 세넷, 2004: 164).

그렇기에 힙합트레인과 클럽 헤비라는 상징은 지금도 많은 대구 래퍼들에게 공연 무대가 주는 아우라를 느낄 수 있게끔 한다. 래퍼 이센스(E SENS)가 자신이 대구에서 래퍼가 되어 성장해 나가는 과정을 주제로 만든 곡 〈Next Level〉(2015)은 대구에 자리한 언더그라운드 랩의 역사적 상징을 가리키고 있다. 이는 대구 래퍼들에게 굉장히 중요한 의미가 있다.

래퍼 하려면 노래방 애들하고 몇 차원 달라야지

대회 열린다니 나가 볼까? 열입곱에 첫 도전 (…)

하러 갔더니 (…) 대구 래퍼들의 축하 공연

난 Master Plan 말곤 한국 언더그라운드에 딴 래퍼들 있는 줄 몰랐는데 (…)

제8장/ 존중(respect)이라는 돌봄

결과는 우승, 예

끝나니 누가 불러 아까 공연하던 Virus에 Minos

언제 형네 집에 놀러 오라고 갔지 클럽 Heavy에서 힙합 공연 하니까

한 곡 와서 해 봐 그날 밤 난 난리 났지

대구에서 개최한 청소년 랩 배틀 대회에서 우승, 이후 서울에서 개최한 랩 대회에서 우승, 그곳에서 만난 대구 출신 랩 듀오 바이러스(Virus)와의 만남, 자신의 고향 대구에서 언더그라운드 래퍼들과 함께한 공연들, 그 과정에서 함께한 사람들과 의미 있는 장소가 가사 내용으로 등장하는 것은 우연이 아니다. 이센스는 작품을 통해 래퍼로서 거쳐 온 자신의 여정을 서사화 및 역사화하고 있다.

나아가 래퍼들은 공연장의 경계 안에서만 공연의 형태를 유지하거나 한정시키지 않고, 세 가지 경계를 넘나들며 자신들의 상징을 생산해 냈다. 장르의 경계, 지역의 경계, 공연장의 경계를 넘나들면서 래퍼들은 힙합 문화, 대구 지역, 힙합 공연장에 자신을 가두지 않고 록밴드 등의 여러 인디 문화와의 연결, 다른 지방 도시와의 연결, 공연장 바깥의 거리와의 연결을 통해 래퍼의 영향력을 도시 곳곳으로 확장할 수 있었다. 특히 그러한 확장은 당대 거리로 뛰쳐나온 공공 예술 담론과 실천들에 연계되면서 더욱 힘을 키

돌봄의 공간들

울 수 있었다.*

공연장과 비교했을 때 공원에서의 활동은 상대적으로 더 비정형적이지만 날것의 열린 소통 공간을 생성했다. 그에 반해 작업실은 여러 가지 작업물을 생산하기 위해 작업실마다 나름의 규칙을 갖고 기능을 수행한다. 작업실은 개인적으로 쓰일 수도 공동의 생활공간으로 쓰일 수도 있다. 공연장 및 공원과 비교했을 때 작업실에서의 작품 생산은 좀 더 폐쇄적이고 집약적인 사회적 관계를 구축한다. 그렇지만 작업실에서의 작품 생산 활동은 래퍼들의 실력 향상과 더불어 예술가로서 자신을 생산하는 주요한 실천이라 할 수 있다.

개인 작업실은 오늘날 개인화된 래퍼의 표상이기도 하다. 온라인상에서 쉽게 드러나는 래퍼들의 혐오 발언과 공격적 표현은 모두 이렇듯 디지털화된 음악 생산 환경이 극도로 개인화되어 온 맥락과 분리할 수 없다. 특히 한국 힙합장의 '디스전'을 분석하려면 이러한 공간적 맥락에 대한 고려가 필수적이다. 래퍼들은 힙합장을 구축하는 상품화된 시장에서 대중의 눈에 띄기 위해 온갖 자극적 표현으로 자신의 내용을 채우게 된다. 그러나 이와 동시에 대

---

* 대구 힙합씬과 래퍼들의 역사적 발전 과정의 자세한 내용은 다음의 졸고를 참고(송재홍, 2022).

제8장/ 존중(respect)이라는 돌봄

구 래퍼들은 동네 힙합씬의 공간들로 빠져나와 자신의 목소리를 상품 교환의 목적만이 아닌 선물 교환의 목적으로도 활용하는 만남들에 참여할 수 있다. 작업실에서 공원으로, 작업실에서 공연장으로, 그리고 다시 작업실로 되돌아가는 과정에서 자신이 만들어 갈 가능 세계가 오로지 온라인상에만 존재하는 것이 아님을 파악하게 된다.

래퍼들이 장소들 사이를 오가는 여정은 공간의 얽힘을 발생시킨다. 필자의 경우 사이퍼에서 처음 만나 관계를 맺게 된 래퍼들과 함께 공연에 참여하게 되었고, 그 이후 그들의 작업실에 초대되어 세 공간의 얽힘에 들어서게 되었다. 필자는 처음에 이러한 얽힘의 운동이 우연이라고만 생각했다. 그러나 힙합 음악의 선율과 래퍼들의 목소리는 장소들을 통과하고 다시 돌아오는 일종의 '실마리'로 작동한다(잉골드, 2024b: 186; Cohen, 2012; Finnegan, 1989). 필자는 세 공간이 얽혀 들어가며 형성되는 그물망이 래퍼들에게 힙합의 공동체적 가치를 실존적이고 감각적으로 확인할 수 있는 장소들로 자리 잡는 과정을 목격했다.

힙합씬에서 사이퍼를 비롯하여 작업실·공원·공연장과 같이 다양한 '존중의 공간'이 중요한 이유는, 그 장소들이 래퍼의 목소리를 오로지 상품 교환의 형식으로만 환원하지 않고 서로의 존재를 구성하는 수단으로 활용할 실험의 여지를 제공하기 때문이다. 래퍼들은 자본주의적 상품화의 도움 없이도 힙합씬에서 자신들의 상호 주관적 시공간과 영향력을 산출한다. 그러한 공간성은 래퍼에게 어떠한 '자본'을 주지는 않는 것으로 보이나, 래퍼는 그곳에서 '관계 생성의 표현 양식'을 습득하고 무엇보다 솔직한 자기표현의 공격성과 창조성을 균형 있게 조율하는 돌봄의 기술을 터득한다. 달리 말해 래퍼들은 관계 자체를 생산하는 표현을 배우고, 표현을 통해 존중과 돌봄의 공간을 생산한다.

5. 존중 표현의 위험과 (불)가능성—자기 존중과 상호 존중

서로를 다시 보고, 그 인상에 대해 솔직하게 표현하는 행위에는 얼마간 서로 통할 수도 불통할 수도 있는 가능성과 위험이 도사리고 있다. 이는 존중의 양식 자체의 모순과도 연결이 되며 랩이라는 표현 양식의 불가능성과도 연결이 된다.

필자는 대구 현장에서 래퍼들이 사이퍼와 공연을 기획하고 참여하는 과정에서 존중 표현의 성공과 실패를 모두 겪는 모습을 심심찮게 봐 왔다. 하나의 공연이 열어젖히는 상호 주관의 시공을 통해 집단적으로 들끓으며 '하나'가 되는 과정에서 공연자와 관객의 시각이 교환되긴 하지만, 정작 공연자는 본인의 의도가 관객에게 잘 전달되었는지를 절대적으로 확신하지 못한다. 이렇듯 자기와 타자 사이를 흐르는 심연은 공연이라는 구조의 소통의 본연적 불가능성을 의미한다. 래퍼들은 실패 가능성 때문에 좌절하지만, 동시에 그러한 불가능성 덕분에 소통에 성공할 때마다 도약하는 예술적 고양(高揚)을 맛보는 것이다.

반면 사이퍼는 '공연 아닌 공연'이다. 왜냐하면, 일반적으로 공연이 지니는 '무대'의 물질적 형식에 구애받지 않기 때문이다. 남들에게 피해가 가지 않는 선에서라면 언제 어디서든지 열릴 수 있다. 이렇듯 개방적이고 상대적으로 덜 구조화된 형식은 즉흥적 유희의 창조성을 언어 차원에서 가지고 노는 래퍼의 역량과도 잘 어울린다. 발음과 문장구조의 유사성만 갖춰지면 인정되는 각운(rhyme)의 규칙은 유치하고 재치 있는 어휘를 활용한 래핑을 가능케 한다. 다만 이를 즉흥적으로 수행해야 한다는 규칙 때문에 래퍼들의 능숙도에 따라서 실력의 차이가 드러난다. 하지만 너무 유려하게 프리스타일 래핑이 진행될 경우 이는 기존의 작성된 랩을 기억해서 읊는 것으로 판명되기에 들통이 나는 순간, 그 즉시 디스의 대상이 된다(Lee, 2016). 또한, 상대방에 대해 직접적인 평가를 시작하면서 공격적인 언어유희를 시도하는 순간 디스가 시작되기도 한다.

디스가 띠는 공격성은 래퍼가 스스로를 존중하는 방법의 지름길이라 할 수 있다. 상대가 제대로 반응하지 못할 경우나 자신의

돌봄의 공간들

실력보다 못 미친다고 여겨질 때 서로의 실력이 단적으로 비교되고 자기 래핑의 가치가 돋보이기 때문이다. 그래서 사이퍼를 하든 공연을 하든 작품을 만들든 어떤 예술적 실천에서건 '재능의 불평등'은 피할 수 없는 문제다. 사실 인간 사회가 내포하는 본연적 불평등에는 계급 말고도 여러 종류의 해소하기 어려운 것(성품, 외모 등)이 있다. 재능도 그중 하나이다. 남들보다 더 노력해서 실력을 인정받은 소수는 다수의 존재를 존중하거나 인정하기가 어렵다. 다수는 소수에 비해 노력을 다하지 않은 불온한 존재로 여겨지기 쉽기 때문이다. 이로써 존중의 품귀 현상이라는 망령이 눈앞에 아른거리기 시작한다. TV 경연 프로그램이 활성화하는 힙합장은 망령의 실체를 매력적이고 성공적인 미래와 결부시켜 래퍼와 대중에게 보여준다. 이는 세넷(2004: 94-112)이 말하는 현대사회에 깊이 뿌리내린 '재능을 향한 성공 가도의 문을 열려는 욕망'을 이용하고 착취하는 대중매체 자본의 운동에 의한 것이다.

힙합씬을 형성하는 래퍼들은 이러한 이데올로기에 영향을 받으면서도 다른 측면으로 존중의 획득과 표현을 동시에 실천하고 있다. 여기서 재능은 〈쇼미더머니〉의 합격 목걸이와 같은 기준으로 측정되거나 평가되지 않는다. 그것보다는 더욱 복잡하고 암묵적인 규칙이 작동하면서 래퍼들을 래핑 자체의 흐름이 공동체적 가치를 형성하는 방향으로 흘러가게 하는 인내와 노력으로 이끈다.

제8장/ 존중(respect)이라는 돌봄

가령 사이퍼에서 솔직한 디스는 자기 존중의 기능뿐 아니라 이방인을 밀어내고 관계를 끊어 내는 기능을 한다. 사이퍼에 참여하는 래퍼들의 성격과 조합에 따라서 알게 모르게 형성된 불문율을 지나치게 어기는 래퍼들의 참여는 디스의 주제가 되며, 참여자가 이를 호응하는 데 실패할 때 쫓겨나기도 한다.

여기서 존중의 문제는 얼마간 자격과 획득의 차원으로 다시 이동한다. 물론 힙합장에서 요구하는 가치 평가와는 다른 기준이 작동하지만, 이는 '소신의 물신숭배'에 의해 발생하는 현상이다(세넷 2014: 46-49). 랩의 형식으로부터 발현되는 공격성, 경직성, 자폐성은 이러한 대화법으로 인하여 강화한다. 그것은 "오로지 자신의 경우만 중요하다는 듯 앞뒤 가리지 않고 추구하려는 충동을 말한다. 이런 종류의 언어적 결투에서 듣는 기술은 별로 중요시되지 않는다. 이때의 대화 상대는 감탄하고 동의해 주는 사람이거나 아니면 적절하게 맞받아치고 단언하는 사람이다. 말하자면 대부분의 정치적 논쟁에서 익히 보는 귀머거리의 대화 같은 것이다."

이렇듯 본래 랩 자체가 자기표현에 도취하기 쉬운 형식을 취하고 있어서, 래핑이 대화의 형식을 따를 때조차도 래퍼의 자기 진술은 상대방의 '반응'에 따라 성공하거나 실패할 위험을 내포한다. 래퍼들은 '반응에 대한 반응' 즉 호응(correspondence)의 기술이 부족할 때 솔직함과 즐거움의 공존을 유지하지 못하고 한쪽에 치우치

돌봄의 공간들

게 된다. 특히 솔직함에 치우치는 경우에 래퍼는 자기 말이 맞고 실력이 더 나음을 증명하기 위한 래핑을 쏟아 내게 된다. 이러한 자기 존중의 형식상 내재하는 모순은 래퍼라는 캐릭터의 '솔직함을 추구하는 본연적 형식'으로 인해 더욱 강화한다.

그런데 래퍼들에게 중요한 '솔직함'이란 과연 무엇일까? 필자가 대구에서 파악한 바에 따르면, 대구 래퍼들에게 주요한 동기가 되게끔 하는 랩의 매력은 세 요소에서 비롯되었다. 그것은 즐거움, 솔직함, '뱉기'이다. 필자가 만났던 대부분의 대구 래퍼는 자기 자신을 솔직하게 드러내는 것으로부터 랩을 시작했고, 공연 경력이 꽤 있는 래퍼라도 여전히 솔직함의 매력을 중요하게 여기는 경우가 많았다. 래퍼 A는 한국의 교육 체계에서 좋은 성적을 받는 것이외에 자기가 생각하는 세계나 가치 또는 미래를 표현하는 법을 배우지 못해 속이 곪는 학생들이 가정에서든 학교에서든 어떤 폭력적 억압에서 벗어나 래퍼가 되려고 하는 모습을 지켜봐 왔다. 이들은 자기의 진실을 상위자의 시선을 거리끼지 않고 모두 말할수 있는 열린 공간이 필요했다.

또한, 대구에서 약 15년 가까이 랩을 한 래퍼 B는 자기가 좋아하는 나스(Nas)라는 이름의 전설적인 흑인 래퍼의 가사를 한국어로 번역한 글을 보게 되었을 때, 가사가 자기 삶의 이야기보다는 자기 랩 실력의 자랑으로 점철되어 있음을 깨닫고는 크게 실망했다.

B에게 랩은 무엇보다 자기가 일상과 생활에서 겪는 사소한 일들일지라도 거기서 감각되는 삶의 의미를 가감 없이 표현해야 하는 것이었다.

모두가 그런 것은 아니었지만, 랩에서 솔직함이 중요하다고 여기는 래퍼들이 그렇게 생각하는 이유는 단순히 랩의 규칙이라거나 스타일 때문이 아님을 알 수 있다. 이들에게 솔직한 래핑은 일종의 윤리적 결단이다. 그것은 자기 자신에 대한 진실을 모두 말하는 것이다. 여기에는 자신에게 영향을 미치는 타인과 세계에 대한 자기 생각까지도 포함된다. 솔직한 발화에 대한 이와 같은 가치 부여를 고대 그리스의 철학자들로부터 찾아내 그 정치적·철학적 함의를 분석한 푸코에 따르면, 이러한 종류의 자기돌봄이야말로 자기기만적이지 않을 수 있었다. 하여 고대 그리스 철학자들에게 중요한 개념이었던 파레시아(parrêsía)는 두려움 없이 용기 있게 진실을 말하기를 뜻했다. 즉 타자에게 '모두 말하기'를 실천함으로써 자기비판의 위험을 개방하는 동시에 진실을 '말하는' 능력을 기르는 것이다. 이로써 타자와의 관계는 더욱 진실될 수도 있고 더욱 파괴적일 수도 있다(푸코, 2018).

그러니 푸코가 발견한 파레시아 실천에서 더욱 중요해지는 것은 어찌 되었든 자신에게 호응해 주는 타자의 존재이다. 자기 존중이 생성되고 유지되기 위해서는 개인적 존중에서 머무는 것만

돌봄의 공간들

으로는 부족하다. 파레시아는 결국, 사회적 존중의 영역에 가닿아야만 한다. 필자가 보기에는 이것이 바로 세넷이 말기 푸코의 논지를 이어받아 현대사회에 적용하려 한 '자기돌봄의 사회적 재발명'이라는 주제이다. 세넷은 자본주의적 불평등의 문화적 효과가 미치는 사회적 결과들에 초점을 맞추면서 이에 대항하는 사회적 실천의 가능성을 타진한다.* 하지만 주지하다시피 다양한 불평등이 현대사회의 욕망을 틀 짓는 과정에서 돌봄과 존중은 자본 운동의 희생양이 되기 쉽다. 우리는 돌봄과 존중의 영역이 자생하지 못하는 다양한 갈등과 모순을 피할 수 없다. 그러한 난국은 대구의 래퍼들에게도 마찬가지였다.

래퍼의 자기 존중과 상호 존중이 지닌 형식상 모순은 실제 맥락에서 다양한 갈등으로 이어진다. 래퍼들이 서로를 디스하는 양상은 그러한 모순의 맥락들을 드러낸다. 나아가 주로 비인격적이고 비대면인 온라인 상황에서 디스는 더욱 극단적인 모습을 보여준

* 세넷은 1970년대 말에 푸코와 공동 작업으로 몸의 역사에 관한 연구를 수행했다. 그러나 푸코의 죽음 이후로 세넷은 예전의 푸코가 택했던 방식, 즉 '인간의 몸이 사회 권력이라는 매듭에 거의 완전히 목이 졸린 상태'를 분석하는 방식보다는 '사회에 감금되지 않은 육체'를 분석하면서 '그 매듭을 풀고 싶어' 했던, 죽기 직전 푸코의 방식을 따라서 '도시의 몸'에 관한 연구를 수행했다. 세넷과 푸코가 직간접적으로 영향을 주고받은 관계에 대해서는 다음을 참고하라(Foucault · Sennett, 1981; 세넷, 2021[1994]: 28-30).

다. 특히 음악 장치의 '민주적' 발달로 누구나 컴퓨터만 있으면 음악을 만들고 온라인으로 소통할 수 있는 환경이 구축되었다. 그러한 '개인 작업실'의 발달은 온라인 디스의 발달과 함께 이루어졌다.

필자의 연구에 참여한 래퍼 C는 자신의 온라인 공간에 디스 곡 하나를 업로드했다.

취향이 아니면 disrespect 근데 랩 스타일은 전부 다 비슷해

그래서 내가 잘 안 하지 랩

'새로우면 구리고 익숙하다 싫음 베꼈네'라고 하는 데 또 어떡해

내가 여기서 뭘 더 해

예술은 X도 모르는 애 천지 이게 예술이라 지적하는 처지

보고 있으면 화 안 나겠냐 그치?

이제 질렸고 할 말 없어

니가 내 말을 무시하던 말던 나는 이제는 신경 안 쓰지 I'm done

필자는 C에게 이러한 전방위적 디스 곡이 탄생하게 된 경위를 물었다. C는 래퍼들이 자기 작품을 공유하고 다른 래퍼들과 소통하는 온라인 커뮤니티에서 일어난 일들을 포함하여, 자신에게 도움이 되지 않는 허세만 가득 찬 여러 래퍼에 대해 디스했다고 말

돌봄의 공간들

했다. 싸이퍼와 같은 오프라인 래핑에서 나타나는 디스도 이와 유사한 솔직함과 공격성을 띤다. 자기 존중을 추구할 때 서로 다른 기준에 따른 소신들이 공동의 가치보다 더 중요하게 여겨지며 서로 부딪히기 시작했다.

뒤르켐은 한 개인이 완전함을 느끼기 위해 언제나 타자에게 의존하기 때문에 사회적 응집이 발생한다고 보았다. 이에 따르면 "불평등한 재능의 존중에 관한 뒤르켐 자신의 해답은 사회적 상호작용의 복잡한 그물 속에서 모든 일은 균등하게 되며 모든 사람은 사회에 기여할 수 있다는 특수한 뭔가를 갖고 있다고 주장하는 것이었다." 그에 따르면 모든 "의존은 결국 상호 의존이 될 것이다. 이러한 조건 아래서는 타인에 대한 존중의 태노가 되는 자율성의 부여가 자유롭게 이루어질 수 있다(Durkheim, 1984: 21-22; 세넷, 2004: 164)." 그러나 푸코의 파레시아 실천과 그것이 필요로 하는 타자에 대한 상호 의존은 C의 사례에서 볼 수 있듯 손쉽게 양립하지 못한다. 즉 자기 존중과 상호 존중의 갈등은 김봉현이나 뒤르켐의 이상적 해답으로는 자연스럽게 해소되기 어렵다. 만약 이러한 디스의 차원이 계속 강화된다면 힙합씬은 존속할 수 없을 것이다. C가 디스하는 상대는 정확히 똑같은 이유로 C를 디스할 가능성이 높기 때문이다. 모두가 자기 존중에 대한 요구 또는 주장만 하게 될 것이다.

그렇다면 래퍼들은 어떻게 이러한 난국을 헤쳐 나가고 있는 것일까? 디지털 자본주의에 힘입는 힙합장의 상징적 환기 효과 아래에서, 또 존중과 표현 양식 자체에 내재한 모순을 직면하고서 래퍼들은 어떠한 상호적 표현 양식을 발명하고 있는 것일까? 이 지점이 바로 필자가 대구 힙합씬에서 발견한 래퍼가 생산하는 돌봄의 공간들이 강조되는 부분이다.

힙합씬의 사이퍼에서 나타나는 디스는 힙합장에서 스펙터클하게 연출되는 디스와는 달리 '대화적 교환'을 통해서 다른 주제들로 중재되고 전환된다. 사이퍼에서는 이러한 대화적 기술을 갖춘 래퍼들이 아주 중요한 역할을 한다. 훌륭한 '사회자'를 자처하는 래퍼들은 래핑을 통해 다른 래퍼들을 말 그대로 '사회화'한다.

래퍼 B는 대구 힙합씬의 터줏대감이라 알려진 인물로 15년이넘게 사이퍼에 대한 애정을 가진 래퍼다. 그의 프리스타일 래핑 실력은 래퍼들 사이에서 유명하다. 하지만 그의 중요한 또 다른 재능은 다른 래퍼들 간의 공격과 격정을 중재하는 능력이다. 사이퍼에서 누군가 먼저 래핑을 시작했다면 다음 차례의 래퍼는 갑자기 너무 뜬금없는 단어나 주제로 자기 래핑을 시작할 수 없다. 이전 래핑의 끝 단어가 됐든 전체 주제가 됐든 그에 대한 자신의 다른 생각, 다른 말을 래핑해야 한다.

그렇기에 래퍼들은 무엇보다 타인의 프리스타일 래핑을 아주 잘 들어야만 한다. 특히 주어진 박자와 틀 안에서 갑작스레 자유 연상으로 여러 단어를 조합해서 랩을 해야 하는 조건 때문에, 상 대방의 발음이 부정확하거나 의미가 불분명한 말을 반복하는 상 황을 인내심을 갖고 잘 들어야만 한다. 이러한 조건은 규범적이라 기보다 실용적이다. 다음 차례에 랩을 하고 싶은 래퍼 또한, 머리 가 하얗고 가슴이 두근거리긴 마찬가지기 때문이다. 그리하여 상 대가 뱉는 단어와 주제는 동시다발적으로 자신이 활용해야 할 단 어와 주제가 된다. 어쩔 수 없이 타인의 생각을 자기 안으로 받아 들여야만 잘 할 수 있는 것이 사이퍼다. 이렇듯 사이퍼는 타자를 상대하고 타자에 반응하기 위해 목소리를 듣는, 독특한 타자화의 기술을 주조한다.

물론 사이퍼 말고도, 대구 힙합씬이라는 경관에는 다양한 존중 의 장소와 실천이 존재한다. 가령 공동 작업과 공동 작업실이 있 다. 서로가 경제적으로 힘든 처지에 있을 때 경제적으로 도움을 주는 것을 넘어서 음악 작업으로 서로에 대한 찬가를 만들면서 협 력의 관계를 만들어 낸 래퍼 A, 작업실에 동생 래퍼들을 초대해서 함께 즉흥적 놀이를 통해 서로에 대한 비판과 함께 재밌는 상호성 을 발명한 래퍼 C, 사이퍼에서 만나면 서로 디스하고 놀리기 바쁜 고등학교 3학년의 동갑내기 래퍼 D와 F는 삶의 기로에 서서 다양 한 사회적 압박감에 시달리며 정신적으로 고통받을 때 서로를 돌

제8장/ 존중(respect)이라는 돌봄

보며, 래핑의 사회적 의미를 자존에 도움이 되는 방향으로 의미화한 사례이다. 래퍼 A는 자신의 작업실을 공유하여 다양한 예술가들이 그곳에 모이고 공연 뒤풀이를 즐기면서 힙합씬의 존재감을 모두에게 각인시키거나, 실제 자신의 생활공간을 다른 힙합인에게 내줌으로써 씬에 필요하다고 여겨지는 재능을 지닌 힙합인과 함께 성장하는 방향으로 공동의 작업실을 운용했다.

이들 모두 상호 존중을 증거하는 사례들이다. 이를 통해 우리는 상호 존중이 가능할 때 어떠한 사건들이 발생하는지, 그리고 그것이 씬을 만드는 실천으로 어떻게 작동하는지를 알 수 있다. 이는 우리가 흔히 생각하는 폐쇄적인 공동체 형식과는 거리가 멀다. 여기에는 개인적 차원의 존중과 사회적 차원의 존중이 상호 간의 긴장을 유지하면서도 서로를 끌어당기는 힘을 유지한다. 개인과 사회의 도덕적 모순이 모두를 개인주의적 가치로 흩어지게 하는 일이 일반적이지만, 힙합씬에서 나타나는 존중의 힘은 이렇듯 개인들을 여러 차이에도 불구하고 끝없이 서로를 다시 보고, 듣고 서로에게 가닿는 표현을 실천하게 만든다.

대구 래퍼들은 유명해지기 위해서든 실력을 갖추기 위해서든 각자의 방식으로 자기돌봄을 실천하고 있었다. 하지만 그 과정에서 발생하는 자폐적이고 나르시시즘적 경향으로 인하여, 자신이 살아갈 세계를 만들기보다는 외면하고 파괴하는 방향으로 흐르지

돌봄의 공간들

않도록, 서로의 자기돌봄을 비판하고 문제 삼으며 질문을 던졌다. 그렇게 상호돌봄의 관계와 공간을 만들어 가고 있었다. 솔직함과 즐거움의 균형 잡기는 마치 줄타기처럼 아슬아슬하지만, 그 긴장은 래퍼들 서로를 공연자이자 관객, 스승이자 제자라는 변형 가능한 주체이자 타자로 빚어냈다. 어쩌면 이러한 인격적 상호 구성이 취하는 대화적이고 존재론적인 성장 과정은 오늘날의 시민적 소통에 필수적인 조건이어야 하지 않을까?

6. 시민적 소통의 실험장으로서 존중의 공간들

이 글에서는 존중과 돌봄을 유사한 형태의 실전으로 보면서 주로 표현의 영역을 새롭게 탐구하고자 노력했다. 그러나 각 개념의 유사성에도 불구하고 엄연히 다른 지점들도 존재한다. 가령 돌봄에는 존중의 이중성 말고도 의존과 수치의 이중성 또한, 아주 중요하다. 특히 사회적 약자에 대한 일방향의 보살핌은 타인에게 의존하는 것에 대한 수치를 쉽게 불러일으킨다. 그렇기에 수치심을 동반하는 연민의 복지 체계를 밀어붙이는 관료적 존중으로는 돌봄의 복잡성을 포착할 수 없다(세넷, 2004: 199-227). 돌봄으로서 존중을 살피려는 시도는 돌봄을 수직적 차원의 이타적 실천뿐 아니라, 수평적 차원의 표현 행위를 통해 경쟁과 협력의 긴장 속에서 발생하는 표현이 사회적 관계 생성에 미치는 영향까지도 분석의 범위에 포괄한다는 점에서 의의가 있다. 이는 노동에 비해 돌봄이 지닌 가치 역학이 단순하다는 고전적인 정치경제학적 편견에 대한 도전이기도 하다. 즉 돌봄과 같이 관계를 생성하는 표현은 노동과는 다른 방식으로 가치를 창출하는 실천이다.

돌봄에 있어 표현의 기술이 지니는 중요성은 그저 심리적인 차원에 머물지 않는다. 이는 사회적 관계의 생산이라는 인격적 상호구성의 역동에서 비롯하기 때문이다. 다소 먼 맥락이지만 강지연(2024)은 호스피스 병동에서 죽어 가는 이를 돌보는 실천과 관계를 생성하는 실천의 연관을 분석하며, 돌봄이 단지 연민이나 시혜처럼 수직적 차원이 아니라 수평적인 관계 생성의 차원에서 작동할 수 있고, 그것이 생산하는 사회성의 도덕적 힘을 강조한 바 있다. 병동 안에서 일어나는 돌봄의 언어적·신체적 표현은 '죽음'이라는 사소하고도 덧없는(ibid: 45), 그러므로 아주 솔직하고 진실한 사건에 개입된 참여자들 각자의 자기돌봄을 돕는 방식으로 병원을 넘어서는 사회적 그물망을 조직한다.

또한, 이러한 표현의 기술이 힙합 세계에서는 두 층위의 상징적 공간에서 다르게 나타남을 분석함으로써 래퍼들의 상호 존중을 향한 관계 생성의 실천들이 지니는 공간적 함의를 살펴보았다. 이는 단순히 인식론적으로 중요한 것을 넘어서 존재론적으로 자신

돌봄의 공간들

의 생활세계에 관계의 공간들을 뿌리내리는 실천들이었음을 알 수 있다. 특히 랩은 형식적 특성상 자신과 타자의 진실을 노출하는 솔직함의 윤리에 기반하고 있기에 관계 생성의 (불)가능이라든 위험을 자체적으로 내포하고 있음에도 불구하고, 래퍼들은 자기 존중과 상호 존중의 균형을 잡으려는 여러 실험을 시도해 왔다. 이들의 실험은 오늘날 시민적 소통의 실험이 제도적으로나 학술적으로 통제되는 영역에서만 가능한 것이 아니라, 도시 곳곳에서 벌어지는 우발적인 놀이와 공연, 예술적 실천에서도 일어나는 것임을 방증한다.

물론 젊은 래퍼들은 아직 어린 나이로 인하여 소통 자체에 익숙하지 못한 측면이 있다고 평할 수도 있다. 하지만 필자는 래퍼들의 소통에서 나타나는 불화와 불통이 오늘날 한국 사회에 내재하는 불화와 불통 때문은 아니라고 확신할 순 없으며, 나아가 오직 시민이라 보기 어려운 어린아이들의 문제라고 치부할 수도 없다고 생각한다. 세넷이 지적하듯 현대사회의 성인 대다수는 시민적 소통의 기술에 숙련되어 있지 못하다. 오늘날 성인들이 가족, 학교, 직장, 시민 사회에서 겪는 자폐적, 나르시시즘적, 아노미적 불화와 불통을 개인들만의 문제로 돌릴 수 없지 않은가. 그중 많은 부분은 사회구조적 효과에서 비롯하는 것이다. 그래서 젊은 래퍼들이 실험적으로 참여하고 생산하는 관계의 공간들은 오늘날 한국 사회의 구조화된 돌봄 영역을 고려할 때에 중요한 의미가 있다.

필자는 본 글에서 랩의 교육학적 의미를 직접 다루지는 않았다. 그러나 유럽이나 영미권에서 랩을 거리의 문화로만 두지 않고, 학교 안에서 아이들의 시민적 소통의 발달을 위한 테마로 활용하는 연구 영역은 활발하게 성장하고 있다.[*] 가령 미국에서 힙합씬은 한국의 힙합씬과는 사뭇 반전된 폭력의 풍경을 드러낸다. 거칠게 대조하자면 총과 마약과 같은 폭력으로 점철된 미국 게토의 거리는 학교와 같은 공식 교육기관이나 시민적 안전지대의 역할을 하는 힙합씬으로 젊은 래퍼를 유입시킨다(Morgan, 2015; Lee, 2016). 반면에 한국의 학교에서나 가정에서 자녀에게 억압적으로 요구되는 성공을 향한 욕망은 젊은 래퍼를 거리에서 비롯하는 힙합씬으로 유입시킨다. 국가와 가정에 의한 폭력이 외화된 곳과 내화된 곳의 차이라고 볼 수도 있겠다. 양쪽 풍경이 모두 극단적이지만, 래퍼들이 동네에서 형성하는 힙합씬은 억압적 폭력으로부터 서로를 돌보는 존중의 공간들이 되어 왔다는 점에서 공통적이다.

---

[*] 포르투갈 공립학교의 철학 교사가 랩을 하는 학생들과 함께 푸코의 파레시아 개념을 적용하여 랩의 교육학적 의의를 탐구한 연구로는 다음을 참고하라(Ferraz, 2019)

돌봄의 공간들

자유를 위한 돌봄의 인프라를 상상하기*
— 도쿄 〈침몰가족〉의 '공동육아' 실험

한경애

* 이 글은 저자가 쓴 「Imagining urban care infrastructures for freedom: On the transformation of labor and care in Tokyo's collective childcare」, 「Urban Political Ecology」(2026년 출간 예정)을 한글로 번역 요약한 것이다.

1. 무엇을 돌볼 것인가?

광범위한 기후위기와 함께 속수무책으로 인간의 삶과 몸에 침투해 들어온 코로나19 바이러스는 세계의 근본적 얽힘을 가장 파괴적인 방식으로 드러냈고, 독립적이고 합리적인 개인과 그들이 지배하고 관리하는 세계에 대한 믿음은 깨졌다. 세계의 상호 의존성에 주목하며 인간-비인간의 관계를 전면적으로 재구성해야 한다는 의식 위에서 전환의 키워드로 '돌봄'이 떠올랐다. 하지만 우리가 그것을 통해 삶을 전환해야 할 돌봄이란 과연 무엇인가?

미국에서 돌봄에 대한 공적 지원을 늘려야 한다고 주장하는 정치인들은 돌봄을 '미국인들이 일하러 갈 수 있도록 하는 필수 인프라'로 정의한다(Bauer, 2021). 대부분의 사람들은 생계를 위해 임노동에 종사한다. 일하는 동안 돌봄이 방치되지 않기 위해 어떻게 해야 하는가? 성별 분업과 핵가족을 중심으로 구축된 근대사회에서 돌봄은 전통적으로 여성의 몫이었다. 그러나 사회의 변화와 함께 점점 더 많은 여성이 일을 원하거나 일해야만 하는 상황에서 돌봄의 공백은 점점 커졌고, 이 공백은 여성에 대한 이중의 착취,

일할 연령이 지난 가족의 동원, 혹은 타인의 노동(돌봄서비스)을 구입하는 것을 통해 사적으로 메워져 왔다.

이런 상황에서 공적 지원을 확대하거나 공동체를 회복해야 한다는 목소리가 높아지고 있지만, 그것이 임노동을 지속하기 위한 돌봄의 메꿈이라면 전환이란 말은 결국 수식어에 불과하다. 우리 삶은 임노동을 중심으로 굴러가며, 이를 지탱하기 위한 돌봄을 가족·시장·국가가 맡고 있다. 여기서 우리가 맞닥뜨리는 것은 결국 무엇을 돌볼 것인가라는 문제이다. 권범철(2024)의 지적처럼 돌봄의 전환은 '어떤 삶을 원하는가라는 물음의 답을 찾는 과정'일 수밖에 없다. 본 글은 바로 이러한 질문에서 시작된 〈침몰가족〉에서 어떤 돌봄이 구성되는지 살펴본다.

〈침몰가족〉은 1995년부터 2008년까지 도쿄에서 실험된 공동육아이다. 〈침몰가족〉의 참가자들은 임노동과 핵가족, 그리고 그것을 보조하는 국가를 중심으로 하는 삶의 형태에서 벗어나고자 했다. 〈침몰가족〉을 시작한 것은 22세의 미혼모 가노 호코이다. 사진전문학교에서 만난 애인과의 사이에서 아이를 갖게 된 그녀는 결혼하거나 혹은 본가로 돌아가 부모의 도움을 받는 대신 공동육아를 모색했다. '집 안 틀어박혀 가족만 생각하다가 자신을 잃고 싶지 않았기 때문'이다. 생계를 위해 낮에는 수도검침원으로 일하고 밤에는 사진전문학교에 다니면서 아이를 키우기 위해 호코는 공동육아에 참여할 사람을 모집하는 전단지를 역 앞에서 나누어 주거나 동네 전봇대에 붙였다.

(당연히) 참가자 모집에 어려움을 겪은 이 기획이 실제로 가동하기 시작한 것은 호코가 '다메렌(だめ連 쓸모없는 놈들의 연대)'과 접속하면서부터이다. 다메렌은 1992년부터 도쿄에서 활동한 자발적 가난뱅이들의 모임이다. 일본 프리타 운동의 선구자로 알려진 이들은 샐러리맨으로 상징되는 삶의 경로를 거부하고 될 수 있는 한 일하지 않는 생활 방식을 고수했다. 다양한 사람들과 '교류'하고 여러 가지 주제로 '이야기(토크)'하는 것이 주된 활동이었다. 친구에게 이들의 이야기를 들은 호코는 다메렌이 자주 가는 술집에 전단을 붙였고, 다메렌과 그 주변 사람들이 찾아오며 공동육아가 시작되었다.

〈침몰가족〉이 실험된 1990년대, 일본 사회는 급격한 사회적 불안을 경험하고 있었다. 1980년대 말 버블 경제의 붕괴와 함께 실업률이 치솟고, 소위 '일억총중류(일억 인구 모두가 중산층이라는 의미)' 사회를 구축했던 일본식 복지 모델은 천천히 가동을 멈추었다. 다양한 사회 붕괴 담론이 횡행하는 가운데 한 우익 정치인이 '남자는 밖에서 일하고 여자는 집을 지키는 전통적인 가치관이 사라진다면 일본은 침몰하고 말 것'이라는 내용의 전단을 거리에 뿌렸다. 이를 본 공동육아 참가자들은 그런 가족은 침몰해야 한다며 자신들의 프로젝트를 '침몰가족'이라고 명명했다.

호코의 작은 방에서 1년간 공동육아가 진행된 후, 방 5개와 거실과 주방을 갖춘 3층짜리 낡은 집을 통째로 빌려 '침몰하우스'가 만들어졌다. 호코 외 두 명의 미혼모와 아이들, 몇몇 독신 남녀가 공동생활 하는 이 집에 많은 사람들이 돌봄이로 찾아왔다. 〈침몰가족〉의 운영은 극히 느슨했다. 요구되는 자격은 없었다. 원하는 사람들이 각자 가능한 시간을 내어 (될 수 있는 한 함께) 아이들을 돌보았고, '맥주와 식사'가 제공되었지만 금전적 거래는 없었다. 다메렌의 참가로 돌봄이가 늘어난 후에도 사람들은 정기적으로 소식지를 만들어 역 앞에서 배포하며 참가자를 모집했다. 평소 20~30명의 사람들이 보육에 참가하고, 아이들의 생일과 같은 이벤트가 있을 때에는 동네 공원에서 60~70명에 육박하는 사람들이 모였다. 이 프로젝트는 호코와 초등학교 2학년이 된 쓰치가 하치조섬으로 이주한 2003년 이후로도 5년간 더 지속되었다.

과거의 사례임에도 불구하고 〈침몰가족〉은 현재의 돌봄 담론을 급진화하는 중요한 통찰을 제공한다. 〈침몰가족〉은 임노동을 중심으로 짜여진 자본주의적 생활 방식으로부터 적극적으로 탈주하고자 한 주체들의 실험이었다. 〈침몰가족〉의 싱글맘들은 가족이라는 틀 안에서 아이를 키우거나 혹은 국가의 보조를 받으며 혼자 떠안는 대신 전혀 모르는 사람들과 함께 키우기를 선택했다. 함께

돌봄의 공간들

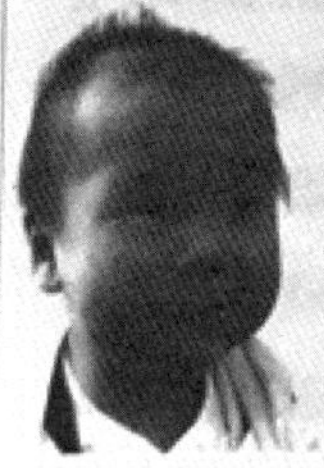

공동육아 참가자 모집 전단

육아를 하자는 이들의 말 걸기에 호응한 것은 자발적 백수로 살아가고자 한 젊은이들이었다. 〈침몰가족〉의 참가자들은 핵가족이라는 자본주의적 공동체의 형식과 그를 지원하는 국가의 복지가 '사회적 통제와 억압의 형식'(Rodgers and O'Neill, 2012: 402)임을 신체적으로 감각하고 있었던 주체들이라고 해도 좋을 것이다.

이 글은 임노동과 핵가족, 국가의 복지를 중심으로 구성된 억압적 삶의 형태로부터 벗어나고자 한 〈침몰가족〉의 시도가 어떻게 노동과 돌봄을 커머닝하며 커먼즈의 구성으로 향하는지 살펴본다. 이를 위해 우선 노동과 돌봄을 커먼즈의 관점에서 정의한다. 이어서, 임노동과 핵가족, 국가의 복지로 구성된 상호 의존의 형

제9장 / 자유를 위한 돌봄의 인프라를 상상하기

식, 즉 근대적 삶의 형태를 넘어서 다른 삶을 살고자 한 〈침몰가족〉
에서 벌어진 노동과 돌봄의 미시적 전환과 그를 통한 커먼즈의 생
산을 분석한다.

2. 노동과 돌봄, 커먼즈

페미니스트 돌봄 윤리는 생명의 근원적 얽힘을 강조하는 '관계
론적 존재론(relational ontology)'을 그 핵심으로 한다. 인간은 살기 위
해 자연과 연결되어야 한다. 이는 자연의 일부인 인간이 삶을 지
속하기 위한 조건이다. 사회 형태와 무관한 이 필연적인 연결의
과정을 마르크스(Marx, 1976: 283)는 '인간과 자연 사이에서 이루어지
는 … 물질대사'로서의 노동이라고 표현했다.

중요한 것은 물질대사가 자연과 인간 사이에서 이루어지는 것
만은 아니라는 점이다. 인간은 자연과의 대사 과정에서 생산된 잉
여(surplus)를 다양한 이유로 대사에 충분히 참여하지 못하는 공동
체의 구성원들과 나눈다. 우리가 흔히 돌봄, 혹은 재생산 노동이라
지칭하는 것은 이 두 번째 과정, 즉 인간이 타자와 잉여를 나누고
다양한 형태의 공동체/사회를 짓는 활동에 관계된다고 보아도 좋
을 것이다. 다른 동물보다 유년기와 노년기가 긴 인간은 태어나는
순간부터 돌봄을 필요로 한다. 인간이 결코 혼자 살아갈 수 없다는

것은, 생명의 근원적 상호 의존성까지 들먹이지 않더라도 우리 모두가 아는 사실이다. 구성원들과 잉여를 나눔으로써 삶과 죽음을 함께 관장하는 다양한 공동체를 짓는 것은, 유적 존재인 인간에게 핵심적인 노동이라 말해도 좋을 것이다.

그렇다면 돌봄은 인간과 공동체의 (재)생산과 관련된 노동, 즉 노동의 일부를 지칭하는 개념일까? 『표준국어대사전』은 '돌보다'라는 동사를 '관심을 가지고 보살피다'라는 의미로 정의하며, '돌아보다'의 근삿값으로 표시한다. 돌아본다는 것은 자신의 행위를 성찰하는 것, 즉각적으로 보이지 않는 것들을 고려하는 것이다. 라틴어 '돌봄(cūra)'은 관심·염려·생각·걱정·근심·슬픔은 물론 주의·경영·관리·작성·치료·양육·보호·관심·경작에 이르기까지 '필수적인 행위로서의 거의 모든 '하다''에 해당한다(채효정, 2020)

라틴어와 국어 모두에서 돌봄은 인간의 모든 필수적인 활동이 품을 수 있는 '태도'를 표현한다. 돌봄은 무언가를 '함'에 있어 주변을 둘러보고 자신을 돌아보는 것, 즉 자신의 행위가 불러올 수 있는 영향을 살피는 것이다. 이러한 태도는 인간과 인간 사이의 물질대사에 국한되지 않는다. 땅이 건강하고 윤택하도록 풀을 뽑고 지나치지 않게 거름을 주며, 제 손에 익은 농기구가 상하지 않게 관리하는 농부, 사냥을 할 때 반드시 제사를 지내고, 잡은 짐승은 남김없이 활용한다는 북미 원주민이 보여주는 것은 자연과의 물질대사 과정에 깃든 돌봄의 태도이다. 이러한 관점에서 볼 때 돌봄은 차라리 (트론토와 피셔의 유명한 돌봄 정의를 빌려 말하자면) 근본적으로 상호 의존적인 세계에서 '인간이 세계를 유지하고, 지속하고, 복구하기 위해 하는 모든 것을 포함하는 활동'(Fisher and Tronto, 1990: 40)인 '노동'에 깃든 태도, 우리가 노동의 과정 속에서 접속하는 타자에 대한 윤리라고 할 수 있다.*

돌봄을 둘러싼 개념적 혼란은, 근대적 노동(임노동)을 구축하는 과정이 인간을 기르고 공동체를 (재)생산하는 노동을 비가치화하며 야기된 것이라고 보아도 좋다. 이 개념적 혼란은 생산과 비생산, 돌봄노동과 돌봄노동이 아닌 것의 구분이 얼마나 자의적인 것인지도 드러낸다. 커먼즈의 인클로저와 노동력의 상품화 과정 속에서 공동의 삶을 위한 다양한 공동체와 커먼즈를 구성하는 노동은 집안일, 여자들의 일, 자연의 영역으로 분류되어 집 안에 갇혔다(Federici, 2004). 우리는 이러한 노동을 경제적 가치(교환가치로 표현되는 잉여)를 생산하는 '생산적 노동'과 구분하여 '재생산 노동'이라 부른다.

---

* 이 정의는 돌봄을 노동 (즉, 우리가 삶을 유지하고 활성화하기 위해 행하는 물질대사의 활동)과 구분할 뿐 아니라, 돌봄이 어떻게 (채효정(2020)의 표현을 따르자면) '인간과 자연의 공동 노동과 존재들의 관계'로서의 노동에 내재한 태도인지 포착하게 해 준다.

상품화의 확장, 지속되는 인클로저의 과정은 재생산 노동을 다시 상품의 영역으로 끌어냈고, 이제 이 노동은 '돌봄노동'이라 지칭된다. 마치 세계에는 돌봄이 필요 없는 노동도 있다는 듯이. 하지만 인간이 삶을 지속하고 (재)생산하기 위해 행하는 모든 활동은 근원적으로 타자와 접속하고 연결되는 신진대사의 과정이며, 그러므로 돌봄을 포함한다. 문제의 핵심은 노동이 상품이 되고, 노동의 목적이 이윤 추구가 되어 버릴 때, 노동에서 돌봄의 정동은 벗겨 내져야 하는 것, 이윤 추구에 방해가 되는 것, 불합리한 감정이 되어 버린다는 사실이다. 땅이 죽건 말건 당장의 수확을 위해 화학비료를 쏟아 붓고, 개발을 위해 아마존에 불을 지르고, 동물의 뿔을 잘라 내 비좁은 우리에 가두고, 공사 현상에서 끝없이 사람들이 죽어 나가도 대책을 마련하지 않는 우리 사회의 노동들은, 이윤 추구를 위한 노동에서 돌봄이 벗겨져야만 한다는 사실을 뚜렷이 보여준다.

우리는 상품화 과정 속에서도 돌봄을 결코 완전히 벗겨 낼 수 없었던 노동을 돌봄노동이라 부른다. 작금의 돌봄위기가 드러낸 것은 자연화/여성화됨으로써 가장 낮은 값이 매겨져 온 동시에 결코 완전히 상품으로 환원되지 않는 이 노동들이야말로 우리가 삶을, 일상을, 사회를 지속하기 위한 가장 필수적인 노동이라는 사실이다.

모두가 돌봄의 중요성을 말하고 있지만 문제를 해결하기는 쉽지 않아 보인다. 가장 큰 이유는 사람들이 경제적 생존을 위한 노동으로 너무 바쁘다는 것이다. 하지만 우리가 (4세 고시, 7세 고시라는 단어까지 등장한 최근의 현상이 드러내듯) 스스로를 더 비싼 상품으로 만들기 위한 과정을 포함해 온 생애를 바치고 있는 노동은 정말 그럴 만한 가치가 있는 것인가? 인류학자 데이비드 그레이버(2021)가 신랄하게 지적하듯이 우리는 마치 다 같이 스스로를 노예로 만드는 데 동의한 것처럼' 노동 시간의 절반을 완전히 무의미하거나 반생산적이기까지 한 활동에 (대개는 우리가 싫어하는 인간들의 지시를 받으면서)' 쓰고 있다. 이러한 현실이 보여주는 것은, 돌봄의 전환이 결코 노동의 전환과 분리할 수 없는 문제라는 사실이다.

우리가 지금 당장 (우리의 시간, 즉 삶을 강탈하는) 임노동 관계에서 완전히 빠져나오는 것은 불가능하다. 커먼즈는 바로 이런 의미에서 중요한 사회 전환의 핵심적인 키워드가 된다. 커먼즈는 우리가 임노동과 다른 방식으로 생산하고 나누는 구체적인 실천이며 그것을 통해 만들어지는 공동의 인프라스트럭처이다. 무엇보다 커먼즈에 연루되는 경험 속에서 우리는 비로소 우리의 노동(력)이 단지 교환되는 상품이 아니라 타자와 함께하는 집합적인 세계 제작의 실천이라는 것을 감각할 수 있다. 즉 커먼즈는 단지 자원을 함께 관리하는 제도가 아니라, 우리가 서로(인간-이상의 타자)와 관계하

돌봄의 공간들

는 법, 존재의 양식 그 자체를 바꾸는 구체적인 과정을 추동한다.

3. 샐러리맨과 프로 주부의 사회에서 생존-이상을 욕망하기

〈침몰가족〉의 참가자들은 자주 〈침몰가족〉이 거창한 '유토피아'나 '새로운 가족상의 모색' 같은 것이 아니라 단지 '생존'을 위한 것이었다고 말한다. 그러나 이들이 '생존'이라고 표현하는 것이 문자 그대로의 '생존', 즉 단지 경제적 생존을 넘어선다는 점에 주목해야 한다.

가노 호코가 공동육아를 모색할 당시 그녀의 수입은 약 14만 엔 정도로, 아동 부양 수당과 구청에서 나오는 수낭을 합쳐 20만 엔 정도였다. 빠듯하지만 경제적 생존은 가능한 수준이었다. 결혼을 하거나 친정의 부모에게 의탁을 하는 선택지도 있었다. 즉 〈침몰가족〉의 싱글맘들에게 경제적 생존은 기존의 가족 내에서, 혹은 국가의 복지를 통해 가능했다. 이들이 공동육아를 선택한 것은 싱글맘 라이치가 말했듯이 가족과 국가라는 선택지 자체가 '굉장히 고정화된 역할을 요구하고, 도망갈 곳이 없는 (…) 숨 막히는' 것으로 여겨졌기 때문이다(이은지 인터뷰, 2024).

이들이 말하는 '숨 막히는' 삶을 이해하기 위해서 일본 사회의 특징을 살펴볼 필요가 있다. 전후 일본은 고도로 제도화되고 성별

제9장/ 자유를 위한 돌봄의 인프라를 상상하기

화된 노동에 기반한 극히 동질적인 중산층 사회를 형성한다. 이를 뒷받침한 것은 소위 '일본식 복지 제도'로 이는 남성 생계 부양자(와 그의 가족)에게 복지를 제공하고 재생산을 가정이라는 사적 공간에 격리시킨다는 점에서 로라이(Lorey, 2017)가 설명하는 포드주의적 복지의 본질적 특징을 공유한다. 하지만 일본식 복지 모델은 복지 제공자의 권한, 특히 주택 제공의 역할을 기업에 위임함으로써 노동자와 그 가족들을 '기업의 목표를 위해 봉사하는 주체'로 생산하는 강력한 통치 메커니즘으로 기능했다(Peng, 2000: 96).

회사에서 주택대출을 받아 집을 사는 것이 일반적인 상황에서 가장의 평생 고용은 필수적이었다(Oizumi, 1994). 가장의 회사에 대한 충성, 극심한 노동 강도, 장시간 근무로 인한 가정 내 부재와 같은 기업의 원칙이 가정생활에 내면화되며 강력한 노동 윤리를 장착한 '샐러리맨 사회'가 형성되었다(Goldfarb 2016). 일본에서 흔히 사용되는 '평일 한낮의 남자'라는 표현은, 일할 연령의 남자가 '단지 평일 낮에 거리를 배회한다는 이유만으로 의심스럽게 여겨지는' 동질적이고 억압적인 사회 분위기를 드러낸다(田中俊之, 2015, 2016). 동시에 여성에게는 '프로 주부'로서 아이를 키우고 남편(가장)을 뒷받침함으로써 일본 국민국가의 기본 단위인 가족을 지킬 윤

리적 의무가 주어졌다(Kazue, 1994).[*]

이런 맥락에서 〈침몰가족〉의 참가자들은 경제성장과 국가의 부흥이라는 근대적 프로그램이 강제한 삶의 형태와 이것이 개인에게 부과한 역할에서 벗어나고자 한 주체들이다. '집에 틀어박혀 종일 가족만 생각'하는 삶을 살다가 '아이는 물론 나 자신까지 잃어버리고 싶지' 않다는 호코의 표현처럼 싱글맘들은 여성, 특히 어머니에게 부과된 윤리적 의무와 책임에 의문을 가졌다. 한편 일하지 않는 삶을 추구한 다메렌의 단골 토크 주제 중 하나는 '평일 한낮의 남자' 문제였다.[**] 다양한 토크 기록과 참가자들의 에세이를 엮은 〈다메렌 선언〉은 일본 사회가 '일·연애·가족'으로 이루어진 전형적 삶을 '건전'하거나 '정상적인' 생활 방식으로 규정하고, 그런 삶에서 벗어난 사람들을 다메로 낙인찍음으로써 정상적인 삶을 촉진한다고 지적한다. 즉 그들에게는 스스로가 다메라는 것을 긍정하는 것이야말로 '단 한 번뿐인 인생'을 충실하게 살기 위한 출발점이었다.

---

[*] 신자유주의적 자기 책임의 논리가 사회 전체를 지배하는 현재에도 '능력 있는' 샐러리맨의 이데올로기는 더욱 개인주의적이고 세련된 방식으로 진화하여 일본 사회를 지배하고 있다(Dasgupta, 2017).

[**] 이 문제는 어떤 의미에서 다메렌에 여성보다 남성이 더 많은 이유, 그리고 일본 사회에서 남성과 여성에게 어떻게 서로 다른 억압이 배분되는지를 보여주었던 셈이다.

제9장/ 자유를 위한 돌봄의 인프라를 상상하기

'생존(survival)'과 '삶(vie)'을 구분하는 라울 바게넴(2017: 20)의 논의는 〈침몰가족〉의 참가자들이 원한 '삶'의 의미를 잘 보여준다. 바게넴에게 생존이란 단지 목숨을 부지하는 것, 그러한 단 하나의 목적으로 축소된 삶을 의미한다. 오직 살아남는 것이 목적이 될 때 사람들은 살아남기 위한 질서에 몸을 맞춘다. 먹고살기 위해 취직을 하고, 취직을 하기 위해 시험을 치고, 시험을 치기 위해 경쟁한다. 바게넴의 표현을 빌리자면 생존의 인간은 '위계화된 권력의 메커니즘 안에서, 조합된 간섭들 안에서, 프로그램된 사상가들의 참을성 있는 프로그래밍만을 통해 정돈될 수 있는 억압적 기술의 혼돈 안에서 잘게 부서진 인간'이다. 반면 삶은 어떤 하나의 목적으로 환원되지 않는다. 삶은 무목적적으로 뻗어 나가고 쑥쑥 자라는 생명의 힘 그 자체이다. 프로그래밍된 생존으로부터 흘러넘치고 주변의 다른 것들과 우연히 마주치고 얽히고 증식하며 풍성해지고 활성화되는 것, 무한한 가능성에 자신을 열어 두는 삶-형태이다.

> 어떤 하나의 힘에 봉사하기에는 우리의 삶은 언제나 너무나 무궁무진하다. 랭보 멋져!(〈침몰가족〉 소식지 2호 중)

〈침몰가족〉의 참가자들이 추구한 것은 억압적 사회(공동체)와 그것이 할당한 역할로부터 벗어날 자유였다고 할 수 있다.[*] 그러나 이 때 자유는 독립적 개인을 주체로 상정하는 서구적 의미의 자유와 다르다. 이들은 인간이 결코 혼자 살 수 없다는 사실, 즉 '독립적 인간' 같은 것은 없다는 점을 분명히 인식하고 있었다. 더 나아가 이들에게 타자와 만나는 것은 자신을 변화시키고 삶을 활성화하기 위한 적극적인 조건이기도 했다. '무제한 교류', 이것은 〈침몰가족〉과 다메렌에서 자주 사용한 표현이다. 다메렌을 시작하고 〈침몰가족〉에 적극 참여한 폐폐가 말하듯이 '비슷한 사람끼리 있어 봤자 아무런 일도 생기지 않는다.'

즉 이들이 문제 삼은 것은 상호 의존의 부재가 아니라 일본 사회가 조직한 상호 의존의 방식, 즉 억압저인 돌봄의 방식이었다. 우선, 국가가 제공하는 복지는 상호 의존의 구체적인 관계성을 지운다. 기쿠이케는 이렇게 말한다.

---

[*] 가라타니 고진(2000)은 선정적인 범죄가 발생할 때마다 그 가족에 책임을 요구하는 일본 사회의 특성을 분석하며 일본 사회 자체가 강력한 공동체로 구축되어 왔다고 지적한다. 사회로부터 배제되지 않기 위해 사람들은 억압적 사회의 분위기/질서에 순응하고, 사회는 가족에 책임을 부과한다. 이러한 다이나미즘 속에서 가족과 사회는 모두 강력한 공동체로 기능하는 한편, 다양한 상황에 응답하고 자신의 행동에 책임을 지는 주체로서의 개인은 없다는 것이다.

보험이나 연금 같은 사회보장제도는 일과 결혼, 가족에 더해 사람들의 미래에 대한 불안을 줄이는 기제이다. 인간은 혼자 살 수 없기 때문에 우리는 다른 사람들과 반드시 관계를 맺어야 한다. 사람들은 서로와 서로의 생계를 지원함으로써 비로소 살 수 있다. 이런 의미에서 사회보장제도는 반드시 필요하다[기쿠이케, 다메렌(だめ蓮, 1999: 56)].

'사회보장제도는 개인들 사이에서 벌어지는 상호돌봄의 결과'여야 하는데 현실에서는 이것이 '매달 내야 하는 청구서나 국가가 하사하는 '특혜'로 나타'난다. '사람들이 보는 것은 상호돌봄의 구체적인 관계가 아니라 매달 일정 부분이 공제된 월급명세서일 뿐'이다. 추상화된 돌봄의 제도 안에서 사람들은 국가에 의해 강탈당했다고 느끼는 납세자와 국가에 감사해야 하는 수혜자로 양분된다(같은책).

이들은 가족으로 상징되는 친밀한 공동체와 내부의 돌봄 또한 경계했다. 부양자와 부양받는 자 사이의 위계 때문만이 아니라 그 관계의 친밀성, 밀접함, 혹은 절대성으로 인해 돌봄이 폭력으로 변할 수 있기 때문이다.

일본 장애인 운동의 슬로건 중 하나는 '엄마! 죽이지 마'이다. 장애

돌봄의 공간들

인에게 가족 구성원은 가장 친밀한 비장애인일 뿐만 아니라 비장애인의 관점을 강하게 강요하는 존재이다. 이러한 관점에서 장애는 오직 부정적으로만 인식되며, 장애인은 부정적인 존재가 된다. 이 슬로건은 장애가 있는 아이를 죽인 어머니를 향한 것이지만 장애인 가족뿐 아니라 모든 가족 관계가 품고 있는 문제를 명확히 보여준다[궁극의 Q타로, 다메렌(だめ蓮, 1999: 201-202)].

〈침몰가족〉과 다메렌의 참가자들은 근대적 상호 의존(돌봄)의 형식을 문제화한다. 동시에 이들은 어떤 이상적인 삶의 모습을 미리 전제하지 않는다. '공동육아라는 말에서 공동은 대체 무엇이고 어디까지 가능할까요?'라는 전단의 문구가 보여주듯이 〈침몰가족〉의 공동성, 즉 타자와 함께 있기 위한(being-in-commons) 돌봄의 방식은 타자와 함께 세계를 짓는 구체적인 노동의 실천, 다른 이들의 필요와 욕망을 가늠하는 과정 속에서 비로소 떠오른다.

4. 타자와 함께 세계를 짓는 비생산적 노동

〈침몰가족〉에서 작성된 11권의 육아노트는 〈침몰가족〉이라는 관계를 만든 것이 (다른 모든 가족이나 공동체와 마찬가지로) 타자를 향한 활동, 즉 돌봄이 깃든 노동이었음을 보여준다. 하지만 〈침몰가족〉

이라는 구체적인 생활세계를 지은 노동은 지배적 노동과 분명히 달랐다. 무엇보다 〈침몰가족〉의 노동은 '비생산적'인 것이었다. 근대사회가 돌봄과 재생산을 '생산'적이지 않은 것, 자연(=여성)의 활동으로 프레이밍하여 값싸게 (혹은 무상으로) 수탈해 온 것은 주지의 사실이다. 하지만 〈침몰가족〉의 비생산적 노동은 이러한 수동적 의미를 넘어선다. 〈침몰가족〉에서 행해진 가장 핵심적인 노동은 (각자의 방식으로) 아이와 함께 있는 것, 매일의 대화나 일기 등을 통해 각자의 경험과 감정을 다른 참가자들과 공유하고 되돌아보는 것이었다. 모든 육아 노동은 이러한 돌봄의 정동을 필연적으로 포함한다. 하지만 〈침몰가족〉의 노동은 노동의 강조점을 완전히 이동시킴으로써 독특한 '잉여'를 만들어 냈다.

다메렌이 생산한 담론은 이 잉여의 의미를 이해할 수 있는 중요한 힌트를 준다. 이미 설명했듯이 다메렌의 중심 활동은 '교류'와 '토크'였는데, '한가한 시간(히마, 暇)'은 '평일 한낮의 남자' 문제와 함께 다메렌 토크의 단골 주제였다. 여유, 한가함, 틈, 빈둥대는 시간 등의 뜻을 가진 이 단어는 일본 사회에서 종종 '시간 낭비'라는 부정적인 뉘앙스와 함께 사용되지만, 다메렌은 한가한 시간의 가치를 설파했다. 예를 들어 다메렌의 페페는 한가한 시간을 '책을 읽고, 영화를 보고, 음악을 듣거나 생각에 잠기고, 바람에 흔들리는 풀을 보거나 떨어지는 빗방울 소리를 듣는' 시간이라고 설명한다

(Cassegård 2014: 60). 또 다른 멤버 가미나가는 한가한 시간이야말로 '자기가 진짜로 뭘 좋아하고 싫어하는지 곰곰이 숙고할 수 있는 시간'이며, '관심 있는 소소한 이벤트를 만들고, 독립 잡지를 발행하거나, 심지어 사회운동에 참여'함으로써 삶을 즐거운 것으로 바꿀 수 있는 시간이라고 말한다.* 즉, 다메렌에게 한가한 시간은 잉여를 교환가치와 교환하는 것을 거부하고 자신을 돌아볼(돌볼) 시간, 그럼으로써 다양한 강도와 밀도를 가진 질적 가치들을 생산하고 생존-이상의 삶을 활성화하는 시간이었던 것이다.

〈침몰가족〉의 참가자들은 자신의 '한가한 시간'을 모르는 아이에게 내주기로 한다. 육아노트에는 이들의 한가한 시간을 채운 비생산적 노동이 깨알같이 기록되어 있다. 이 노동의 기록은 언제나 자신이 〈침몰가족〉에서 보낸 시간 동안 행한 활동뿐 아니라, 아이가 자다가 일어나서 울기 시작하자 (아이는 곧 멀쩡해졌지만) 자기까지 슬퍼져서 울어 버렸다는 이야기나 '아이들의 기분이 아무런 맥락 없이 바뀌는 것'에 어쩔 줄 모르겠다는 감상, 자신의 방식이 아이에게 안 좋은 영향을 끼치는 것은 아닐까라는 걱정, 하루 종일 떼를 쓰는 아이에게 '태어나서 처음으로 미움을 느꼈다는' 고백 등으

---

* 페페와 가미나가는 다메렌의 핵심 멤버일 뿐 아니라 〈침몰가족〉에 처음부터 적극적으로 참여했다. 〈침몰가족〉이 운영되는 동안 다메렌과 〈침몰가족〉은 비슷한 사람들의 네트워크로 구성된 다른 이름의 활동이었다.

제9장 / 자유를 위한 돌봄의 인프라를 상상하기

로 가득하다.

〈침몰가족〉의 노동이 보통의 육아 노동과 다른 또 하나의 지점
은 아이들이 단지 돌봄의 대상으로 표현되지 않는다는 점이다. 참
가자들은 이 아이들을 어떤 관습적인 언어나 코드도 공유하지 않
은 타자로 감각한다. 게다가 세 아이(쓰치, 메구, 유리)는 저마다 독특
한 표현 방식과 개성을 가지고 있었다. 도무지 이해할 수 없는 이
아이들과 함께 있기 위해 참가자들은 이들의 표현 방식에 주의를
기울여야만 했다. 한 참가자는 구순염에 걸린 다섯 살 된 메구가
하루 종일 말을 하지 않는 것을 걱정하다가, 결국은 말을 하지 않
는 것을 통해 말을 하면 아프다는 사실을 '표현'하고 있었다는 것
을 알아채는 과정을 중요한 깨달음의 순간으로 기록했다. 참가자
들이 활발히 수집한 '쓰치 언어'나 '유리 언어' 같은 목록은 참가자
들이 자신을 이방의 언어를 배우는 외국인들처럼 위치 짓는 장면
을 유머러스하게 드러낸다.

현재의 유리 언어

코치: 정확한 의미는 아직 알려져 있지 않지만, 아마도 어린이집
친구 리코가 쓰는 말을 흉내 내는 듯함.

아이들은 타자일 뿐 아니라 참가자들의 감정을 휘두르는 폭군

으로도 등장한다. 자신의 마음을 지키며 아이들과 관계를 맺기 위해서는 아이들에게 주의를 기울일 뿐 아니라 스스로의 감정을 알아채는 것도 중요하다. 참가자들은 육아일기를 통해 그날그날 자신이 경험한 사건과 그 과정에서 일렁인 감정을 기록하고 되돌아보는 동시에 다른 참가자들의 경험, 감각과 생각에 귀를 기울인다. 이는 흔히 자신의 감각과 사고방식을 거리를 두고 돌아보는 과정으로 연결되고, 그 과정 속에서 참가자들은 자신에게만 유독 떼를 쓰는 아이가 진심으로 미워진 순간을 '가까워지면서 생기는 딜레마'로 표현하며 객관화를 시도하거나, '어쩌면 아이들과 잘 지내기 위해서는 그들의 감정 표현을 너무 깊게 생각하지 않는 편이 좋을지도 모르겠다.'는 잠정적 결론을 내리며 각자의 방식과 속도로 아이들과 함께 있는 역량을 키워 나간다.

팀 잉골드(2021)가 설명하는 '조응'이라는 개념은 〈침몰가족〉의 비생산적 노동이 향한 것을 잘 포착한다. 잉골드는 상대에게 주의를 기울이며 편지를 쓰는 감각이야말로 조응이며, 이는 상호작용과 다른 것이라고 설명한다. 상호작용이 이미 정해진 목적과 정체성 사이에서 벌어지는 일이라면 조응은 '어우러져 나아가는' 것이다. 〈침몰가족〉의 참가자들은 자신과 아무 상관이 없는 아이에게 기꺼이 자신의 삶의 시간을 내어 주기로 한다. 그들이 수행한 노동은 서로에게 주의를 기울이고, 자신과 상대의 기분과 필요를 알아채며, 그럼으로써 함께 있을 수 있는 공통의 역량을 확대하는 조응의 과정이었다. 육아노트는 문자 그대로 참가자들이 서로에게 주의를 기울이며 쓴 긴 편지이자, 집합적 조응의 과정이며 〈침몰가족〉이라는 관계성, 혹은 공동성은 그 조응의 결과물이다. 〈침몰가족〉을 지은 비생산적 노동은, 노동이란 언제나 우리가 타자와 함께―때로는 타자를 배제하고, 계층화하며―세계(고유한 상호 의존의 방식)를 짓는 활동이며 이는 근원적으로 돌봄의 계기를 품고 있다는 것을 보여준다.

성인이 되어 육아노트를 읽은 쓰치는 이렇게 말했다.

너무 재밌었죠. 제가 기억하지 못하는 저의 모습이 잔뜩 적혀 있는데 다들 다양한 상황에서 어떻게 해야 할지 전혀 모르고 있는 거예요. 쓰치가 울면 어떻게 해야 하나, 계속 달래야 하는 거냐, 잠시 혼자 두는 것이 괜찮은가, 뭐 이런 것에 대해 열심히 토론하는 것이 적혀 있어요. 제가 모르는 사람들이 이렇게 열심히 저에 대해 생각해 주었다는 것이 좀 감동적이었어요.(쓰치)

5. 서로의 자유를 돌보는 돌봄

〈침몰가족〉의 비생산적 노동 속에서 자라난 돌봄은 육아라는 단어가 흔히 환기시키는 돌봄과 크게 다르다. 〈침몰가족〉은 육아를 매개로 시작되었지만 엄밀한 의미에서 육아를 목적으로 하는 모임이 아니었다. 참가자들은 '결혼하지 않고서도 아이를 키우는 경험을 해 볼 수 있으니까', '사람들과 어울리는 것이 재밌으니까', 심지어 '좋아하는 여자랑 육아를 핑계로 데이트를 할 수 있어서' 등과 같이 다양한 이유로 〈침몰가족〉에 참가했다. 육아에 관심이 없는 사람도 많았지만 참가자들은 이런 사실을 문제로 생각하지도 않았다. '처음으로 온 사람을 아이와 단둘이 두지 않는다.'는 정도의 규칙이 있었을 뿐, 사람들은 자신들이 원할 때 원하는 만큼 참가했다. 쓰치는 침몰하우스를 이렇게 회상했다.

완전 카오스였죠. 사회생활이나 커뮤니케이션에 문제가 있는 사람은 물론이고 실제로 꽤 심각한 멘탈 이슈가 있는 사람들, 그리고 많은 괴짜들이 언제나 문이 열린 채로 있는 침몰하우스에 드나들었어요. 몇몇은 육아에는 아예 관심이 없었고, 매일 술판이 벌어졌죠. (웃음) 거실에는 거의 항상 누군가 있었는데요, 제 책가방을 베고서 자고 있거나 … (웃음) 규칙은 거의 없었는데, 아, 흡연은 환풍기 아래서 하자는 정도?

어떤 사람들은 이런 환경에 아이를 두는 것은 무책임하며 심지

제9장/ 자유를 위한 돌봄의 인프라를 상상하기

어 위험하다고 생각할 것이다. 육아일기에는 당시 침몰하우스에 방문한 한 공무원이 수상쩍다는 표정으로 '혹시 옴진리교 같은 것이 아닌지' 물었다는 기록이 남아 있다. 하지만 옴진리교가 동질적 공동체가 얼마나 파괴적인 것이 될 수 있는지 보여주는 사례라면 〈침몰가족〉은 공동체로부터 최대한 멀어지고자 한 시도라고 해야 한다. 위에서 말했듯이 〈침몰가족〉은 어떤 이상적인 삶의 형태도 전제하지 않았다. 그들이 의식했던 것은 차라리 어떤 이상적 삶-형태(공동성)의 추구가 그 과정에서 개인을 억압할 위험이었다.[*] 카노 호코(加納穗子, 1997)는 한 글에서 이렇게 말한다.

한번은 우리가 과연 뭘 하고 있는 건지 좀 불안해져서, 공동육아를 주제로 이야기하는 자리를 만들었다. 그러나 결국 각자가 뭘 하고 싶은지 이야기하는 것으로 끝났다. 각자 하고 싶은 것을 하는 수밖에 없다고, 그것을 공동육아라고 부르건 말건, 그것으로부

---

[*] 싱글맘으로 〈침몰가족〉에 참가했던 니시이케는 그녀의 전 남편이 가족을 위해 열심히 노력했지만 그 노력은 남자는 밖에서 일하고, 여자는 집을 돌본다는 모델에 기초해 있었고, 결국 모두에게 부담이 되었다고 설명한다. 〈침몰가족〉과 다메렌의 참가자들은 주류 사회의 규범적 삶의 방식뿐 아니라 목적의식적이고 이데올로기적인 일본 사회운동에 대해서도 비판적인 거리를 취하고 있었다. 이는 참가자들의 독특한 무지향성에 중요한 영향을 끼쳤지만 본고에서는 다루지 않는다. (일본 프리타 운동의 자율적 특성이 일본 사회의 구체적 맥락에서 형성된 과정에 대해서는 한경애(2023)를 참고할 것)

돌봄의 공간들

터 뭔가가 생길 것이라고 말이다. (…)〈침몰가족〉을 공동육아라고 부르지만, 실제로는 공동으로 육아를 한다기보다 각자의 필요에 따라 친구 같은 관계를 맺고 있는 셈이다.

개인보다 큰, 단일하고 규범적인 공동체를 구성하는 것에 대한 저항, 어떤 방향성도 미리 설정하지 않으려는 독특한 무지향성은 〈침몰가족〉의 돌봄을 독특하게 느슨한 것으로 만든다. 좀 더 정확하게 말하자면 〈침몰가족〉에서 참가자들은 서로를 조응하기 위한 노동에 공을 들였고, 이 노동은 독특하게 느슨한 돌봄을 배양했다.

우선 〈침몰가족〉에서 돌봄은 보호자가 아이에게 제공하는 것도, 어떤 적절한 형식이 있는 것도 아니었다. 〈침몰가족〉에 대한 다큐멘터리를 찍기 위해 많은 참가자들을 취재한 쓰치는 '〈침몰가족〉에서는 아이를 돌보기 위해 제대로 된 어른이 될 필요는 없으며, 아이건 어른이건 모르는 건 모른다는 관점이 있었다.'고 말한다. 참가자들에게 요구되는 것은 단지 각자가 원할 때 나름의 방식으로 '거기 있어 주는 것'이었으며, 그것을 가능한 한 여럿이 함께하는 것이었다. 즉 〈침몰가족〉에서 돌봄은 그들의 표현에 따르면 '힘을 뺀' 것, '부담스러우면 언제든 피할 수 있는' 것이었다.

〈침몰가족〉의 참가자들 중엔 사회생활이나 사람들과의 의사소

제9장/ 자유를 위한 돌봄의 인프라를 상상하기

통에 어려움을 겪고 있기에 다메렌에 접속하게 된 사람들도 많았다. 이들에게 〈침몰가족〉은 '다른 사람과 대화하지 않고도 충실한 시간을 보낼 수' 있는 공간, '혼자 있고 싶지 않을 때' 부담 없이 갈 수 있는 공간이었다.

싱글맘들에게 〈침몰가족〉은 그들이 '엄마라는' 감정적 압박감 없이 아이들을 대할 수 있는 공간이었다. 라이치는 쓰치와 함께한 인터뷰에서 이렇게 말한다.

주변에 사람들이 많이 있으니까, 상처를 덜 받아요. 아이가 화가 나서 소리를 지르거나 할 때, 둘만 있으면 정말 힘들거든요. 다른 사람들이 있다는 것만으로도 갈등이 완화되는 측면이 있는 거죠. 한바탕 폭풍이 휘몰아친 후에, 거기에 대해 가볍게 이야기하는 것만으로도요. '오늘은 엄청났네.'라는 식으로.(加納土, 高橋ライチ, 2019)

〈침몰가족〉이라는 복수적 관계망은 엄마와 아이의 관계를 절대적인 것으로 만들지 않는다. 라이치는 〈침몰가족〉에서는 육아의 부담을 나눌 수 있었을 뿐 아니라 언제고 교류할 성인들이 있었으며 이러한 소통 자원이 자신에게는 '수도나 전기 같은 필수 인프라'였다고 말한다.(이은자 인터뷰, 2024) 여기서 핵심은 〈침몰가족〉의 관계성이 가족이나 부부의 그것처럼 정해진 역할과 밀착된 관계에 기반한 것이 아니라는 점이다. 〈침몰가족〉에서 그녀들은 자신의 아이를 포함한 주변의 사람들과 '거리를 두는 게 가능'했고 그것은 그녀들에게 '숨구멍'이 되어 주었다.

한편 아이들에게 〈침몰가족〉은 항상 주변에 사람들이 있고, 그래서 언제나 '도망칠 곳'이 있는 곳이었다. 다큐멘터리 〈침몰가족〉에서 메구는 그것이 정말 안심이 되었다고 회상한다. 자신이 자란 〈침몰가족〉을 취재한 쓰치의 통찰처럼 아이들은 자신이 자라는 환경을 선택할 수 없다는 점에서 모든 성장 환경은 언제나 어느 정도 폭력적이다. 하지만 쓰치의 표현을 빌리자면 침몰에는 '마치 게임의 세계처럼 여러 필드가' 있었다. 즉 침몰의 개방성과 느슨함은 아이들에게 절대적일 뿐 아니라 도망칠 수 없는 가정 폭력의 가능성을 희석하는 독특한 환경을 구축했다.

정리하자면 〈침몰가족〉에서 돌보아진 것은 단지 아이들이 아니라 각자에게 다른 방식으로 경험되는 즐거움과 안전, 자유의 감각이었다. 이러한 돌봄은 누군가가 어떤 대상에게 주는 것이 아니라, 누구나 각자의 역량만큼, 각자의 필요에 의해 참여하고 부담스러우면 언제든 떠날 수 있는 넓고 느슨한 상호 의존성을 통해 구성되고 감각되는 것이었다. 참가자들은 자주 〈침몰가족〉이 '친구의 친구의 친구 정도로 이루어진 관계'였다고 말하는데, 이는 〈침몰가족〉이 구성한 새로운 상호 의존성을 잘 표현해준다. 〈침몰가족〉의 참가자들은 친구나 가족과의 관계를 절대화하지 않는 한편, 전혀 모르는 타자와도 '친구 같은 관계'를 맺었다. 이를 통해 가족과 같은 친밀하고 절대적인 공동체 내부의 관계성을 느슨하게 벌리고 복수화함으로써 무거운 의존관계에서 자라나는 역할(책임)과 감정적 부담, 예속적인 관계성으로부터 벗어나고자 했다.

6. 자유를 위한 돌봄의 인프라로서의 커먼즈 짓기

도나 해러웨이(2016: 31)가 단언하듯이 '어느 누구도 모든 곳에 살지 않지만, 모두는 어딘가에 산다. 어떤 것도 모든 것과 연결되어 있지 않지만, 모든 것은 무언가와 연결되어 있다.' 우리가 언제나 무언가와 연결되어 있다는 사실을 삶의 전제로 인식할 때 우리는 비로소 질문을 바꿀 수 있다. 우리는 누구와 어떤 방식으로 연결(상호 의존)되고, 어떤 세계 속에서 살고 싶은가? 세계가 상호 의존의 거대한 그물망이라면, 노동이란 결국 세계의 일부인 우리가 물질대사(타자와의 연결) 속에서 상호 의존의 다양한 형식을 구성하고, 그럼으로써 세계와 우리 스스로를 고유한 방식으로 (재)생산하는 세계 짓기의 활동이다. 그 활동은 우리를 고유한 방식으로 타자에 연결하고 그럼으로써 특정한 방식으로 상호 의존성을 감각하는 '우리'를 만든다. 마이클 하트(Hardt, 1999)의 표현을 빌리자면 그 자체로 정동적인 돌봄은 '사회적 네트워크들, 공동체의 형태들, 삶 능력(biopower)'을 생산한다.

가족, 회사, 국가는 물론 이에 저항하는 사회운동에 이르기까지 근대 일본 사회가 확장해 온 억압적 공동성에 대한 신체적 거부 속에서 〈침몰가족〉은 개인들을 촘촘하게 연결시킴으로써 내부의 상호 의존성을 강화하는 공동체와 다른 것, 개인과 공동체의 관계, 혹은 우리(=공동체)와 타자의 거리를 재배열하는 새로운 커먼즈를 구성하고자 했다. 페페의 표현대로 '우연에 몸을 맡기고 상상도 해 보지 않았던' 방향으로 삶을 확장하며 새로운 삶의 형태를 구성할 자유를 실행한 것이다. 또한 이 과정은 우리기 근대적 삶 속에서 노동과 돌봄이라고 인식해 온 행위와 그것을 둘러싼 관계인 공동체를 새롭게 구성하는 것, 즉 돌봄과 공동체 자체의 커머닝(commoning)을 동반한다.

물론 이들의 실험은 보편화하기 어려울 뿐 아니라 지속 불가능성 또한 희박한 작은 사례로 보일지도 모른다. 하지만 현재 우리 눈앞에 닥친 거대한 생태 위기는 궁극적으로 노동을 추상화하고 상품화한 결과, 즉 더 많은 이윤을 얻기 위해 노동에서 돌봄을 벗겨 낸 결과이다. 즉, 우리 삶을 특정한 방식으로 지속시키고 활성화하는 활동인 노동과 돌봄을 바꾸어 내지 못한다면 어떠한 제도적 고민도 우리를 같은 장소로 되돌리고 말 것이다. 바로 그런 의미에서 〈침몰가족〉에서 관찰되는 노동과 돌봄의 미시적 전환은 중요하다. 우리가 서로에 얽히며 세계를 구성하는 방식인 노동과 돌봄이 존재론적으로 변화하는 순간을 보여주기 때문이다.[*]

〈침몰가족〉의 참가자들은 단 한 번뿐인 삶을 남들을 따라하는 데' 허비하지 않기로 한다. 동시에 이들은 자신의 삶의 시간을 모르는 아이에게 기꺼이 내어 준다. 즉 이들에게 시간은 소유하거나, 아끼거나, 축적할 수 있는 것, 즉 벤저민 프랭클린이 '금'이라고 표현한 것이 아니었다. 이들이 타자에게 내어 준 한가한 시간을 채운 비생산적 노동은 타자와 조응하며 자본주의적 생산 개념이 결코 포획할 수 없는 질적 가치를 생산한다. 이 노동이 생산한 가치는 무엇보다 서로를 억압하지 않으며 함께 있을 수 있는 공통의 역량이고, 개인을 억압하지 않는 공동성이었다. 〈침몰가족〉에서 노동과 돌봄은 타자와 삶의 시간을 나누며 세계의 무늬를 새롭게

---

[*] 겔피와 파파도풀로스(Ghelfi and Papadopoulos, 2022)는 기존 권력관계나 제도에 이의를 제기하고 해결하는 것 이상의 운동, 대안적 삶의 방식과 물질 정치를 실험함으로써 '세계의 존재론적 구성에 변화를 가져오려는 정치 형태의 출현'에 주목하며 이를 '사회-이상의 운동'이라 명명한다. 전통적 사회운동에서는 사회변혁을 위한 투쟁이 먼저 일어난다면, 사회-이상의 운동에서 변화는 물질적 삶의 직접적인 수준에서 대안적인 일상적 실천을 구축하는 집단적인 직접행동에 의해 수행된다. 〈침몰가족〉은 이런 의미에서 '사회-이상의 운동'이라고 볼 수 있다.

돌봄의 공간들

실 뜨는 수행적 과정으로 경험된다. 노동과 돌봄을 미시적으로, 그러나 존재론적으로 변화시키는 이들의 직접행동은 개인의 자유를 돌보는 독특한 커먼즈를 구성한다.[*]

결론을 갈음하며 세 가지를 강조하고 싶다. 첫째, 책임과 의무, 역할이 미리 주어진 억압적인 삶에서 벗어나고자 한 〈침몰가족〉은 새로운 상호 의존(돌봄)의 방식, 새로운 얽힘의 기술을 발명하고자 했다. 그레이버(interview by Peterson, 2020)가 설명하는 '자유'는 〈침몰가족〉이 지향한 '친구 같은 관계'의 두 가지 의미를 포착한다. 첫째로, 서구적 자유 개념은 자유를 미리 주어진 삶 형식 내부에서 행사하는 개인의 선택 같은 것으로 축소해 버렸지만, 자유는 '참여하지 않을 수 있는 능력(떠나거나 명령에 불복종하는 것)을 통해 사회구조에 영향을 미치는 능력', 궁극적으로는 '사회구조를 재구성하고 사회를 재형성하는 능력'이다. 또한 자유는 우리가 어떤 사회, 어떤 관계 속에서 살고 싶은가에 대한 '결정을 집단적으로 내릴 수 있는' 관계, 즉 지배적이거나 예속적이지 않은 관계에 대한 것이다. 자유의 어원이 친구라는 사실이 자유가 관계적인 개념이라는 것을 보여준다. 가족(공동체)과 타자를 횡단하는 '친구 같은 관계'를

---

[*]　필자는 이를 '만남, 회합, 즉흥성'을 특징으로 하는 도시적 커먼즈(the urban commons)라고 개념화한다. 도시적 커먼즈에 대해서는 한경애(2022)를 참고.

통해 새로운 돌봄(삶)의 형식을 구성하고자 한 〈침몰가족〉은 바로 이러한 의미에서 근원적 의미의 자유를 행사했다.

둘째로, 그레이버에 의하면 공산주의적 관계는 개개인의 자유를 위한 것이기도 하다. 각자도생의 세계에서 대부분의 사람들은 생존을 위한 임노동을 벗어나지 못하는 삶, 집과 직장으로 압축된 좁은 회로를 오간다. 반면, 근대 이전의 사람들은 훨씬 가볍게 (놀랄 만큼 다양한 이유로) 장거리 여행을 떠났고 먼 곳의 타인들과 교류했다. 이러한 자유를 가능하게 한 것은 바로 넓게 펼쳐진 공산주의와 그것이 만든 커먼즈, 그리고 어디에도 그런 세계가 존재할 것이라는 사람들의 감각이었다(Graeber and Wengrow, 2021). 억압적 사회로부터 벗어나고자 하는 〈침몰가족〉의 욕망은 그곳에 소속됨으로써 안심할 수 있는 공동체를 구성하는 대신 타자와 함께 세계를 넓은 공산주의적 관계로 직조하고자 하는 새로운 커먼즈적 상상으로 나타났다(Han 2025도 참고).

마지막으로 〈침몰가족〉의 실험은 커먼즈를 구성하는 것이 결국 우리들의 노동과 그것을 통해 활성화되는 돌봄이라는 점을 보여준다. 우리의 노동과 돌봄은 우리 자신을 포함한 수행적인 회로, 즉 인프라스트럭처를 만든다. 벌란트(Berlant, 2016)가 지적했듯이 인프라스트럭처는 체계(system)와 다르다. 체계가 도로, 다리, 학교, 가족, 규범처럼 어떤 목적을 위해 사람들의 행위를 특정한 방식으로 조직하며 구조화한다면, 인프라스트럭처는 '사용과 움직임에 의해 정의'되는 '구조의 생명 세계'이다. 이런 관점에서 볼 때 근대적 가족은 임노동을 중심으로 돌봄을 특정하게 구조화하고 배분하는 체계의 일부로서 임노동을 중심으로 하는 세계를 당연하게 여기는 사람들과 그들의 관계를 (재)생산한다고 할 수 있다. 앞서 말한 '일본식 복지 모델'은 강력한 노동 윤리와 성별 역할, 노동 윤리를 (재)생산하며 이러한 돌봄 체계를 구축하는 데에 핵심적 역할을 했다. 일본식 복지 모델이 붕괴되는 사회적 맥락 속에서 〈침몰가족〉은 기능 부전을 드러내기 시작한 체계를 수리하는 대신 생존이상을 위한 인프라스트럭처를 수행적으로 구성하고자 했다. 즉, 〈침몰가족〉이 비생산적 노동과 느슨한 돌봄이 생산한 것은 가족과 국가와 다른 상호 의존과 돌봄의 인프라스트럭처로서의 커먼즈인 셈이다.

미투 운동에서 중국 청년 여성들의 돌봄을 발견하다*
― '나'에서 '우리'로, 그리고 '나도'에서 '너와 함께'로

손수경

* 이 글은 저자가 쓴 다음의 글을 요약·수정·보완한 것이다. 손수경, 2023, 「잊혀진 목소리가 잊혀지지 않도록: 2012년 중국 청년 페미니스트 운동에 관한 연구」, 현대중국연구, 25⑵, 현대중국학회, 155-205.; 손수경, 2024, 「'나'에서 '우리'로, 그리고 '나도'에서 '너와 함께'로: 2018년 미투 운동 이후에도 끝나지 않은 중국 여성들의 이야기」, 현대중국연구, 26⑴, 현대중국학회, 175-220.

1. 돌봄을 새롭게 사유하다

누군가 나에게 돌봄의 정의(定義)가 무엇이냐고 묻는다면, 정확한 답을 제시하기 어렵다. 그러나 돌봄이라는 행위가 무엇이냐고 묻는다면, 내 삶의 경험을 아주 쉽게 제시할 수 있을지도 모르겠다. 나는 바쁜 부모님을 대신해 어릴 때부터 남동생을 돌본 K-장녀였고, 중학교 때 자폐성 장애인 현수(가명)와 짝꿍 하기 싫다는 친구들을 대신해 그와 짝꿍을 한 반장이었다. 나는 하교 후 동생을 위해 매일같이 저녁밥을 차렸고, 현수를 병신이라고 부르며 괴롭히던 남학생들을 발로 차 버린, 누군가를 돌보는 것을 책임이자 의무로 여긴 아이였다. 또한, 강약약강을 죽기보다 싫어한 기가 세고 드센 '여장부'였다. 어릴 때부터 다른 아이들에 비해 유달리 키가 컸던 나는 여학생들의 치마를 들치며 '아이스깨끼' 장난을 치던 남학생들로부터 온몸으로 친구들을 지키고자 했고, 선생님이 불합리하고 가혹한 체벌을 가할 때 친구들과 후배들을 위해 저항하는 데 앞장섰다.

누군가를 지켜야 했고 대신해야 했기에, 나는 알게 모르게 늘 강해야만 했다. 나에게 나약함은 허락되지 않았고, 강인함은 '나'의 의무가 되었다. 돌봄은 나에게 책임의 무게로 다가왔고, 돌봄은 내 삶의 일부가 아니라 삶 자체였다. 오히려 그래서일까, 나는 돌봄을 온전히 정의 내리기 어려웠다. 네이버 국어사전에 따르면 돌봄은 '의학' '명사'라는 범주로 분류되었고, "건강 여부를 막론하고 건강한 생활을 유지하거나 증진하고, 건강의 회복을 돕는 행위"라고 정의되어 있었다. 사실, 나의 경험은 이 사전적 의미의 돌봄과는 딱 들어맞지는 않아 보인다. 이는 한국 사회 내 돌봄에 대한 이해가 여전히 아주 좁은 의미의 돌봄이라는 반증일 수도 있겠다.

이처럼 필자에게 돌봄이란 오랫동안 의무이자 부담으로 체화되어 있었고, 뚜렷하게 정의되지 않는, 그리고 손에 잡히지 않는 감각이자 무언가로 남아 있었다. 그러나 2024년 가을, 나는 처음으로 돌봄(Care)이라는 개념을 학문적으로 마주했다. 대학원 지도교수님 수업인 〈윤리의 인류학〉 덕분이었다. 이 수업은 필자에게 돌봄을 단지 개인적인 감정이나 경험 또는 당연한 의무이자 책임으로 바라보는 것을 넘어, 필자의 삶 속 실천들과 필자가 수행해 온 연구들을 다시금 사유할 수 있게 하는 윤리적 토대이자 이론적 도구가 되었다.

이 글은 2018년 미투 운동의 물결 속에서 중국 청년 여성들이 실천한 돌봄의 감각과 형식을 탐색하려는 시도로서, 이 글에서 주목하고자 하는 부분은 세 가지로, 다음과 같다. 첫째, 에바 페더 키테이(2023)의 『의존을 배우다』를 통해 어떤 돌봄이, 어떠한 상황에서, 어떤 방식으로 이루어질 때 '올바른 돌봄'이라 할 수 있는지를 살펴보고, 키테이가 제시한 새로운 패러다임이자 철학으로서의 돌봄이 중국 청년 여성들이 수행해 온 돌봄과 어떻게 맞닿는지를 살펴본다. 둘째, 2018년 중국 사회 전반에 걸쳐 미투 운동이 어떻게 시작·확산될 수 있었는지를 논의하고, 중국 미투 운동의 상징적 인물인 저우샤오쉬안의 선구적인 여정을 중심으로 그 흐름을 조망한다. 셋째, 중국 미투 운동의 다양한 사례를 통해 청년 여성들이 어떻게 돌봄을 실천해 왔는지를 살펴보며, 이들의 돌봄이 '나'에서 '우리'로, 그리고 '나도'에서 '너와 함께'로 니아가는 과정에서, 놀봄이 단지 사적인 차원의 실천을 넘어 공적이고 윤리적인 실천으로 확장되어 왔음을 제시한다.

2. 의존을 배우다

이전의 사회과학 내 돌봄에 관한 연구들은 주로 가정의 여성화, 젠더화된 돌봄노동, 인종·계급의 불평등을 생산해 온 정치적·경제적 구조, 그리고 가부장제와 자본주의 이데올로기 및 신자유주의적 태도에 대한 비판과 함께 수행되었다. 실제로 돌봄은 대체로

여성적 또는 비생산적이라고 여겨지는 돌보는 직업과 연관되어
오랫동안 평가 절하되어 왔기 때문에, 저임금, 낮은 사회적 지위,
시장에서의 평가절하, 혹은 재생산으로서 여성의 일과 연관 지어
져 왔다(더 케어 컬렉티브, 2021: 14, 52). 이에 따라, 돌봄의 책임이 종종
초국가적인 착취의 사슬에 갇혀 버린 채 글로벌 불평등과 결합하
면서, 외국인 이주 여성 노동자, 유색인종, 가난한 글로벌 사우스
출신의 여성들에게 전가되어 왔음을 부정할 수 없다(더 케어 컬렉티
브, 2021: 54). 또한, 사람을 만드는 일로서 사회적 재생산이 생물학
적인 의미로 생명을 창조·지탱하는 것뿐만 아니라, 노동력을 창출
하고 유지하는 것이자 올바른 태도·역량·기술 등을 갖춘 사람들
을 빚어내는 중요한 일임에도 불구하고, 자본주의사회는 사람을
만드는 일(making of people)과 수익 산출(making of profit)을 분리하고,
이윤 창출을 돌봄보다 우위에 두면서 젠더 억압의 원천으로 기능
해 왔다(프레이저·아루짜·바타차리야, 2020: 77-78). 즉, 돌봄은 더 넓은 의
미의 사회 구조적인 불평등 때문에 좌절되기도 하고, 이와 협상하
기도 하면서 실천되었으며, 이는 자기희생·이타주의·자연적이고
도덕적인 감정 및 태도 등으로 가치화되고 이론화되었다.

　일반적으로 여성운동과 연결된 돌봄에 관한 논의는 가족·커뮤
니티·국가 차원에서의 돌봄노동과 그 가치에 대한 인식의 문제를
다루면서, 이와 관련된 페미니즘 이론을 바탕으로 여성에게 전가

돌봄의 공간들

된 돌봄노동이 어떻게 사회적으로 과소평가되고 착취되었으며, 남성 중심적인 사회적·경제적 제도 안에서 제대로 인정받지 못했는지에 대한 비판적인 논의에 초점을 맞추는 경향이 있다. 또한, 기존의 각 학문의 영역에서 여성과 돌봄을 주제로 한 다양한 연구가 수행되었지만, 여성들이 좁은 의미의 돌봄 실천을 넘어, 돌봄의 개념과 기능을 확장해 왔고, 서로의 취약함을 서로의 피어남으로 전환해 왔음에 주목하는 연구는 여전히 부족하다. 이러한 상황속에서, 키테이는 『의존을 배우다』에서 우리 삶이 각자가 정의하는 다양하고 복잡한 돌봄들로 둘러싸여 있고, 우리는 알게 모르게 돌봄을 주기도 하고 받기도 하면서 이에 의존하며 함께 살아가는 것임을 밝힌다. 그녀의 철학은 필자가 다시금 필자의 돌봄의 실천과 경험에 대해 사유하게 하였고, 필자의 소신에 조용히 그러나 깊게 균열을 일으켰다. 필자는 '의존'을 나약함의 또 다른 이름이라고 보았고, 의존하는 것을 부끄럽게 여기며 멀리해야 할 것으로 여겼다. 의존하기에 피어나고, 피어나기에 함께 살아갈 수 있는 삶을 제시해 준 키테이 덕분에, 필자가 동생과 현수(가명)를 돌본 것처럼, 그들도 필자를 돌봤다는 사실을, 그리고 중국의 청년 여성들이 서로 보살피는 배려가 중국 사회 내에서 궁극적인 여권신장 및 성평등 실현, 그리고 사회체제의 재편과 거대한 변혁의 가능성의 초석이 되었음을 깨닫게 되었다.

키테이는 인간(아마도, 굉장히 남성 중심적인)의 이성과 사유의 능력을 강조하고, 이에 따른 지성과 인지능력을 중시한 전통적인 서구 철학자들이 이상화한 세계에는 장애가 들어설 공간이 없음을 지적했다(키테이, 47-48). 이들이 너무 추상적인 질문만을 해 댄 탓에 철학과 실제 우리네 삶 사이에는 크나큰 간극이 존재할 수밖에 없을 뿐만 아니라, 이전의 서구 철학은 말하는 법을 몰라 대화를 할 수 없고, 심지어 생각하는지조차 알 수 없는 중증 인지장애를 지닌 키테이의 딸 세샤의 존재를 올바르게 설명할 수 없다. 이에 따라, 키테이는 세샤를 돌본 경험을 바탕으로, 의존·배려·피어남(웰빙 또는 좋은 삶)의 새로운 윤리와 철학의 가능성을 제시했다. 세샤는 베토벤과 바흐를 즐겨 듣고, 기쁨을 타인과 나누는 능력을 갖춘 사랑스러운 여성이다. 키테이는 비록 세샤가 사유하는 이성적 능력이 없을지라도, 사랑과 기쁨을 나누는 능력, 그리고 세샤의 존재 자체가 큰 의미가 있다고 말했다(키테이, 19, 41).

혹자는 장애가 있는 사람들을, 타인의 무조건적인 돌봄이 필요하고, 취약하고 온전치 못한 존재이자, 돌봄 제공자에 그저 의존하는 존재로만 취급할지도 모른다. 실제로, 장애가 없더라도 '의존'이라는 단어가 주는 부정적인 메시지 때문에, 의존하는 이들은 무능하고, 타인에게 폐를 끼치는 존재로 여겨진다(키테이, 242, 250). 따라서, 우리는 '의존하지 않음' 또는 '독립'(키테이는 '고립'이라 여기는)

을 당연시하고, 심지어 이를 이상(理想)적이라 믿는 경향이 있다(키테이, 255). 이러한 상황 속에서, 키테이는 우리에게 '의존함으로써 피어나는 삶'의 가능성을 제시하고, 전통적인 서구 철학의 기본명제인 인간의 이성과 사유의 능력에 질문을 던지며, 장애가 있는 사람들 또한 '의존함'과 '피어남'으로 가득 찬 존엄한 삶을 살아나갈 수 있다는 새로운 철학을 만들고자 한다.

그러나, 키테이가 말하고자 하는 돌봄의 윤리는 책임과 의무로 시작되는 기술적인 돌봄의 수행이 아니다(키테이, 297). 그녀가 우리에게 제시하고자 하는 것은 서로 의존하고 보살피며, 서로를 진정으로 배려하고 사랑을 주고받는 관계의 철학이자 배려의 윤리이다(키테이, 314, 356). 돌봄과 배려의 구분은 돌봄이 타인에 의해 배려함으로 수용되어야 한다는 것, 그리고 돌봄은 그 수용을 통해 완성될 필요가 있다는 것, 따라서 돌봄은 타인에 의해 완성된다는 것이라 할 수 있다(키테이, 298-300). 키테이는 내가 상대를 생각하고, 그를 위한 돌봄을 수행했다 할지라도, 상대가 그것을 돌봄으로 여기지 않을 때 그것은 진정한 의미의 돌봄으로 여겨질 수 없다고 주장하며, 세샤가 실은 키테이의 돌봄을 수용해 왔음을, 그리고 세샤가 키테이의 돌봄을 완성해 왔음을 강조했다(키테이, 236-238, 300). 돌봄은 따뜻한 관심과 보살핌으로 아름다운 일임과 동시에, 실제로 연약함과 취약함을 직면하는 지치는 일이기도 하다. 그렇

제10장/ 미투 운동에서 중국 청년 여성들의 돌봄을 발견하다

기에, 우리는 돌봄 제공자이자 동시에 돌봄 수용자로서 서로 얽히고 의존하면서, 서로를 피어나게 하는 것이라 할 수 있겠다(키테이, 341). 그녀는 돌봄을 수행하는 자와 돌봄을 수용하는 자의 관계는 단순히 2자적 관계가 아니라, 포개진 의존의 집합 안에 놓여 있는 것이라 덧붙였다(키테이, 341). 즉, 키테이는 '나'와 '너'가 의존을 통해 연결되고 얽혀서 '우리'가 되어 가는 상호작용을 바탕으로, 우리가 서로 의존하기에 피어나고, 피어나기에 함께 살아갈 수 있는 삶을 살아갈 수 있음을 가르쳐 준다.

필자의 동생과 현수(가명)가 얽힌 필자의 삶 속 돌봄의 실천들과 경험들이 처음에는 필자의 책임감으로 시작된 기술적인 돌봄의 수행이었을지도 모르겠다. 그러나 돌이켜 보면, 세샤가 키테이의 돌봄을 완성한 것처럼, 필자의 동생과 현수(가명)가 필자의 돌봄을 받아들여 주고 완성해 준 것이었다. 다시 말해, 키테이는 우리가 의존을 배움으로써, '의학' 명사라는 범주로 분류된 돌봄을 넘어서, 의존·피어남·배려와 얽힌 새로운 패러다임이자 철학으로서의 돌봄에 다가설 가능성을 상상하기를 제안한다. 그녀의 철학은 필자가 2018년 중국 미투 운동의 사례를 중심으로, 청년 여성들이 서로를 돌봄으로써 연결하고, 이를 바탕으로 상호돌봄의 네트워크를 구축해 온 '연대하는 페미니즘'의 실천과 과정을 조망하는 데 시발점이 되었으며, 나아가 필자의 삶 속 실천들과 필자가 수행해

돌봄의 공간들

온 중국 청년 여성들에 관한 연구를 다시 사유할 수 있게 한 이론적 토대로 자리매김했다.

3. 미투 운동에서 중국 청년 여성들의 돌봄을 발견하다

2018년 미투 운동은 전 세계는 물론이거니와 중국을 뜨겁게 달구었다 해도 과언이 아니다. 이 장(章)에서는 2018년(그리고 2018년 이후에도 계속되고 있는) 중국 미투 운동의 다양한 사례를 중심으로, 중국 청년 여성들이 어떻게 서로에게 주의를 기울이고, 다층적인 위치성을 포용하며, 서로의 취약성을 인정하고, 피어나게 하는 돌봄을 수행해 왔는지를 살펴본다. 중국의 미투 운동은 2018년 1월 1일 미국 실리콘밸리에서 엔지니어로 일하고 있는 뤄첸첸이 중국의 대표적인 소셜 미디어 플랫폼인 웨이보에 올린 글로부터 시작되었다. 뤄는 12년 전 베이항대학교 박사과정 재학 당시 지도교수인 천샤오우에게 성폭행을 당할 뻔한 경험을 털어놓았고, 그녀의 용기 있는 고백은 중국 내 미투 운동의 시작에 불을 붙였다 (Lin·Yang, 2019: 119). 중국 여성들은 전례 없는 화력으로 미투 운동을 이끌기 시작했으며, 중국 소셜 미디어는 #MeToo, #WithYou, #WoYeShi(我也是: 나도'라는 뜻) 등의 해시태그로 가득 차면서, 중국 전 지역 대학의 성추행·성폭력 예방 운동을 위한 연대와 결집의 성공적인 장(場)으로 거듭났다(Yin·Yu, 2020: 11).

그러나, 2012년 가부장적 권위주의를 제창하는 시진핑의 임기가 시작되면서, 중국 당국은 모든 형태의 사회운동 및 집단행동의 과도한 확산을 경계하기 시작했다. 더 나아가, 중국 사회 내 사회적 소수자들로 여겨지는 페미니스트 활동가들과 성 소수자 커뮤니티는 이들의 이념·믿음·성 정체성 등을 바탕으로 한 차별에 직면해 왔으며, 심지어 페미니즘은 종종 정치적으로 잘못된 이념으로 간주되었고, 페미니스트 활동가와 페미니즘 운동은 중국 당국으로부터 이념적·사회적·정치적 억압을 받아 왔다. 이러한 상황 속에서, 미투 운동 역시 얼마 지나지 않아 이와 관련된 포스트·댓글·해시태그가 중국 당국의 온라인 검열로 삭제되거나, 심지어 미투와 관련된 단어의 검색조차 불가한 상황을 직면했다. 이에 따라, 중국 여성들은 당국의 온라인 검열을 피해 미투 운동을 지속·확산시키기 위한 새로운 전략을 고안해 냈는데, 바로 쌀 미(米) 자에 토끼 토(兎) 자를 붙인 새로운 해시태그를 이용한 위장(僞裝) 전략이다. #米兎는 쌀과 토끼의 합성어인데, 미(米)의 중국어 발음은 'mi,' 토(兎)의 중국어 발음은 'tu'이기 때문에, 이 두 발음을 붙이면 'mitu,' 즉 '미투(Me too)'와 같은 발음이 된다. 이는 중국 여성들이 당국의 사회적·정치적 압박과 강화된 미디어 검열 및 통제에도 불구하고, 새로운 전략들을 통해 지속적으로 미투 운동을 이어 가고

자 노력했다는 사실을 보여준다(손수경, 2024: 206-208).

뤄첸첸이 중국 미투 운동에 불을 지폈다면, 저우샤오쉬안을 포함한 많은 용감한 중국 여성들은 이 불길을 더욱더 활활 타오르게 했다. 2018년 7월 셴쯔라는 필명으로 더 유명한 저우는 중국중앙텔레비전(CCTV)의 간판 진행자인 주쥔에게 성추행을 당한 사실을 폭로한 뒤 그를 고소했고, 5년간이나 힘겨운 법정 싸움을 이어 나갔다. 2021년 1심 판결은 주의 손을 들어 줬는데, 이는 증거 불충분이라는 이름 아래 그가 무죄라는 판단이었다. 저우는 이에 항소했지만, 법원은 충분한 증거가 없다는 이유만으로 그녀의 항소를 기각했다. 저우와 주의 싸움이 힘겨웠음을 부정할 수는 없지만, 필자는 그녀의 선구자적 여정이 외롭지는 않았다고 믿는다. 용기 있게 침묵을 깬 저우는 다른 성추행·성폭행 피해자들에게 목소리를 내서 자신들의 권리를 대변할 용기와 영감을 주었고, 이들 또한 저우가 포기하지 않고 끝까지 싸울 수 있도록 지지하고 응원했기 때문이다. 중국 미투 운동의 아이콘으로 부상한 저우의 여정을 기폭제로 중국 사회에 개인 수준에서는 스스로를 페미니스트라 칭하는 새로운 청년 페미니스트가 눈에 띄게 증가하기 시작했고, 집단 수준에서는 온라인 커뮤니티와 소셜 미디어를 중심으로 중국 젊은 여성들의 느슨하지만 단단한 연결과 연대가 가시화되기 시작했다.

이는 대중·학계·미디어 등 사회 전반에 걸쳐서 큰 관심을 끌었으며, 중국 사회 내 새로운 여성 주체와 청년 페미니스트 세대의 등장과 더불어 새로운 페미니즘 운동의 물결을 재조명할 수 있는 초석이 되었다. 그러나, 이들의 연결을 단순히 정치적 연대로만 보는 것은 아주 제한된 시각일지도 모른다. 중국 청년 여성들은 온라인 공간이라는 장(場)을 통해 여성으로서 살면서 마주했던 부당한 경험들을 공유했고, 이를 통해 서로의 삶을 이해하면서, 서로를 의지하고 지지하는 관계를 형성해 나가기 시작했다. 이는 이들이 서로를 위로하고 응원함과 동시에, 서로가 서로의 돌봄 제공자인 동시에 돌봄 수용자로서 얽히고 의존하면서, 포개진 의존의 집합 안에 놓여 있는 상호돌봄을 실천하는 것이라 할 수 있다(키테이, 2023: 341). 즉, 중국 미투 운동의 시작과 확산은 중국 사회의 페미니즘 담론을 정치적으로 재구성하고 재편하는 데 올바른 방향을 제공했을 뿐만 아니라, 여성들에게 '당신은 혼자가 아니다'라는 돌봄과 연대의 감각을 일깨워 준 것이다. 이는 공동체에서 우정을 느끼지도, 보호받지도 못할 것이라는 공포를 뛰어넘어, 서로를 위해 서로의 피어남에 이바지하는 돌봄의 네트워크라 할 수 있다(키테이, 2023: 83, 356).

저도 성폭행 피해자였어요. 오랜 시간 그 기억을 외면하며 살아

왔죠. 그냥 잊은 척하고 지나가려고 했던 것 같아요. 그런데 셴쯔가 용기를 내어 자신의 경험을 공개했을 때, 저도 무언가를 해야겠다고 다짐했죠. 제 소셜 미디어 계정에 처음으로 제 이야기를 올렸어요. 미투 운동과 관련된 해시태그를 단 사람들을 찾아가 댓글을 남기거나 메시지를 보냈어요. "저도 같은 경험이 있어요. 얘기하고 싶으면 언제라도 연락해요."라고 했죠. 나중엔 검열 때문에 미투 운동과 관련된 많은 해시태그가 삭제됐어요. 그래도 저는 멈추지 않았어요(웃음). 처음엔 너무 무섭고, 솔직히 수치스럽기도 했어요. 내가 이걸 (공개) 해도 되나, 사람들이 나를 이상하게 보지는 않을까… 그런 생각이 가득했죠. 하지만 막상 용기를 내고 나니, 마음이 조금씩 치유되는 걸 느꼈어요. … 사실 우리는 얼굴도 모르는 사람들이었고, 직접 만난 적도 없었어요. 소셜 미디어에서 메시지로 대화만 나누었어요. 하지만, 우린 서로의 이야기에 귀 기울이고, 진심으로 서로를 응원하고 위로했어요. 저 정말 위로받았거든요. (그녀들이) 건넨 따뜻한 말들이 제게 큰 힘이 되었고, 덕분에 제가 다시 살아갈 수 있었던 것 같아요. 제가 겪었던 일은 여전히 힘들고 아파요. 하지만 이제 저는 혼자가 아니라는 걸 알아요.(중국 청년 페미니스트 D 씨, 2025년 2월)

실제로 중국 미투 운동은 2018년 이후 현재까지도 계속되고 있

제10장/ 미투 운동에서 중국 청년 여성들의 돌봄을 발견하다

으며, 중국 여성들은 소셜 미디어를 통해 성범죄와 젠더 불평등에 관한 논의뿐만 아니라, 여성성·성적 주체성·섹슈얼리티 등에 관해 훨씬 더 광범위한 공개 토론과 참여를 유발하고, 이들의 삶 속에 재현되는 다양하고 복잡한 니즈(needs) 및 인정(recognition)에 주의를 기울임으로써, 이런 문제에 대한 대중의 인식을 높이는 포스트 미투 운동의 바람을 계속해서 일으키고 있다(Cooper, 2009: 111-112). 또한, 이들은 중국 정부 주도의 여권신장과 성평등을 위한 노력이 분명히 있었음에도 실질적 효과가 없는 법과 정책에 대해 두려움과 좌절감을 표현하기도 했다. 이들은 성희롱과 성폭력의 재발 방지, 성범죄 피의자에 대한 처벌 강화 요구와 정의를 위한 법률 개혁 등을 주장하며 중국 당국을 향해 목소리를 내기 시작했으며, 이들의 목소리가 잘 들릴 수 있도록, 이들의 존재가 잘 보일 수 있도록, 2018년 중국을 강타한 미투 운동의 물결이 끊임없이 이어질 수 있도록 노력한다. 이들은 반(反)성폭력 연대를 넘어 여권(女權)과 성평등에 대한 대중적 관심의 권장, 여성의 사회적 지위와 여성 발전에 대한 요구의 증가 등 더욱더 확장된 페미니즘 담론과 여론을 형성해 오고 있다. 즉, 기존 정치적 논의 테이블에서 배제되었던 중국 청년 여성들은 2018년 미투 운동의 시작과 확산을 통해 '함께 돌봄(caring with)'의 연대를 구축해 오고 있으며, 이는 이들을 중국 사회 구성원으로 평등하게 대우받을 수 있게 하는 민주적

돌봄의 공간들

돌봄 혁명의 일환이자, 돌봄을 공적 가치이자 공적 실천의 장(場)으로 만들어 낼 수 있다는 가능성을 시사하는 것이라 할 수 있겠다(트론토, 2021: 16, 71, 98, 269).

물론, 중국 사회 내 새로운 여성 주체의 형성과 그들의 결집, 연대를 가능하게 한 데에는 대중의 관심과 지지가 있었지만, 이 모든 흐름을 촉진하고 가시화하며, 상호돌봄의 네트워크를 형성할 수 있게 한 데에는 소셜 미디어의 역할이 지대했다. 소셜 미디어는 단지 정보를 전달하는 수단이 아니라, 중국 청년 여성들에게 연대의 공간을 제공한 핵심 장(場)이었다. 나아가, 2018년 이후에도 계속되고 있는 중국 여성들의 투쟁은 실제로 온라인에서 오프라인으로(또한, 오프라인에서 온라인으로), 더 나아가 국경을 넘는 초국가적인 연결과 연대의 가능성을 보여준다. 이들의 캠페인과 활동은 중국 사회와 외부 세계를 잇는 중요한 다리 역할을 함과 동시에, 국내에서 국제적으로 활동 범위를 확장해 나가고 있다. 이는 중국 여성들이 소셜 미디어를 통해 일상생활에서의 성차별·성희롱·성추행 등에 반대하며 목소리를 내는 것뿐만 아니라, 국내외 사회적 네트워크를 구축하여 사회적·정치적 운동 및 캠페인을 계획하고 수행해 왔음을 보여준다. 또한, 이들은 더 쉽고 빠르게 더욱더 많은 사람을 미투 캠페인에 동원하는 구심점을 구축함으로써, 국내외에서 대규모 관심과 지지를 얻을 수 있게 되었다.

특히, #Global4Jingyao 운동과 #FreePengShuai 운동은 2018년 이후 현재까지 계속되고 있는 중국 미투 운동을 대표하는 두 가지 캠페인이라 할 수 있다. #Global4Jingyao 운동은 2018년 중국을 대표하는 전자상거래 기업 징동닷컴(JD.com) 창업자 류창동이 만취해 정신을 잃은 자신을 성폭행했다고 주장한 미국 미네소타 대학교 유학생 류징야오를 지지하기 위해 시작된 글로컬(glocal) 미투 운동이다. 대학생과 청년 페미니스트 활동가 등으로 이루어진 그녀의 지지자들은 웨이보·트위터(현재, X)·페이스북·인스타그램 등에서 해시태그(#Global4Jingyao)를 활용하여 전 세계적으로 이 사건을 공론화하려고 노력했으며, 중국뿐만 아니라 전 세계적으로 더 많은 사람이 성폭력 피해자로서 그녀의 권리와 정의를 지지하고 옹호할 수 있게 했다.

분노했어요. 아니, 분노를 넘어서 거의 격분했다고 말하는 것이 더 정확할 거예요. 징야오는 명백한 성폭력 피해자였어요. 그녀는 큰 용기를 내어 자신에게 일어난 일을 세상에 알렸어요. 그런데 놀라운 건, 아니 어쩌면 참담한 건 일부 사람들은 그녀의 고통에 대해 전혀 신경 쓰지 않는다는 점이었어요. 사람들의 반응은 징야오가 정말 류창동과 성관계를 했는지, 혹은 그녀가 그를 먼저 유혹해서 돈을 뜯어내 협박하려고 했었는지를 따지는 것이었어요.

솔직히 말씀드리면, 중국 사회는 여성에 대해 이중적인 잣대를 가지고 있는 경우가 많아요. … (중국 여성으로서) 우리가 공개적으로 목소리를 낸다는 것이 얼마나 어려운 일인지 이해하셔야 해요. … 전 진심으로 징야오를 응원해요. 아마도 그녀는 이번 일로 영원히 사회적 명예를 잃을 수도 있고, 사람들은 그녀를 향해 손가락질할 수도 있어요. 그녀의 가족 역시 그녀를 부끄럽게 여길지도 모르죠. … 그런데 그런 상황에서도 중국에서 가장 돈 많고 힘 있는 사람들 중 하나를 상대로 법적 대응에 나섰잖아요? 그건 정말 대단한 용기예요. (중국 청년 페미니스트 A 씨, 2023년 12월)

나아가, #FreePengShuai 운동은 중국 유명 테니스 선수 핑솨이가 2021년 전(前) 공산당 최고위급 정치인 장가오리에게 성폭행을 당했다고 폭로한 뒤 시작된 국제적인 미투 캠페인이다. 펑은 자신의 웨이보 계정에 장에 대한 미투 폭로 글을 올렸고, 이 글은 약 20분 만에 곧바로 삭제되었다. 이후 그녀는 갑자기 대중으로부터 자취를 감췄고, 그녀가 중국 당국에 의해 구금·감금된 것이 아니냐는 의문과 함께, 펑의 안녕과 안전에 대한 우려는 전 세계적으로 커지기 시작했다. 펑의 지지자들은 즉시 온라인 및 오프라인 미투 캠페인을 개최해, 중국 당국에 펑의 미투 폭로와 관련해 투명한 조사를 촉구함과 동시에 그녀의 안전을 보장하라고 주장했다.

제10장/ 미투 운동에서 중국 청년 여성들의 돌봄을 발견하다

또한, 미국 뉴욕에 거주하고 있던 유학생들과 청년 페미니스트 활동가들이 모여 펑을 위한 오프라인 긴급 집회 등을 개최하였고, 이러한 일련의 활동은 중국 당국에 국제적인 압박을 가했을 뿐만 아니라, 펑을 향한 전 지구적인 지지와 응원 또한 얻을 수 있었다. #Global4Jingyao 운동과 #FreePengShuai 운동은 류징야오와 펑솨이의 인권과 자유, 그리고 이들이 겪은 취약함과 고통을 이해하고, 위로한다는 점에서, 좁은 의미의 돌봄의 개념을 확장하는 방식으로 이해할 수 있다. 이러한 확장된 돌봄의 실천은 성폭행 피해자인 류와 펑을 단순히 물리적으로 보호하는 것을 넘어서, 이들이 겪어야만 했던 트라우마와 고통을 외면하지 않으면서, 이들이 다시 삶을 살아 나갈 수 있도록 힘을 실어 주는 사회적 연대의 일환이자, 돌봄이 개인적 차원에서 공동체적 차원까지 확장될 수 있음을 보여주는 것이다.

이 외에도 청년 페미니스트 활동가들은 국내외에서 2018년 중국 미투 운동의 역사를 기록하는 '침묵을 깨다: 중국의 미투(The Voiceless Rise Up: #MeToo in China)' 전시회를 개최해 왔다. 이 전시회는 2019년 처음으로 중국 내 페미니스트 활동가들에 의해 베이징·청두·광저우에서 개최되었으나, 중국 당국에 의해 강제로 폐쇄되었다. 불행 중 다행으로 상하이에서의 전시회는 중단 없이 성공적으로 마무리되었다. 이후 이 전시회는 미국·영국·캐나다·노르웨이·

돌봄의 공간들

스웨덴·체코 공화국 등 여러 나라에서 개최되었으며, 청년 페미니스트들은 중국 미투 운동의 역사를 단순히 기록하는 데 그치지 않고, 수많은 역경과 어려움 속에서도 이들의 활동이 계속되고 있으며 앞으로도 지속될 것이라는 메시지를 국내외에 전하고자 했다.

우리(페미니스트)가 중국 본토에서 페미니즘 운동을 주도하고 지속해 나가는 일은 정말로 어려워요(한숨). 위챗(WeChat)이나 웨이보(Weibo) 같은 플랫폼에 올라온 글들 가운데, (정부가) 불쾌하게 느끼거나, 민감하다고 여기는 내용은 검열되고 삭제되는 일이 허다해요. 심지어는 오프라인에서 우리끼리 의견을 나누는 일조차 허용되지 않는 듯한 분위기예요. … 지금 전 세계 여러 도시에서 얼리고 있는 이 전시회는 중국 페미니스트 활동가들이 개최하고 있는 것이에요. 많은 중국 페미니스트 활동가들이 유학이나 일 때문에 해외에 나와 거주하고 있지만, 해외에 있다고 해서 (우리가) 목소리를 내는 것을 멈추진 않아요. 오히려 이러한 경험은 우리가 기존의 운동을 새로운 터전으로 확장해 나가는 계기가 되었죠. … 현재까지 국경을 넘어 이어지고 있는 이 전시회는 단순히 중국 미투 운동의 과거와 역사만을 보여주는 데 그치지 않아요. 이건 중국 여성들의 살아 있는 목소리들을 담고 있고, 우리의 목소리는 절대 침묵하지 않을 거예요. (중국 청년 페미니스트 B 씨, 2024년 4월)

제10장/ 미투 운동에서 중국 청년 여성들의 돌봄을 발견하다

이처럼 중국 미투 전시회는 2018년 이후 계속되는 미투 운동의 흐름 속에서 성폭력 생존자들과 중국 청년 페미니스트들의 내러티브를 드러내는 동시에, 생존자들을 지지하고 이들을 위한 정의 실현을 위해 끊임없이 싸워 나가야 한다는 메시지를 전한다. 이 전시회의 핵심 목표는 중국 여성들의 다양한 목소리와 경험을 재조명함으로써, 서로 다른 민족적·성적·사회적·경제적 배경을 지닌 사람들이 강력한 연대를 구축할 수 있다는 믿음을 보여주는 데 있다. 이는 다층적인 정체성들 사이에 연대의 가능성이 있다는 것을 시사하며, 돌봄과 페미니즘을 함께 사유해 볼 것을 제안한다. 다시 말해, 이 전시회는 중국 청년 여성들이 자매애적 공동체 의식과 연대를 느끼며 서로를 지지하고, 격려하며, 동기를 부여할 수 있도록 하는 돌봄의 실천 공간이자 중요한 구심점이라 할 수 있다.

저는 캐나다 토론토에 거주하고 있지만, 밴쿠버에서 열리는 미투 전시회를 보기 위해 토론토에서 비행기를 타고 밴쿠버로 날아갔어요. … 제가 저 스스로 자신 있게 '(중국) 페미니스트 활동가'라고 말할 수는 없지만, 중국 내 페미니즘 운동에 대해 늘 관심을 가지고 주의를 기울여 왔어요. … 어쩌면 저는 겁쟁이였는지도 모르겠어요. 많은 중국 여성들이 성희롱이나 성폭력의 피해를 겪는 것

돌봄의 공간들

을 알고 있었고, 때로는 직접 목격하기도 했지만, 저는 일부러 눈을 감고 외면해 왔는지도 모르겠어요. 이번 전시회는 제 눈을 뜨게 만들었고, 이 전시회를 보기 위해 밴쿠버에 간 것을 정말 기쁘게 생각해요. 중국의 청년 페미니스트 활동가들이 때로는 검열이나 탄압으로 인해 길을 잃은 듯 보일 때도 있었지만, 그들은 항상 다시 길을 찾고 함께 모이고 연대해 왔어요. … 이번 전시회는 단순히 중국 미투 운동의 서사와 기록을 보여주는 것을 넘어, 저에게 큰 배움과 영감을 주었어요. … 페미니즘 운동과 성평등에 대해 다시금 깊이 성찰하게 된 뜻깊은 경험이기도 했고요. (중국 청년 여성 C 씨, 2024년 2월)

2018년, 중국의 청년 여성들은 마침내 침묵을 깨기 시작했고, 그로부터 어느덧 7년이 흘렀다. 필자는 그사이 이들의 목소리가 잊혀지고, 침묵을 강요당하며, 결국 사라져 가는 현실을 지켜보았다. 그럼에도 불구하고, 이들은 여전히 온라인과 오프라인을 넘나들며, 나아가 국경을 넘어 끊임없이 목소리를 내고 불의에 저항하고 있다. 이러한 맥락에서 중국의 미투 운동은 성폭력 생존자들과 페미니스트 활동가들이 이어 온 저항의 연장선이자, 개개인의 고립된 투쟁을 집단적 실천과 연대로 전환해 낸 중요한 계기라고 할 수 있다. 다시 말해, 중국 미투 운동은 2018년에 국한된 일시적 캠

제10장/ 미투 운동에서 중국 청년 여성들의 돌봄을 발견하다

페인이 아니라, 지금 이 순간에도 계속되고 있는 중국 여성들의 끝나지 않은 싸움이자 용기 있는 투쟁이라고 할 수 있다.

4. 돌봄을 확장하다

2018년 중국을 뜨겁게 달구며 중국 페미니즘의 새로운 장(場)을 열었던 미투 운동은 온라인에서 오프라인으로, 오프라인에서 다시 온라인으로 페미니즘 운동의 활동 반경을 넓힘과 더불어, 다양한 사람들과 느슨하지만 단단한 연대를 바탕으로 전 지구적으로 확산되었다. 이 글은 미투 운동에서 중국 청년 여성들의 돌봄을 발견하기 위한 시도로써, 중국 여성들이 돌봄의 개념과 기능을 확장하고, 서로의 취약함을 서로의 피어남으로 전환해 왔음을 시사한다. 나아가, 중국 미투 운동의 다양한 사례를 중심으로 청년 여성들이 어떻게 서로에게 주의를 기울이고, 다양하고 복잡한 위치성을 포용하는 돌봄을 수행해 왔는지를 살펴보면서, 이들의 연결과 연대, 그리고 돌봄과 페미니즘을 함께 살펴보았다.

실제로 이 연구의 일부는 2022년 12월 12일부터 16일까지 서울대학교에서 개최된 국제 심포지엄 〈사회문제, 정책, 실천에 대한 국제적 관점(Global Perspectives on Social Problems, Policy, and Practice)〉에서 발표된 바 있다. 이 심포지엄은 서울대학교, 브리티시컬럼비아

대학교, 시카고대학교, 홍콩침례대학교 등 네 개 대학에서 선발된 박사과정 학생들이 본인의 연구 주제를 공유하고, 학문적 교류를 나누는 자리였다. 필자의 '2010년대 이후 새롭게 등장한 중국 청년 페미니스트 세대'에 관한 연구 발표가 끝난 뒤, 중국 출신의 여성 연구자이자 청년 페미니스트였던 박사과정 학생 두 명은 눈물을 흘리기 시작했고, 이어진 대화와 토론은 모두에게 깊은 울림을 남겼다.

> 정말 고마워요. 사실 대다수 사람들은 우리(중국 청년 여성들)가 해온 투쟁에 관심이 없었어요. 우리 목소리의 대부분은 들리지 않거나 아예 무시되었죠. 수경 씨가 우리의 투쟁의 가치를 알아주었다는 사실이 너무나도 감동적이에요. 힘들고 지칠 때가 있겠지만, 이 여정을 제발 이어 가 주세요. 수경 언니… 언니라고 불러도 되죠? 언니는 이제 한국에 있는 내 자매예요. 저 이제 한국에도 자매가 있어요. (웃음) 언니, 정말 고마워요. 언니가 있어 위로되고 힘이 돼요. (메이페이(가명) 씨, 2022년 12월)

이제는 필자의 자매가 된 메이페이에게, 필자는 중국 여성들에 관한 연구를 멈추지 않겠다고 약속했다. 이는 중국 사회에서 여권 신장과 성평등을 쟁취하고자 하는 이들의 싸움은 아직 끝나지 않왔거니와, 앞으로도 계속될 것이라는 필자의 간절한 믿음 때문이다. 필자는 개인적 삶의 실천과 학문적 연구가 교차하는 지점에서 다양한 돌봄의 경험들을 마주해 왔고, 이를 바탕으로 돌봄을 개인적 책임, 또는 당연한 의무로만 바라보는 시선을 넘어설 필요가 있다고 믿는다. 이 글은 돌봄이 새로운 사회질서와 공동체 윤리를 구성할 수 있음을 제안하고, 복잡하고 다양한 돌봄의 의미를 재사유하고자 하는 시도라 할 수 있다.

지금부터라도, 사적이고 개인적인 의미에 국한되어 있던 돌봄을 정치적이고 공적인 차원으로 재정립하고, 더 나은 사회와 공동체를 만들어 가는 데 필요한 상호 의존적 네트워크로서 돌봄을 상상해 보자. 돌봄은 피어남을 위한 필수적 전제 조건이다. 필자는 중국 청년 여성들의 연대가 때때로 서로의 이상함과 취약함을 직면할지라도, 그 안에서 꽃피는 이들의 돌봄이 중국 사회에 더욱더 거대한 변혁의 물결과 새로운 페미니즘이 등장하는 데 초석이 되기를 바란다.

돌봄의 공간들

이 책『돌봄의 공간들』은 서문에서도 언급된 것처럼『돌봄의 시간들』(모시는사람들, 2023)의 후속편으로, 생태적지혜연구소에서 기획한 돌봄 시리즈의 일환이다. 『돌봄의 시간들』 출간 이후 돌봄 시리즈를 논의하는 과정에서 '돌봄의 공간'을 살피기로 의견을 모았고, 여러 현장에서 활동하고 연구해 온 분들이 흔쾌히 기획에 응해주셨다. 이 기획을 통해 처음 알게 된 분들도 많았고, 낯선 주제도 있었지만(래퍼의 돌봄이라니!) 그 차이들을 엮는 돌봄의 공통성은 내가 이 다양한 저자들과 각각의 문제의식들에 다가갈 수 있게 해주었다. 아마도 그 공통성이란 이 책에서 다루는 다양한 모습의 돌봄과 그것을 통해 구성되는 공간들이 단순히 이 문제적인 사회를 지탱하기보다는 다른 사회를 구축하는 장(場)으로 이해될 수 있다는 점일 것이다. 돌봄을 새로운 사회를 구성하는 장으로 이해하고자 하는 이러한 문제의식에 대해 조금만 더 생각해 보자.

코로나19 팬데믹을 지나며 우리는 돌봄을 중심에 둔 사회를 만들어야 한다는 말에 어느 정도 익숙해졌다. 사회가 문을 닫던 그 시기에 우리의 삶을 지탱하는 것이 돌봄이라는 인식이 새삼스레 확산되었기 때문이다. 다른 모든 노동을 가능하게 하는 것은, 다시 말해 사회를 지탱하는 것은 돌봄 노동이다.

이렇게 '사회를 지탱하는 돌봄'이라는 인식에서 제기될 수 있는 문제는 크게 두 가지가 있을 수 있는데, 첫째는 누가 어떻게 지탱하느냐의 문제다. 돌봄 노동을 이야기할 때 빠지지 않고 언급되는 고립되고 저평가되며 과중한 노동조건, 성차별화된 부담 등이 여기에 해당한다. 대부분의 주요 정부 정책과 돌봄 담론이 다루는 것도 이러한 문제다. 돌봄 노동자의 노동조건을 개선하고, 집 안팎에서 여전히 여성에게 압도적으로 부과되는 그 부담을 좀 더 평등하게 나누어야 한다는 것이다.

물론 이는 중요하며 해결되어야 할 문제다. 돌봄의 가치 절하와 젠더화는 분명 파열되어야만 한다. 그러나 오늘날 여러 위기가 중첩되어 작용하는 복합위기라는 상황은 이러한 문제의식을 충분하지 않은 것으로 만든다. 우리가 '사회를 지탱하는 돌봄'에서 누가 어떻게 지탱하느냐의 문제에만 몰입할 때 우리는 돌봄에 의해 지탱되는 '사회'를 문제화하지 않는다. 하지만 오늘날 우리가 맞닥뜨린 생태 위기(와 이와 뒤얽힌 여러 위기들)가 많은 이들이 말하듯 이 '사회'의 질서, 즉 신자유주의적 자본주의에 의해 생산된 것이라면,

돌봄의 공간들

우리가 힘들게 돌보며 이 사회를 지탱해야 할 까닭은 무엇인가?

그러므로 중요한 것은 누가 어떻게 돌보느냐의 문제만이 아니라 그 돌봄을 통해 어떤 사회를 만들 것인가의 문제다. 이 후자의 관점에서 이 책을 읽는다면, 다양한 저자들의 다양한 주제들이 어떻게 서로 연결되는지 잘 그려볼 수 있을 것이다. 요컨대 이 책에 등장하는 여러 돌봄의 공간들은, 돌봄이 (복합위기를 체계적으로 생산하는) 현재의 문제적인 사회를 지탱하는 고리에서 벗어나 새로운 사회 구성의 기초가 될 수 있는 가능성을 찾고자한다는 점에서 서로 만난다. 이런 점에서 우리는 각 장(章)들의 차이가 그 가능성을 더욱 풍부하고 강하게 만들 뿐이라는 것을 알게 된다.

이 책을 만들기 위해 많은 분들이 애써주셨다. 초기에 함께 기획 회의를 했던 생태적지혜연구소의 이준용, 우석영, 유혜진, 이승준 그리고 연구소 출판위원장으로 이후 과정을 도맡아서 진행한 홍승하 선생님께 저자들을 대신하여 감사드린다. 특히 이준용 선생님은 여러 저자들을 섭외하고 기획안을 주도하면서 이 책의 시작에 가장 큰 역할을 하셨고, 홍승하 선생님은 그렇게 시작된 책이 마무리되는데 가장 큰 역할을 하셨다. 아울러 저자들의 글을 꼼꼼히 검토하고 잘못된 부분을 바로 잡고 실물로 제작하는데 애써주신 모시는사람들 박길수 대표님께도 감사드린다. 이런 돌봄이 책의 출간이라는 생산을 가능하게 하지만, 다른 많은 돌봄이 그렇듯 잘 드러나지 않는다.

저자들을 대신하여 쓰는 후기지만, 공동 저작에 흔쾌히 함께 하고 애써주신 공동 저자, 이준용, 박서현, 김성훈, 조아현, 김현미, 김자경, 송재홍, 한경애, 손수경 선생님께도 감사드리고 싶다. 여러 선생님들의 다양한 생각을 접하면서 돌봄과 이를 통한 새로운 사회의 길들을 배울 수 있었다. 줌을 통해 각자의 문제의식과 연구 내용을 공유하고 의견을 교환하며 이를 다시 반영하는 지난한 과정을 잘 마무리해주신 저자분들께 다시 한번 감사드린다.

돌봄의 공간은 다른 사회를 만드는 공간이 될 수 있다고 말하는 이 책은 생태적지혜연구소에서 활동하는 여러 분들의 응원 덕분에 나올 수 있었다. 운영위에서 함께 활동하는 강영란, 김은제, 신동석, 이윤경, 이승준, 장윤석, 홍웅기님과 조합원분들에게 감사드린다. 연구소가 만들어가는 공간 역시 다른 사회를 구성하는 돌봄의 공간이라고 믿을 수 있는 건 이 분들의 애씀 덕분이다.

저자들을 대신하여 권범철

안토니오 네그리 · 마이클 하트, 1997, 『디오니소스의 노동:국가형태 비판』 II, 이원영 옮김, 갈무리.

______, 2006, 「푸코의 전유: 노동의 변형과 정치경제의 위기」, 황혜경 옮김, 『오늘의 문예비평』 61.

______, 2008, 『다중: 제국이 지배하는 시대의 전쟁과 민주주의』, 조정환 · 정남영 · 서창현 옮김, 세종서적.

______, 2014, 『공통체:자본과 국가 너머의 세상』, 정남영 · 윤영광 옮김, 사월의책.

질 들뢰즈, 2019, 『푸코』, 허경 옮김, 그린비.

박서현, 2022, 「정동노동과 커먼즈」, 『공동체문화와 민속 연구』 4.

______, 2023, 「커먼즈의 철학으로서의 공통주의: 자기 변화의 윤리를 중심으로」, 『철학연구』 68.

바뤼흐 스피노자, 2011, 『에티카』, 황태연 옮김, 피앤비.

윤영광, 2022, 「네오오페라이스모의 커먼즈론: 자본의 코뮤니즘이라는 역설의 문제화」, 『시대와 철학』 33(3).

이항우, 2019, 「정동과 자본: 담론, 일반 지성 그리고 정동 자본주의」, 『경제와사회』 122.

______, 2020, 「정동과 신경 마케팅:분자적 예속의 정동 경제」, 『경제와사회』 128.

정남영 · 윤영광, 2018, 「디지털 커먼즈와 청년」, 『커먼즈, 가장 오래된 젊음의 씨앗』, 서울특별시 청년허브 · 도서출판 제노.

크리스티안 마라찌, 2014, 『자본과 정동: 언어 경제의 정치학』, 서창현 옮김, 갈무리.

Hardt, M., 1999, "Affective Labor", *boundary 2* 26(2).

Foucault, M., 1982, "The Subject and Power", in H. Dreyfus and P. Rabinow, *Michel Foucault: Beyond Structuralism and Hermeneutics*, The University of

Chicago Press.

Negri, A., 2018a, "Midway Terrains", in *From the Factory to the Metropolis*, trans. Ed Emery, Polity.

Negri, A., 2018b, "Inventing the Common of Humanity", in *From the Factory to the Metropolis*, trans. Ed Emery, Polity.

Ruddick, S., 2010, "The Politics of Affect: Spinoza in the Work of Negri and Deleuze", *Theory, Culture & Society* 27(4).

Singh, N., 2017, "Becoming a Commoner: The Commons as Sites for Affective Socio-Nature Encounters and Co-Becomings", *ephemera: theory & politics in organization* 17(4).

제2장 예술커먼즈의 돌봄 / 권범철

권범철, 2024, 『예술과 공통장: 창조도시 전략 대 커먼즈로서의 예술』, 갈무리.

데이비드 그레이버, 2016, 『가능성들: 위계·반란·욕망에 관한 에세이』, 황희선·최순영·조원광 옮김, 그린비.

김미정, 2021, 「인간의 조건, 존재의 재구성: 비오스, 가치화, 개체를 질문하며」, 『뉴 래디컬 리뷰』 1.

안토니오 네그리·마이클 하트, 2014, 『공통체』, 정남영·윤영광 옮김, 사월의책.

마리아로사 달라 코스따, 2020, 「여성과 공동체 전복」, 『페미니즘의 투쟁: 가사노동에 대한 임금부터 삶의 보호까지』, 이영주·김현지 옮김, 갈무리.

소피 루이스, 2023, 『가족을 폐지하라』, 성원 옮김, 서해문집.

마리아 미즈·베로니카 벤홀트-톰젠, 2013, 『자급의 삶은 가능한가』, 꿈지모 옮김, 동연.

예술과 도시사회연구소, 2010, 『도시재생의 대안적 미래: 문래예술공단 연구』.

______, 2009, 『창작공간조성 전략보고서 작성을 위한 상세조사 연구용역』.

______, 2008, 『문래 창작촌 연구』.

이미상, 2020, 「여자가 지하철 할 때」, 『문장 웹진』.

조문영, 2018, 「청년자본의 유통과 밀레니얼 세대-하기: 젊은 소셜벤처 창업자들에 관한 문화기술지」, 『한국문화인류학』 51(3).

엘리자베스 콜버트, 2022, 『여섯 번째 대멸종』, 김보영 옮김, 쌤앤파커스.

도나 해러웨이, 2021, 『트러블과 함께하기: 자식이 아니라 친척을 만들자』, 최유미 옮김, 마농지.

Barad, Karen. 2007. *Meeting the universe halfway : quantum physics and the entanglement of matter and meaning*. Durham: Duke University Press.

Mies, Maria. 1983. "Towards a Methodology for Feminist Research." Gloria Bowls and Renate Duelli-Klein eds. *Theories of Women's Studies*. London: Roudtedge & Kegan Paul: 117-39.

제3장 도시 공간과 돌봄 / 김성훈

강현수, 2021, 『도시에 대한 권리: 도시의 주인은 누구인가』, 책세상.

대한국토도시계획학회, 2004, 『서양도시계획사』, 보성각.

앙리 르페브르, 2024, 『도시에 대한 권리』, 곽나연 역, 이숲.

조너선 하이트, 2024, 『불안 세대: 디지털 세계는 우리 아이들을 어떻게 병들게 하는가』, 이충호 역, 웅진지식하우스.

존 스튜어트 밀, 2015, 『자유론』, 권기돈 역, 펭귄클래식코리아.

헨리 조지, 2016, 『진보와 빈곤』, 김윤상 역, 비봉출판사.

Bubeck, D. E. (1995). Care, Gender, and Justice. Clarendon Press.

Maureen, S. S. (2018). Care Ethics. Internet Encyclopedia of Philosophy. Retrieved March 28, 2025, from https://iep.utm.edu/care-ethics/

Tronto, J. (2020). Moral Boundaries: A Political Argument for an Ethic of Care. Routledge. https://doi.org/10.4324/9781003070672

제4장 떠나지만 돌아올 수 있는 집 / 조아현

권명아, 2021, 『가족이야기는 어떻게 만들어지는가』, 책세상.

김희경, 2017, 『이상한 정상가족: 자율적 개인과 열린 공동체를 그리며』, 동아시아.

어빙 고프만, 2009, 『스티그마: 장애의 세계와 사회적응』, 윤선길 옮김, 한신대학
　　교출판부.
에바 페더 키테이, 2023, 『의존을 배우다』, 김준혁 옮김, 반비.
서울특별시 인권위원회, 2022, 〈서울특별시 코로나-19 재난상황 시설 거주보호대
　　상아동을 위한 서울특별시 인권위원회 권고〉.
소현숙, 2007, 「경계에 선 고아들—고아문제를 통해 본 일제시기 사회사업」, 『사회
　　와 역사』(구 『한국사회사학회논문집』) 73.
신경아, 2011, 「노인 돌봄의 탈가족화와 노인의 경험」, 『한국사회학』 45(4).
신필식, 2020, 「한국 해외입양과 친생모 모성」, 1966~1992, 서울대학교 대학원 협
　　동과정 여성학전공 박사학위논문.
윤명숙·박신애, 2014, 「퇴소를 앞 둔 아동양육시설 청소년의 재분리 준비경험에
　　관한 질적 사례연구」, 『한국사회복지학』 66(4).
윤민화, 2020, 「사회적 '거리두기'를 넘어 실천적 '관계짓기': 코로나 19, 그럼에도
　　우리는 무엇을 하였는가?—대구지역 사회복지관 사회복지사 실천경험을
　　중심으로」, 『한국사회복지학회 학술대회 자료집』.
임성현, 2000, 「한국아동복지시설이 장애인생활시설로 전환된 배경요인에 관한
　　연구」, 가톨릭대학교 사회복지대학원 사회복지학과 석사학위논문.
조아현, 2023, 「1990년 이후 한국 아동양육시설 보도의 명칭 변화 분석: '고아원'에
　　서 '보육원'으로」, 『가족과 문화』 35(1).
표지영, 2022, 「1950년대 부산의 아동수용시설 연구—시설 급증의 계기와 운영 실
　　태를 중심으로」, 동아대학교 대학원 사학과 석사학위논문.
Butler-Warke, A., 2021, "There's a time and a place: temporal aspects of
　　placebased stigma", Community Development Journal 56(2), 203-219.
Kim, E., 2007, "Our Adoptee, Our Alien: Transnational Adoptees as Specters of
　　Foreignness and Family in South Korea". Anthropological Quarterly, 80(2),
　　497-531. http://www.jstor.org/stable/30053063
Wacquant, L., 2007, "Territorial stigmatization in the age of advanced marginality
　　Thesis", Eleven (91), 66-77.

김경희, 2009, 「성별화된 저임금 돌봄노동의 재생산 과정 연구: 비공식 부문의 돌봄노동을 중심으로」, 『아시아여성연구』 48(2).

김성재 · 김후자 · 이경자 · 이선옥, 2000, 『포커스그룹 연구방법』, 서울: 현문사.

김창복 · 양윤이 · 양애경, 2022, 「초등돌봄전담사가 바라본 초등돌봄교실 근무실태와 개선요구」 Vol .9. No. 3, 『방과후학교연구』.

김현미, 2024, 《생태적지혜》, 생태적지혜연구소.

______, 2016, 「초등돌봄전담사의 노동과정 연구: 광주지역 초등돌봄전담사의 고용형태와 노동조건을 중심으로」, 전남대학교 대학원 NGO학 석사학위논문.

______ · 신지원, 2016, 「초등돌봄전담사의 고용형태와 노동경험에 관한 연구: 광주광역시 사례를 중심으로」, 『한국사회정책』 제23권 제2호.

교육부, 2023, 『초등돌봄교실 운영 길라잡이』.

______, 2024, 『초등돌봄교실 운영 길라잡이』.

______, 2025, 『늘봄학교 운영 길라잡이』.

권혜원, 2021, 「시간제 여성노동 연구」, 『한국여성학』 제37권 1호.

박홍근, 2015, 「불안한 노동은 불안한 교육을 민든다」, 『국정감사 정책자료집』.

사회공공연구원, 2024, 『학교공공성: 조명받지 못했던 학교 안의 역할을 드러내다』(토론회 자료집).

송영민, 2012, 「초등학교 돌봄교실의 효율적 운영 방안」, 『동양문화연구』.

《시민의 소리》 2017, '시간제 돌봄전담사, 조건없는 '무기계약전환' 촉구'.

이만정, 2012, 「초등학교 비정규직 근로자의 근무 여건에 관한 구성원의 인식분석」, 경상대학교 교육대학원 석사학위 논문.

이우연, 2024, '학교 비정규직 기본급, 3년째 최저임금 미달…6일 총파업 돌입', 《한겨레》.

윤민재, 2013, 「학교비정규직여성노동자에 대한 차별과 배제의 연구」, 『사회과학연구』 제21권 1호.

장인하, 2024, 「교육과 돌봄의 위계는 왜 지속되는가? 초등돌봄교실을 둘러싼 갈등을 통해 본 돌봄 노동의 가치 절하」, 『페미니즘 연구』 제24권 1호.

전국학교비정규직노동조합, 2024, '학교 비정규직 1만 명 의식조사 결과 발표 및 법제도화 방안 마련을 위한 국회토론회' 자료집.

통계청, 2025, 『국민 삶의 질 2024 보고서』.

한국노동연구원, 2024, 『2024 KLI 비정규직 노동통계』.

리아 락슈미 피엡즈나-사마라신하, 2024, 『가장 느린 정의』, 오월의봄.

알바 갓비, 2024, 『친밀한 착취』, 니케북스.

우에노 지즈코, 2024, 『돌봄의 사회학』, 오월의봄.

Daniel Engster, 2017, 『돌봄: 정의의 심장』, 박영사.

Eva Feder Kittay, 2016, 『돌봄: 사랑의 노동』, 박영사.

Virginia Held, 2017, 『돌봄: 돌봄윤리』, 박영사.

제7장 먹거리 돌봄 / 김자경 · 박서현

강선일, 2019, '농민이 만들고 농민이 소외된 공공급식 체계, 《한국농정》 12월 22일 자.

고경호, 2023, 「커먼즈 및 지역혁신론 관점에서의 먹거리 공유활동 분석: 수원시 공유 냉장고를 사례로」, 『NGO연구』 18(2).

기획재정부, 2023, '이달의 협동조합-사회적협동조합 청소년자립학교'. https://www.korea.kr/briefing/pressReleaseView.do?newsId=156572558#pressRelease(2024년 11월 11일 접속).

김성아 · 서다람 · 김상효 · 김기랑, 2022, 「먹거리 체계 관점에서 본 먹거리 위기와 유형」, 『보건사회연구』 42(2).

김소연 · 김순영, 2019, 「공동체먹거리보장의 관점에서 본 마을부엌의 의미와 먹거리보장 정책의 전환적 과제」, 『서울도시연구』 20(3).

김철규, 2008, 「현대 식품체계의 동학과 먹거리 주권」, 『ECO』 12(2).

______ · 윤병선 · 김흥주, 2012, 「먹거리 위험사회의 구조와 동학-식량보장과 식품안전 문제를 중심으로」, 『경제와사회』 96.

김하늘, 2019, 「"삼촌이 주는 밥 한끼"… 결식아동 위해 지원 나서는 자영업자들」, 《미디어펜》 8월 20일 자.

김흥주 · 이현진, 2013, 「푸드뱅크 사업과 먹거리 연대, 그 가능성과 한계」, 『한국사회』 14(1).

노동영, 2023, 「먹거리와 돌봄: 지역사회가 만들어가는 사회적경제」, 『공공정책』

215.

롭 월러스, 2020,『팬데믹의 현재적 기원』, 구정은 · 이지선 역, 너머북스.

백영경, 2024,「돌봄이 정치적 기획이 되려면」,『창작과 비평』 204.

송원규, 2020,「한국 대안농식품 운동의 분기와 진화: 생협에서부터 푸드플랜까지 제도화를 중심으로」,『농촌사회』 30(1).

윤병선, 2015,『농업과 먹거리의 정치경제학』, 울력.

＿＿＿, 2020,『푸드 플랜, 농업과 먹거리 문제의 대안 모색』, 울력.

＿＿＿, 2023,「지역사회 돌봄과 안심 공동체」,『강물이 바다로, 연대하는 자조의 물결-2030년 한국 사회적경제 전망』, 경인문화사.

임온유, 2024, '美맥도날드 햄버거 먹고 사망… 안전성 논란 재점화',《아시아경제》, 10월 23일 자.

위노나 하우터(W. Hauter), 2020,『푸도폴리』, 박준식 · 이창우 역, 빨간소금.

이현진 · 김홍주, 2024,「생협복지, 조합을 넘어 지역으로-한살림제주 사례를 중심으로-」,『지역사회연구』 32(4).

전희진 · 황영모 · 최지훈, 2021,「지역사회 먹거리 돌봄 지원체계 구축방안」(정책연구 2020-11), 전북연구원.

조제 보베 · 프랑수아 뒤푸르, 2002,『세계는 상품이 아니다』, 홍세화 역, 울력.

한국농수산식품유통공사, 2024,「농식품바우처 사업」, https://fooddream.at.or.kr/fooddream/M000000000/index.do.

한살림제주, 2022,「먹거리 돌봄 보고서—먹거리 커먼즈와 지역 공동체 연결망을 이용한 밥의 사회화, 먹거리 돌봄 사례」(제주시 소통협력센터 리빙랩 보고서) https://jejusotong.kr/bbs/board.php?bo_table=3_1_1_1&wr_id=410

황영모 · 전희진 · 이인우 · 문지영 · 정호중 · 이병훈. 2021,「지역사회 먹거리돌봄 활성화 방안 연구」, 대통령직속 농어업 · 농어촌 특별위원회.

황윤재 · 박성진 · 김상효 · 차원규. 2021, 제8장「코로나 시대, 먹거리 문제와 대응」,『농업전망』, 한국농촌경제연구원.

《JTBC》, 2024, '전국 학교급식조리사 결원 1천 명…흔들리는 '무상급식'', 10월 18일, https://www.youtube.com/watch?v=Mvtc_QasZtg.

강지연, 2024, 「죽어가는 이를 돌보는 실천은 무엇을 향하나: 생애-말기의 관계-생성적 돌봄」, 『한국문화인류학』 57(1), 한국문화인류학회.

김봉현, 2017, 『밀리언달러 힙합의 탄생』, 김영사.

김수아 · 홍종윤, 2017, 『지금 여기 힙합: 열광하거나 비난하거나』, 스리체어스.

김인숙 · 하홍규, 2020, 「한국 힙합씬에서 젠더 이슈를 둘러싼 공적 담론의 등장과 소통: 산이 vs 제리케이, 슬릭 디스전을 중심으로」, 『문화와 사회』 28(1), 한국문화사회학회.

김찬호 · 유주환, 2015, 『모멸감: 굴욕과 존엄의 감정사회학』, 문학과지성사.

김홍중, 2013, '함께 읽기—연대를 넘어 협력으로: 사회적인 것의 재구성', 『투게더: 다른 사람들과 함께 살아가기』, 리처드 세넷(김병화 역), 2013, 현암사.

데이비드 그레이버, 2016, 『가능성들: 위계 · 반란 · 욕망에 관한 에세이』, 조원광 · 황희선 · 최순영 역, 그린비.

애덤 브래들리, 2017, 『힙합의 시학』, 김경주 · 김봉현 역, 글항아리.

리처드 세넷, 2004, 『불평등 사회의 인간 존중』, 유강은 역, 문예출판사.

______, 2013, 『투게더: 다른 사람들과 함께 살아가기』, 김병화 역, 현암사.

______, 2021, 『살과 돌: 서양 문명에서의 육체와 도시』, 임동근 역, 문학동네.

성연주 · 김홍중, 2015, 「힙합장, 힙합 진정성, 그리고 상징투쟁—한국과 미국의 컨트롤대란 사례 연구」, 『문화와 사회』 18, 한국문화사회학회.

송재홍, 2022, 「지방도시에서 래퍼로 살아가기: 대구 래퍼의 라이프스타일 형성과 상호 존중에 관한 민족지적 연구」, 서울대학교 인류학과 석사학위논문.

______, 2024, 「래퍼들의 갤럭시」, 『인문잡지 한편: 독립』 15호, 민음사.

팀 잉골드, 2024a, 『모든 것은 선을 만든다』, 차은정 · 권혜윤 · 김성인 역, 이비.

______, 2024b, 『라인스: 선의 인류학』, 포도밭출판사. 김지혜 역.

유승호, 2015, 「자본주의 불평등에 맞서는 공적 인간의 복원: 리처드 세넷의 비판 사회학」, 『사회사상과 문화』 18(1).

마르크 오제, 「현대사회에 있어서의 지각의 위기」, 『불어문화권연구』 1.

도나 해러웨이, 2022, 『종과 종이 만날 때: 복수종들의 정치』, 최유미 역, 갈무리.

미셸 푸코, 오트르망, 2018, 『담론과 진실: 파레시아』, 심세광 · 전혜리 역, 동녘.

에리히 프롬, 2019, 『사랑의 기술』, 황문수 역, 문예출판사.

Bennett, Andy, and Richard A. Peterson, 2004, eds. Music Scenes: Local, Translocal, and Virtual. Vanderbilt University Press.

Cohen, Sara, 2012, "Bubbles, Tracks, Borders and Lines: Mapping Music and Urban Landscape", Journal of the Royal Musical Association, 137 (1): 135-170.

Condry, Ian, 2006, Hip-Hop Japan: Rap and the Paths of Cultural Globalization, Duke University Press.

Durkheim, Emil, 1984, The Division of Labor in Society, Palgrave Macmillan.

Ferraz, Lara Sayão Lobato de Andrade, 2019, "Novos Sócrates: Parrhesía e Epiméleia Heautoû nas Atitudes dos Rappers," Praxis & Saber 10 (23): 273-292. https://doi.org/10.19053/22160159.v10.n23.2019.9734.

Finnegan, Ruth, 1989, The Hidden Musicians: Music-Making in an English Town, Cambridge: Cambridge University Press.

Foucault, Michel & Sennett, Richard, 1981, "Sexuality and Solitude", London Review of Books 3(9).

Morgan, Marcyliena, 2009, The Real Hiphop: Battling for Knowledge, Power, and Respect in the LA Underground, Durham, NC: Duke University Press.

Lee, Jooyoung, 2016, Blowin' Up: Rap Dreams in South Central, Chicago: Universitiy of Chicago Press.

Needham, Rodney, 1976, "Skulls and Casuality," Man 11 (1): 71-88.

Pardue, Derek, 2008, Ideologies of Marginality in Brazilian Hip Hop, Newyork: Palgrave Macmillan.

봉준호, 2019, 〈기생충〉, 바른손이앤에이.

심재희, 2018, 〈리스펙트〉, 커넥트픽쳐스.

정대건, 2011, 〈투올드힙합키드〉, 시네마달.

《한겨레》, '[삶의 창] 힙합과 능력주의의 연결고리' 2021.05.07.

《중앙일보》, '리스펙트가 뭐냐고 타이거 JK에게 물어보니…' 2018.11.28.

《오마이뉴스》, '음악평론가 김봉현, '왜 힙합이 대중화돼야 하나' 2014.08.31.

가노 쓰치, 2022, 『침몰가족: 비혼 싱글맘의 공동육아기』, 정은문고.

가라타니 고진, 2000, 『윤리21 [The Ethics 21]』, 사회평론.

권범철, 2024, 「돌봄의 정치: 무엇을 돌볼 것인가?」, 『문화/과학』 120호.

데이비드 그레이버, 2021, 『불쉿잡: 왜 무의미한 일자리가 계속 유지되는가?』, 김
　　병화역, 민음사.

라울 바게넴, 2017, 『일상생활의 혁명, 젊은 세대를 위한 삶의 지침서』, 주형일 역,
　　갈무리.

애나 로웬하웁트 칭, 2023, 『세계 끝의 버섯, 자본주의의 폐허에서 삶의 가능성에
　　대하여』, 노고운 역, 현실문화연구.

이은지, 2024, '세상 별의별 사람이 있구나 가르쳐준 어른들' 노컷뉴스.

채효정, 2020, 「누가 이 세계를 돌보는가?―코로나 이후 돌봄의 의미와 가치의 재
　　구성을 위한 단상」, 『오늘의 문예비평』 119호.

팀 잉골드, 2014, 『조응: 주의 기울임, 알아차림, 어우러져 살아감에 관하여』, 김현
　　우 역, 가망서사.

한경애, 2022, 「마을 공동체에서 도시적 커먼즈로: 동아시아의 시선으로 보는 도
　　시적 커먼즈」, 『공간과사회』 32권 4호.

______, 2023a, 「소유하는 집/가족에서 돌봄의 커먼즈로: 공유주거 '빈집'을 통해
　　보는 커먼즈의 돌봄윤리」, 『공간과 사회』 33권 4호.

______, 2023b, 「도쿄 프레카리아트 운동의 역사적 형성과정: 불안정성과 프레카
　　리아트의 의미를 통해 살펴보기」, 『한국도시지리학회지』 26권 1호.

加納土, 高橋ライチ, 2019, 「沈没家族」が与えてくれたもの: 共同保育を体験し
　　て [What the Sinking Family gave us: Experience of the colective childcare].
　　Enlight.

加納穂子, 1997, 保育に人がやってくる「沈没家族」共同保育の試み [An
　　experiment of Joint-child care in the sinking family]. 現代思想 [The Modern
　　Thoughts]. 25(5): 195-207.

だめ連, 1999, だめ連宣言 [Dameren Manifesto], 作品社 [Sakuhinsha].

田中俊之, 2015, 男がつらいよ: 絶望の時代の希望の男性学 [A Man suffers: A
　　study of masculinity for the hope in the miserable time], 中経出版 [Chukei

Shuppan].

Bauer, E., 2021, No, infrastructure of care is not infrastructure and three reasons why it matters. Forbes.

Berlant, L., 2016, The commons: Infrastructures for troubling times. Environment and Planning D: Society and space, 34(3).

Casarino, C., & Negri, A., 2008, In Praise of the Common: a Conversation on Philosophy and Politics. University of Minnesota Press.

Cassegård, C., 2014, Let Us Live! Empowerment and the Rhetoric of Life in the Japanese Precarity Movement. Positions: Asia Critique, 22(1).

Damasio, A., 2018, The strange order of things: Life, feeling, and the making of cultures. Pantheon Books.

Dasgupta, R., 2017, Articulations of salaryman masculinity in Shôwa and Post-Shôwa Japan. Asia Pacific Perspectives, 15(1), 36-54.

Ezawa, A., 2007, How Japanese single mothers work. Japanstudien, 18(1).

Federici, S., 2004, Caliban and the Witch. Autonomedia.

Fisher, B and Tronto, J., 1990, "Toward a feminist theory of caring" in Fisher, Berenice, et al. (eds), Circles of Care: Work and Identity in Women's Lives, New York: State University of New York Press.

Goldfarb, K. E., 2016, Family at the Margins: State, Welfare and Well-being in Japan. Japanese Studies, 36(2).

Peterson, R., 2020, Freedom and anarchy: An interview with David Graeber, Anarchist Studies Blog.

Graeber, D., 2011a, Debt: The first 5,000 years. Brooklyn, NY: Melville House.

Graeber, D., & Wengrow, D., 2021, The dawn of everything: A new history of humanity. Penguin UK.

Graeber, D., 2006, "Turning modes of production inside out: Or, why capitalism is a transformation of slavery", Critique of Anthropology, Vol. 26, No. 1.

Han, D. K. A., 2025, Caring for uncommon bodies: Commoning yoseba through indifferent care and working together. Journal of Urban Affairs.

Haraway, D. J., 2016, Staying with the trouble: Making kin in the Chthulucene. In Staying with the Trouble. Duke University Press.

Hardin, G., 1968, The tragedy of the commons. Science.

Hardt, M., 1999, "Affective labor", Boundary2, Vol. 26, No.2, 1999.

Hayashi, R., & Okuhira, M., 2001, The disability rights movement in Japan: Past, present and future. Disability & Society, 16(6).

Kazue, M., 1994, Images of the Family in Meiji Periodicals: The Paradox Underlying the Emergence of the" Home", US-Japan Women's Journal, English Supplement, (7).

Kittay, Eva F., 1999, Love's Labor. New York: Routledge.; Kittay, Eva F.,1998, "Welfare, dependency, and a public ethic of care", Social Justice, Vol. 25, No. 1.

Lefebvre, H., 2003, The Urban Revolution, University of Minnesota Press.

Linebaugh, P., 2008, The Magna Carta Manifesto: Liberties and Commons for All,. University of California Press.

Lorey, I., 2017, Governmentality and self-precarization: On the normalization of cultural producers (L. Rosenblatt & D. Fink, Trans.), Transveral.

Marx, K., 1976, Capital: A critique of political economy, Volume one, Penguin Books.

Marx, K. and Engels, F., 2022, The German Ideology: A New Abridgement, London: Repeater.

Mayo, M., 1994, Communities and caring: The mixed economy of welfare, Bloomsbury Publishing.

Oizumi, E., 1994, Property finance in Japan: Expansion and collapse of the bubble economy. Environment and Planning A, 26(2).

Peng, I., 2000, A fresh look at the Japanese welfare state. Social Policy & Administration, 34(1).

Rodgers, D., & O'neill, B., 2012, Infrastructural violence: Introduction to the special issue, Ethnography, 13(4).

Rose, N., 1996, The death of the social? Re-figuring the territory of government, Economy and Society, 25(3).

Scully, B., 2016, Precarity North and South : A Southern critique of Guy Standing, Global Labour Journal, 7(2).

Ungerson, C., 1997, Social politics and the commodification of care. Social politics, 4(3).

Weber, Andreas, 2019, Enlivenment: Toward a Poetics for the Anthropocene, Cambridge: The MIT Press.

제10장 미투 운동에서 중국 청년 여성들의 돌봄을 발견하다 / 손수경

낸시 프레이저 · 친지아 아루짜 · 티티 바타차리야, 2020, 『99% 페미니즘 선언』, 박지니 옮김, 고양: 움직씨출판사.

더 케어 컬렉티브, 2021, 『돌봄 선언: 상호의존의 정치학』, 정소영 옮김, 서울: 니케북스.

손수경, 2023, 「잊혀진 목소리가 잊혀지지 않도록: 2012년 중국 청년 페미니스트 운동에 관한 연구」, 『현대중국연구』, 25(2).

______, 2024, 「'나'에서 '우리'로, 그리고 '나도'에서 '너와 함께'로: 2018년 미투 운동 이후에도 끝나지 않은 중국 여성들의 이야기」, 『현대중국연구』, 26(1).

에바 페더 키테이, 2023, 『의존을 배우다: 어느 철학자가 인지장애를 가진 딸을 보살피며 배운 것』, 김준혁 옮김, 서울: 반비.

조안 트론토, 2021, 『돌봄민주주의』, 김희강 · 나상원 옮김, 서울: 박영사.

Cooper, Davina, 2009, "Caring for Sex and the Power of Attentive Action: Governance, Drama, and Conflict in Building a Queer Feminist Bathhouse", Signs 35(1).

Lin, Zhongxuan, and Yang, Liu, 2019, "Individual and collective empowerment: Women's voices in the #MeToo movement in China", Asian Journal of Women's Studies, 25(1), DOI: 10.1080/12259276.2019.1573002.

Yin, Siyuan, and Yu, Sun, 2020, "Intersectional Digital Feminism: Assessing The Participation Politics and Impact of The MeToo Movement in China", Feminist Media Studies, DOI: 10.1080/14680777.2020.1837908.

돌봄의 공간들

등록 1994.7.1 제1-1071
초판 1쇄 발행 2026년 3월 5일

기   획 생태적지혜연구소협동조합
지은이 권범철 김성훈 김자경 김현미 박서현
        손수경 송재홍 이준용 조아현 한경애
펴낸이 박길수
편집장 소경희
편집·니자인 조영준
관   리 위현정
펴낸곳 도서출판 모시는사람들
        03147 서울시 종로구 삼일대로 457(경운동 수운회관) 1306호
전   화 02-735-7173 / 팩스 02-730-7173
홈페이지 http://www.mosinsaram.com/

인   쇄 피오디북(031-955-8100)
배   본 문화유통북스(031-937-6100)

값은 뒤표지에 있습니다.
ISBN 979-11-6629-254-5   03300